国家社科基金后期资助项目
出版说明

后期资助项目是国家社科基金设立的一类重要项目，旨在鼓励广大社科研究者潜心治学，支持基础研究多出优秀成果。它是经过严格评审，从接近完成的科研成果中遴选立项的。为扩大后期资助项目的影响，更好地推动学术发展，促进成果转化，全国哲学社会科学工作办公室按照“统一设计、统一标识、统一版式、形成系列”的总体要求，组织出版国家社科基金后期资助项目成果。

全国哲学社会科学工作办公室

国家社科基金
GUOJIA SHEKE JIJIN HOUQI ZIZHU XIANGMU
后期资助项目

法治实施的制度逻辑研究

A Study on the Institutional Logic of the Implementation of the Rule of Law

王奇才 等 著

法律出版社
LAW PRESS · CHINA
——北京——

图书在版编目（CIP）数据

法治实施的制度逻辑研究 / 王奇才等著. -- 北京 ：法律出版社, 2025. -- ISBN 978 - 7 - 5197 - 9715 - 7

Ⅰ. D920.0

中国国家版本馆 CIP 数据核字第 2025H87S98 号

法治实施的制度逻辑研究

FAZHI SHISHI DE ZHIDU LUOJI YANJIU

王奇才 等 著

责任编辑 陈 慧

装帧设计 李 瞻

出版发行 法律出版社

编辑统筹 法律教育出版分社

责任校对 张翼羽

责任印制 刘晓伟

经　　销 新华书店

开本 710 毫米 × 1000 毫米 1/16

印张 16.5 **字数** 266 千

版本 2025 年 6 月第 1 版

印次 2025 年 6 月第 1 次印刷

印刷 唐山玺诚印务有限公司

地址：北京市丰台区莲花池西里 7 号(100073)

网址：www.lawpress.com.cn

投稿邮箱：info@lawpress.com.cn

举报盗版邮箱：jbwq@lawpress.com.cn

销售电话：010 - 83938349

客服电话：010 - 83938350

咨询电话：010 - 63939796

书号：ISBN 978 - 7 - 5197 - 9715 - 7

定价：72.00 元

凡购买本社图书，如有印装错误，我社负责退换。电话：010 - 83938349

基金项目
国家社会科学基金后期资助项目，项目批准号：20FFXB039

作者简介及写作分工

王奇才

上海师范大学哲学与法政学院副教授、硕士生导师，法学博士，中国法学会法理学研究会理事，教育部社会科学委员会法学学部秘书处秘书；主持国家社科基金后期资助项目 1 项，在《中国法学》《政法论坛》《马克思主义与现实》《法制与社会发展》等刊物发表论文 40 余篇，出版个人专著《法治与全球治理——一种关于全球治理规范性模式的思考》。

承担本书“绪论”和第一、二、三、四、六、七、八、十、十一章的写作工作，以及全书统稿。

丰　霏

南京师范大学法学院教授、博士生导师，中国法学会法理学研究会常务理事，中国法学会立法学研究会常务理事；主持国家社科基金一般项目 1 项，在《中国法学（英文版）》《法商研究》《中外法学》《法制与社会发展》等刊物发表论文 30 余篇，出版个人专著《法律制度的激励功能研究》。

承担本书第九章的写作工作。

刘佳欢

北京浩天律师事务所律师，吉林大学法学院法律硕士。

承担本书第五章的写作工作。

目　录 Contents

第三编 法治实施的效果检验

绪　论

法律的生命在于实施，法治的生命也在于实施。从法律实施到法治实施，蕴含着深刻的制度逻辑。法律规范体系是以国家强制力保障实施的体系化制度文本。从制度文本到制度实践，法治实施研究不仅要描绘这种转换，还要解答其背后的逻辑是什么，即法治实施的制度逻辑。

党的十八届四中全会提出了全面依法治国的总目标，其总抓手"中国特色社会主义法治体系"包括五个方面的内容，[①]形成高效的法治实施体系是五个方面中的第二个方面。法治实施是全面依法治国及中国特色社会主义法治体系体现治理绩效的骨干环节，直接关乎国家治理体系运行的实际效果和未来如何改进。法治实施涉及面广，包括执法、司法、守法、法律监督等各个环节，在政治、经济、文化、生态、社会和军事各领域都存在法治实施如何高效运行的关注和思考。"天下之事，不难于立法，而难于法之必行。"[②]法治的生命在于实施，法治的权威在于实施，法治的伟力也在于实施。

法治的良好实施是中国式现代化的必然要求。自 2013 年以来，党的代表大会的报告和中央全会的决定都对法治实施相关内容有重要表述，[③]对法治、国家治理、中国式现代化、改革之间的关系进行了深刻论述。改革开放是我国现代化建设的关键举措，中国式现代化是中华民族伟大复兴的必由之路；坚持和完善中国特色社会主义制度必须全面深化改革、全面依法治国，践行法治是推进国家治理现代化和中国式现代化的内在要求，把我国的制度优势转化为国家治理效能必须在法治的轨道上进行，法治实施是国家治理的实践进程和效能体现；中国式法治现代化是

---

① 《中共中央关于全面推进依法治国若干重大问题的决定》(2014 年 10 月 23 日中国共产党第十八届中央委员会第四次全体会议通过)。

② (明)张居正:《请稽查章奏随事考成以修实政疏》。

③ 党的十八届三中全会提出全面深化改革的总目标是完善和发展中国特色社会主义制度，推进国家治理体系和治理能力现代化；党的十八届四中全会提出全面推进依法治国的总目标是建设中国特色社会主义法治体系，建设社会主义法治国家；党的十九大提出推进全面依法治国；党的十九届四中全会提出坚持和完善中国特色社会主义制度，推进国家治理体系和治理能力现代化，把我国制度优势更好转化为国家治理效能；党的二十大进一步提出以中国式现代化推进中华民族伟大复兴。

中国式现代化的应有之义,法治的良好实施是中国式现代化的必然要求。

法治的良好实施立基于对法治运行规律的深刻把握,离不开对法治实施的制度逻辑的准确洞察。面对国际国内环境的深刻复杂变化,当代中国的法治实施必须充分考虑法治建设的时空环境和制度语境,建构中国自主的法治话语体系和法学知识体系必须系统检视法治实施重要环节的制度体系,运用法治思维破解法治实施各环节的重点与难点问题,必须科学评估法治实施的质量和效果,在此基础上推动中国特色社会主义法治体系更加完善和高效实施。

第一节　制度逻辑的分析框架

什么是制度逻辑?在制度研究的脉络中,制度逻辑指向制度的存在形式、运行和变迁方式、正当性基础。就此,不同学者各有侧重,但关注不同类型的制度系统或者制度形式是起点,即先要对人类社会的制度系统或者制度场域作类型化划分,然后确定不同制度系统各自的约束作用、运作逻辑和正当性基础。对制度类型的讨论之所以是起点,是因为对本书而言,对制度实施之逻辑的研究必然超越对制度形式的讨论。

在法治研究的脉络中,"法治是'制度之治'的根基",[①]宪法是国家治理制度体系的基石,法律是国家制度中的骨干性制度体系,法治的制度逻辑因而聚焦于法律的存在形式和运作方式。并且,由于法治自身所包含的价值属性,法律制度必须符合一定的规范性要求,其典型分析框架是形式要素与实质目标对法治的不同要求。[②] 一方面,法治具有形式性刚性约束;另一方面,由于追求实质性目标,实践中又会出现替代性乃至变通性的法律实践形式,例如替代性纠纷解决机制(ADR)。其关键问题在于,人们如何理解"法"和"法律"?

尽管波洛克(Frederick Pollock)认为"法律之于政治制度,犹如骨骼之于身体",[③]但随着人类活动拓展和社会变迁,以"法律多元"为题的研究主张关注国家法之外的各种社会规范是否也扮演着"法"的角色。从法治实施的视角看,仅关注国家法具有明显的局限性,不能有效解释法治

① 李林:《论习近平法治思想的制度逻辑》,载《中国法学》2022 年第 4 期。

② See Brian Tamanaha, *On the Rule of Law*: *History*, *Politics*, *Theory*, Cambridge University Press, 2004, p. 91.

③ [美]罗伯特·古丁、[美]汉斯－迪特尔·克林格曼主编:《政治科学新手册》,钟开斌等译,三联书店 2006 年版,第 282 页。

运行中其他规范类型的存在及其功能。在中国,刘作翔提出的“规范体系”和张文显提出的“法治规范体系”,①都指向在更大范围内把不同类型的社会规范纳入法治轨道。那么,这些不同类型社会规范的制度意涵又是什么?

因此,梳理制度研究中对制度逻辑相关问题的分析层次,对于说明法治实施的制度逻辑具有重要意义。研究法治实施的制度逻辑,首先必须梳理制度实施的逻辑是什么。本书将从三个方面分析关于制度实施之逻辑的理论讨论,即制度类型、制度变迁、制度的正当性基础,进而逐步深入讨论,制度实施必须考虑守正与权变②的关系,包括:规则的严格执行与实践变通;制度变迁中的守正与创新,涉及制度变迁中的路径依赖与节点突变、缓慢变迁与快速变迁;基于法律的制度正当性与基于绩效表现的制度正当性。其中,从制度实施过程中制度将不断发展完善来看,守正与创新是一对具有统领性的概念。

(一)制度类型视角的制度实施逻辑

一定的制度类型划分,伴随着相应的制度运行逻辑。基于制度类型对制度逻辑进行考察,不仅易于把正式制度和非正式制度区分开,建构不同场域的制度之间——如法律规则与技术规则(代码)——的对立与合作,③也有助于通过比较分析不同国家的制度及其特色并发现其中的规律。进而,这种研究路径在解释了不同制度系统各自的运行方式和运作逻辑之后,还需要分析不同制度间的互动、嵌入和竞争,由此进一步讨论制度变迁的问题。

桑顿等“多重制度系统”论者,区分了七种理想型的制度系统,分别是家庭、社区、宗教、国家、市场、专业、公司,提炼了每一种制度类型的内在逻辑,其类别划分方法是根隐喻、合法性来源、权威性来源、身份来源、规范的基础、注意力的基础、战略的基础、非正式控制机制、经济体制等。“多重制度系统”论者对制度系统的讨论,由此也就聚焦于这些类别划分方法的讨论,例如国家这一制度系统的根隐喻是再分配体制,合法性来源

---

① 参见刘作翔:《当代中国的规范体系:理论与制度结构》,载《中国社会科学》2019 年第 7 期;张文显:《论在法治轨道上全面建设社会主义现代化国家》,载《中国法律评论》2023 年第 1 期。

② “多重制度逻辑”论者认为,“制度逻辑视角假定制度是具有历史权变性的,这点在制度理论中是基本保持一致的”。他们主要是从制度的历史变迁讨论制度的权变,但并不完全等于制度实施中的权变。参见[法]帕特里夏·H. 桑顿、[加]威廉·奥卡西奥、[加]龙思博:《制度逻辑——制度如何塑造人和组织》,汪少卿等译,浙江大学出版社 2020 年版,第 14 页。

③ 例如郑智航:《网络社会法律治理与技术治理的二元共治》,载《中国法学》2018 年第 2 期。

是民主参与，权威性来源是官僚制的统治，身份来源是社会与经济阶层，规范的基础是公民，注意力的基础是利益集团的地位，战略的基础是增强共同体利益，非正式控制机制是后台政治，经济体制是福利主义。①

青木昌彦将制度视为“关于博弈重复进行的主要方式的共有信念的自我维系系统”，②通过将制度的实施者作为博弈参与人，对制度起源和实施进行内生分析。③ 青木昌彦区分了六类博弈的场域，分别为共用资源域、交易（经济交换）域、组织域、组织场（介于交易和组织域之间的一般性组织领域）、政治域、社会交换域。④ 莱西格区分了四种制度类型，包括法律、社会习惯、代码架构（architecture）和市场。⑤ 青木昌彦认为他的场域划分与莱西格的四类型划分，有相近之处。⑥ 区别在于，青木昌彦更加注重制度研究中的共享观念以及由此展开的内生博弈均衡，而莱西格更注重法律之外的制度类型的实际作用。“多重制度系统”论者则主要强调制度系统的结构性约束作用。

上述研究者，都对制度持多元、广义的概念，法律只是多种制度类型中的一种。由于每种制度类型都具有自身的运行逻辑，每种制度类型也都有其独特功能和不可取代的价值，进而将延伸出某种制度类型在特定场域具有相对于国家法律更优先性、更根本性地位的讨论。其与法律多元研究的共同之处就在于，相对于国家法律，社群性的规范对于民众来说是更为熟悉、更为根本的规则。塔马纳哈认为，“社群法作为存在于一切社会中的社会交往根本规则（财产、人身伤害、婚姻、家庭义务、继承、债务劳动义务以及其他一些内容），已经在许多语境中被证明是极有韧性的，因为它构成了人们彼此互动的框架——它作为人们生活世界的一部分，是其熟知且视为理所当然的事物。当今法律多元主义背后的主要动力机制是政权法（特别是国家法）与社群法之间的关系，以及政权间法与这两者的交叉与互动”。⑦

---

① 参见［法］帕特里夏·H. 桑顿、［加］威廉·奥卡西奥、［加］龙思博：《制度逻辑——制度如何塑造人和组织》，汪少卿等译，浙江大学出版社2020年版，第86页。

② ［日］青木昌彦：《比较制度分析》，周黎安译，上海远东出版社2016年版，第11页。

③ 参见［日］青木昌彦：《比较制度分析》，周黎安译，上海远东出版社2016年版，第17页。

④ 参见［日］青木昌彦：《比较制度分析》，周黎安译，上海远东出版社2016年版，第27页。

⑤ See Lawrence Lessig, *The New Chicago School*, The Journal of Legal Studies, Vol. 27, No. S2 (June 1998), p. 664.

⑥ 参见［日］青木昌彦：《制度经济学入门》，彭金辉、雷艳红译，中信出版集团股份有限公司2017年版，第75页。

⑦ ［美］布莱恩·Z. 塔玛纳哈：《法律多元主义阐释——历史、理论和影响》，赵英男译，商务印书馆2023年版，第291页。

然而,就如同青木昌彦所认为的,制度文本只有付诸实施的才是制度;尽管对制度类型的分类不可避免地与制度实施联系在一起,但青木昌彦并不认为文本上的法律是制度,只是其也许会引致制度变迁。① 塔马纳哈将社群法视为更切近人们生活的制度,而政权法具有长期制度化进程,制度实施不可避免地与制度变迁联系在一起。②

（二）制度变迁视角的制度实施逻辑

制度变迁之所以应当成为制度实施研究的重点关注,就在于制度类型虽然解释了不同制度形式各自的运作特点和逻辑,但是对不同制度间的互动、特定制度与外部环境的互动的解释不充分。"制度既是自变量又是因变量",③制度实施是从制度文本到制度实践的过程,也是一个不断适应复杂动态的现实环境的过程,制度不断因应环境和发生演化的同时,也在不断影响和改变其所处环境。

制度实施必然面临严格执行与合理变通的矛盾,即便是社会习俗也面临地区间、文化间、情境间的差异而产生执行上的变通,只是社会习俗、文化传统的变化相对缓慢。威廉姆森区分了不同层次上的四种制度类型,引人注目的就是四种制度类型不同的变迁速率,习俗、文化属于变迁最为缓慢的一类,政策属于变迁快捷、灵敏的一类,法律则介乎其中。④罗兰也区分了快速和缓慢两种制度变迁方式。⑤ 因此,在制度实施及其适应环境的过程中,制度变迁或慢或快。国家法律相对政策属于变迁较慢的制度形式,但相对文化传统则变迁较快,因此既要看到制度实施中"守正"的一面,注重其规范性和稳定性,又要看到变革性、"创新"的一面,思考法律制度是对其他变迁更快的制度形式进行法治规范的同时,法律改革也在参与和推动制度创新。

在实践中,各种制度形式的实践及在此基础上的变迁,一方面包括外在冲击下的回应性制度变迁,另一方面包括内生、渐进的制度变迁。从前一方面的视角观察制度变迁,虽然可以看到既存制度对行为体的约束作

---

① 参见[日]青木昌彦:《比较制度分析》,周黎安译,上海远东出版社 2016 年版,第 22 页。

② 参见[美]布莱恩·Z. 塔玛纳哈:《法律多元主义阐释——历史、理论和影响》,赵英男译,商务印书馆 2023 年版,第 291－292 页。

③ [韩]河连燮:《制度分析:理论与正义》(第 2 版),李秀峰、柴宝勇译,中国人民大学出版社 2014 年版,第 160 页。

④ 参见[美]奥利弗·E. 威廉姆森:《契约、治理与交易成本经济学》,陈耿宣编译,中国人民大学出版社 2020 年版,第 17－183 页。

⑤ 参见[比]热诺尔·罗兰:《理解制度变迁:迅捷变革的制度与缓慢演进的制度》,胡凯译,载《南大商学评论》2005 年第 2 期。

用,但又可能忽略了在更高维度或更宽广视野下既存制度的制定主体、执行主体是以参与者身份,投入特定的制度改革或者创新之中的。例如,本书后文讨论的地方法治实验中,中央政府并不只是外部约束机制,而应当被视为内在参与者。在此基础上,准确地把握制度实施中不同参与主体之间的互动及其对制度变迁的影响,是很有意义的。

例如,论及法治与发展的规律性问题,有学者曾提出应当从长时段的视角来看待中国的法治与发展、国家治理与制度变迁。① 就此,从大国治理、国家能力等视角看待中国社会治理模式与法律制度实施的研究为数不少,②如何理解法律或制度,也包括如何理解治理传统和治理理念,在这类研究中具有重要的理论价值。又如,我们必须重视缓慢变迁的制度对治理实践的影响。回顾清末以来的制度移植,尽管业已大规模引入了法律制度和法律术语,但移植而来的制度存在实践中"水土不服"的情况;从更长时段的制度发展曲线来看,移植而来的制度和本土制度之间的冲突与互动,始终是分析制度实践的重要框架。③

制度实施中的严格执行与合理变通,从制度变迁的角度来看可以转换为缓慢变迁和快速变迁,还可以转化成路径依赖与节点突变。④ 制度实施、制度变迁、法律演进和法治发展,都面临既存制度和新创制度之间的冲突如何化解的问题。它既表现为移植的、人为设计的制度如何与既有制度相衔接,也表现为既有制度在延续自身传统中如何与时俱进、不断更新发展和容纳新制度。

制度在实践中将出现变化乃至变迁,因此通过制度变迁可以更好解释制度逻辑。较有代表性的是青木昌彦等人的内生制度变迁理论。该理论不仅有助于揭示不同行为体间的互动对制度实践、制度变迁的影响,还有助于解释不同行为体间的共享意义和价值对制度变迁乃至制度存续的

---

① 参见黄文艺:《政法范畴的本体论诠释》,载《中国社会科学》2022 年第 2 期。

② 参见朱勇:《"官法同构":中国古代的大国治理之路》,载《学术月刊》2019 年第 11 期;沈国明:《在大国治理新征程中推进法治中国建设——习近平法治思想研究综述》,载《东方法学》2023 年第 1 期;江天雨:《中国国家能力建设的时间性分析》,载《教学与研究》2023 年第 4 期;周黎安:《行政发包制与中国特色的国家能力》,载《开放时代》2022 年第 4 期。

③ 参见李晓辉:《中国式法律移植之反思》,载《国家检察官学院学报》2014 年第 1 期。

④ 制度"系统的变化与其说是连续和渐进的,不如说它更可能在外部冲击催发内部变化的情况下发生,外部冲击可能是累积的,也可能是突然出现的……在关键性转折点上选择的决策规则的基本特征会对未来的机会施加一定的约束(路径依赖)。但另一方面,从初始的失衡状态转移到新制度的路径是否唯一,这是不确定的"。参见[日]青木昌彦:《比较制度分析》,周黎安译,上海远东出版社 2016 年版,第 247 页。

基础性作用,河连燮将其称为“制度原理”(institutional principles)。[①]

(三)制度正当性基础视角的制度实施逻辑

随着“制度原理”这一概念的出场,当制度变迁呈现了行为体的制度观、价值观及其对制度实施的影响,[②]我们不得不思考制度原理或者人们共享的意义和价值,这个问题即为制度正当性基础。

就制度如何运作而言,构建制度或者制度系统本身就是制度形成和运作的一种方式。不限于此的是,人们还必须关注组织和个体如何参与制度运行,特别是组织的性质以及组织的激励、考核、问责和相互间关系等问题。“多重制度系统”论者承认,吉登斯关于结构与行动者的二元划分是一个基本的行动框架。[③] 这一划分,以及青木昌彦内生制度变迁理论中的共享观念,都不可避免地试图弥合实然与应然之间的鸿沟,这关系到个体经验和应当如何行动之间的沟通。

“多重制度逻辑”论的主张者桑顿更注重制度研究中的结构性方面,认为行动者在制度逻辑中具备有限的或者部分自治性(partial autonomy)。[④] 这仍然割裂了实然与应然、结构与行动,从而导致对制度实施中的权变[⑤]与创新之能动作用的分析不够深入。周雪光认为中国国家治理的制度逻辑为一统性和有效性,[⑥]该观点的立足基础是两种制度正当性理念之间的对立统一,即法制正当性和绩效正当性,前者基于既有的法律体系,后者考察治理的绩效表现。然而,涉及政治制度和治理的正当性观念,一般主要有三种思路:一是从政治伦理上考察支配(rule)是否正当;二是考察这种支配(rule)在经验性的层面上被接受的程度如何;三是支

---

① 参见[韩]河连燮:《制度分析:理论与正义》(第2版),李秀峰、柴宝勇译,中国人民大学出版社2014年版,第168页。

② 麦考密克对行为体的关注,集中于他所说的“规范接受者”必须得到重视。参见[英]尼尔·麦考密克:《法律制度:对法律理论的一种解说》,陈锐、王琳译,法律出版社2019年版,第419页。

③ 参见[法]帕特里夏·H.桑顿、[加]威廉·奥卡西奥、[加]龙思博:《制度逻辑——制度如何塑造人和组织》,汪少卿等译,浙江大学出版社2020年版,第6页。

④ [法]帕特里夏·H.桑顿、[加]威廉·奥卡西奥、[加]龙思博:《制度逻辑——制度如何塑造人和组织》,汪少卿等译,浙江大学出版社2020年版,第8页。

⑤ “多重制度逻辑”论者关注的是“历史权变性”,但对制度实施过程中的守正与权变的讨论又应有所不同。

⑥ 参见周雪光:《中国国家治理的制度逻辑:一个组织学研究》,生活·读书·新知三联书店2017年版,第12页。

配应当基于法律，即具备合法律性。① 有效性主要关注制度实施的绩效和被接受程度。在本书看来，不能把基于法律的正当性视为制度实施的外部性因素，尤其是在讨论法治实施之时。

对于制度实施而言，其必然面对制度所承载的观念价值系统与实施主体自身观念系统之间的沟通和碰撞。这种沟通和碰撞，体现为制度正当性观念上的差别。正如同青木昌彦关注博弈所形成的均衡状态和信念共同体那样，将制度的制定主体、实施主体视为博弈的内生参与者，还是更为关注观念系统间的碰撞或对立本身？制度实施中无论偏向严格执行还是合理权变，②最终都须形成一种均衡状态来实现制度的有效实施。或者说，有效实施本身体现了守正与权变之间的均衡，形成了制度实施各方参与者之间的共享观念和共享知识系统。

第二节　新时代中国法治实施的基本语境与制度逻辑

党的十九届四中全会对我国国家制度体系进行了深刻阐述，明确提出国家制度建设必须坚持的基本原则，③并提出我国业已确立形成的制度优势必须更好地转化为国家治理的实际效能。法治是国家治理系统工程的重要一环，法律制度是国家制度的重要形式。在一个确立了以法治作为治国理政基本方式的国家，国家治理的实际效能如何，首要体现为法治实施的效果如何、法治运行的状态如何。在中国，思考法治实施的基本语境必然要考虑国家治理的效能，考察法治实施的制度逻辑必然要考察国家治理的总体目标和基本逻辑。

高效的法治实施体系是中国特色社会主义法治体系的重要组成部分，法治实施是在法治轨道上推进国家治理体系和治理能力现代化，其包括两个方面的内容：一方面是法治轨道所包含的规范性要求，即法治实施

---

① 关于对上述三种思路的介绍，可参见 Allen Buchanan & Robert O. Keohane, *The Legitimacy of Global Governance Institutions*, Ethics and International Affairs, 20. 4 (2006), p. 405 – 437; [美]艾伦·布坎南等：《全球治理机制的合法性》，载《南京大学学报（哲学·人文科学·社会科学版）》2011 年第 2 期；潘亚玲：《论全球环境治理的合法性——一项结合政治学、法学和社会学的尝试》，载《教学与研究》2008 年第 10 期。

② 参见陈家建、边慧敏、邓湘树：《科层结构与政策执行》，载《社会学研究》2013 年第 6 期。

③ 《中共中央关于坚持和完善中国特色社会主义制度　推进国家治理体系和治理能力现代化若干重大问题的决定》（2019 年 10 月 31 日中国共产党第十九届中央委员会第四次全体会议通过）。

必须坚持正确方向，坚持中国特色社会主义的根本制度、基本制度、重要制度，必须坚持贯彻全面依法治国要求，发挥法治固化根本制度、基本制度的保障作用和稳定预期、激发活力的长期激励功能；另一方面，国家治理制度体系的严格执行和有效实施，并不意味着制度是一成不变、僵化的。制度实施必然包含实践中的“权变”适应和制度创新，应当基于法治轨道的合法性原则对其进行引导和规范，使之对既有制度进行完善和发展，推进国家治理制度体系的改革创新和不断完善。新时代中国法治实施的制度逻辑是守正和创新的辩证统一。

（一）法治实施与国家治理体系和治理能力现代化

第一，法治的功能作用和法治实施的质量效果，是国家治理体系和治理能力现代化的主要衡量标准之一。法治实施作为制度实施的法律形式，对其治理绩效的考量是提升国家治理效能的内在要求。一方面，法治实施的治理效能是衡量法治运行状况的重要维度；另一方面，治理效能也应当是法治实施的决策、执行和效果评估的重要考量因素。更为重要的是，通过考察法治实施的效能，能够看到法治实施在当代中国法治建设和国家治理的宏观全局中所处的位置，有利于对法治实施的制度逻辑作出更为深刻的理解和理论阐释。

治理绩效是法治实施的社会基础。法治实施需要有良好的社会基础。社会秩序稳定、人民安居乐业、市场交易活跃、国力持续增长等，既是法治实施的良好效果，也是法治建设能够持续推进、促进法治成为全社会共识的经验基础。因此，人民选择并信赖法治。法治建设、法治实施必须有看得见、摸得着的成效。一个秩序混乱、犯罪频发、失业高涨、经济低迷的社会，法治的根基将被侵蚀，法治建设将面临重重阻碍。在这种意义上，治理绩效既是国家能力的基础和国家合法性的来源，也是法治实施的基础和合法性来源之一。

法治实施也是治理效能的考察对象。法治实施的实际效果，是衡量推进国家治理体系和治理能力现代化的重要考察对象。上文所说的社会秩序稳定、人民安居乐业、市场交易活跃、国力持续增长等宏观治理效果，是法治实施良好的集中呈现，更离不开法治实施具体方面的持续努力和不断改进，例如犯罪治理与刑事领域法治发展、政府对市场进行监管的法治支撑与依法规范、社会治理法治化、民事法律规范对市场交易和经济发展的有效支撑保障等。

第二，法治是治理绩效的制度约束和合法性来源。制度实施有政策实施、法律实施（法治实施）、文化宣传实施等多种形式，其中法治实施是现代法治国家最重要的形式，而核心在于，以法律实施、法治实践为形式和基础的制度实施既具有立法具备民主基础、法律代表人民利益、法律约束公权力行政、法律保障人民权利的实质合理性基础，也具有法律本身所具备的可预期性、公开性、稳定性、一致性、强制约束力等品质。以形式合法性为基础、以实质合理性为目标的法律实施，提供了作为现代国家合法性来源之一的法制合法性。在党中央绘就的新时代宏伟蓝图里，法治是国家治理现代化的必由之路，[①]宪法是国家制度和国家治理体系的基石。[②] 实践中，法治实施与治理实践之间尚存在不协调与不平衡的方面，主要是不适当的发展观、政绩观、法治观会导致治理实践中的偏差甚至失误，从而有可能把错误的治理效能当作法治实施的指导和要求。因此，强调法治实施之中业已确立的法律规范体系所包含的规范性要求，就体现了法治实施的“守正”方面的制度逻辑，这也正是国家治理体系的规范性要求。

（二）法治实施与法治改革

形成高效的法治实施体系是中国特色社会主义法治体系五个方面的重要内容之一。要用系统思维来看待法治实施在整个法治体系中的位置。从整体和部分的视角看，法治实施的功能是从法律规范体系所确立的制度文本到国家治理实践的质量效果的践行和转换；从静态和动态的视角看，法治实施是既定的国家治理体系在实践中动态运行的过程，也是业已具备的国家治理能力在执行运作中动态变化的过程；从近期和长期的视角来看，随着国家治理现代化和法治实践的不断深入推进，法治实施的过程也必然是法治改革和制度创新的过程。

在建设中国特色社会主义法治体系的过程中，法治实施的质量效果是法治规划顶层设计、法治实施实践运作、法治建设效果评估的指导思想和行动原则的重要组成部分。衡量法治实施之质量效果的宏观语境是全面依法治国作为一项系统工程如何良好运行。从系统工程的视角来看待全面依法治国，其是新时代我国社会主义现代化建设事业的重要组成部分，也标志着我国国家治理领域发生了一场深刻的革命。这意味着不能把法治与改革相对立，也不能把法治的稳定性和适应性相对立，而要从新时代四个“全面战略”布局的总体视角来看待法治与改革，处理好发展的规范性约束与实质性目标之间的关系；采用系统思维的观点看待法治系

---

① 参见张文显：《法治与国家治理现代化》，载《中国法学》2014 年第 4 期。

② 参见李林：《宪法是国家制度和国家治理体系的基石》，载《中国人大》2019 年第 24 期。

统工程各领域、各部分、各层次之间如何实现协同性合力和良好运行。法治、改革和国家治理现代化有内在的理论逻辑、实践逻辑。全面深化改革必须沿着法治的轨道前行,改革是法治不断发展完善的不竭动力。法治具有"固根本、稳预期、利长远的保障作用"。① 推进国家治理体系和治理能力现代化,必须建设高水平高质量的法治,也必须在法治轨道上予以推进。

改革与法治的关系是新时代全面依法治国的重大关系之一,重大改革于法有据是习近平法治思想的一个重要理论观点。在改革与法治的问题上,必须坚持系统思维和辩证思维,准确把握两者之间的关系。法治的系统性、整体性和协同性,造就了法治体系的稳定性。同时,一国的法治发展是动态的,而不是静止不变的;是开放的,而不是封闭孤立的。法律制度落后于社会发展的滞后性,需要通过法治改革来加以解决。人类历史上,重大的社会变革往往以法治变革作为内容甚至标志,法治随之处于动态演进的状态。中国古代商鞅变法、王安石变法、张居正变法,以及法国大革命、日本明治维新等法治改革推动了法治理念的变革和法律制度的演进。《法国民法典》《德国民法典》等自其颁布以来适用至今的法典,也一直不断加以修订以适应社会发展变化。②

系统是动态运行而不是静止孤立的,必须以发展的眼光来看待法治。从系统思维看,法治发展和法治演进的核心问题是法治的优化,即追求更好的法治。法治作为一个动态发展的社会制度体系,必须持续优化完善,否则其演进结果有可能是衰退甚至失败。历史上,法治自其出现以来就一直处于不断发展更新之中,譬如现代法治相较于古代法治确立了法律面前人人平等的原则,信息时代把法治带入了虚拟空间,丰富了虚拟空间治理的法治原则和法治化治理方式。

改革开放是坚持和发展中国特色社会主义道路的必由之路,改革必须在法治的轨道上加以推进。习近平总书记指出,"全面深化改革、全面推进依法治国如鸟之两翼、车之双轮"。③ 法治改革在全面深化改革中起着引领、推动和规范作用,重大改革于法有据是改革的重要原则。"改革

---

① 习近平:《在中央全面依法治国委员会第一次会议上的讲话》(2018 年 8 月 24 日),载习近平:《论坚持全面依法治国》,中央文献出版社 2020 年版,第 227 页。

② 参见耿林:《论法国民法典的演变与发展》,载《比较法研究》2016 年第 4 期;[德]弗洛里安·艾修:《2002 年后〈德国民法典〉的主要发展》,孙义义译,载陈小君主编:《私法研究》第 20 卷,法律出版社 2016 年版,第 131 – 141 页。

③ 《国家主席习近平发表二〇一五年新年贺词》,载《人民日报》2015 年 1 月 1 日,第 1 版。

和法治同步推进，增强改革的穿透力”，[①]法治为改革的合法性、可持续性提供制度性支撑，保障改革能够应对并化解可能的风险和挑战。

改革是法治不断发展完善的途径和动力。法治系统能够通过及时有效的更新优化来服务和支撑改革发展需求。在确保法治系统整体性的前提下，全国人大常委会按照法定程序作出授权决定，为特定领域或者局部地区先行先试提供法律依据，[②]既不影响法治系统乃至整个国家治理体系的稳定性和合法性，又能够通过局部试验推动法律制度创新和法治系统优化。因此，改革不仅是法治保障和服务的目标对象，更是法治系统更新优化的不竭动力。

法治系统演进优化的基本精神和要求是守正创新，这是新时代全面依法治国的鲜明特色。守正是法治确保其根本性质、发挥其应有功能的前提和基础，创新是法治系统不断更新、适应社会发展需要的途径方式。在中国，法治系统的守正创新，就是要在坚持中国特色社会主义法治道路的基础上发展法治、推进法治改革。这包含着当前和长远之间的统一：对于当前经济社会发展中存在的各类问题，特别是深层次问题，要运用法治思维和法治方式加以解决；对于中长期发展，要确立以法治为支撑的制度框架，形成具有稳定性、可预期性的法治保障。

因此，如果说强调治理效能的发展观贯穿了改革开放以来中国经济社会的发展，绩效表现或者说“发展成效”是改革开放新时期的重要话语，那么我们正处于一个更为强调法治的守正与创新相兼容、相统一、相协调并共同发挥作用的时代。从改革开放初期强调恢复重建法律制度的法治“十六字方针”，到党的十八大以来提出的覆盖立法、执法、司法、守法各环节并把法治的形式性要求和实质性要求有机结合的法治建设新“十六字方针”，“良法善治”意味着当代中国经济社会发展进入新的阶段。在这个转型的过程中，需要我们更新观点认识，创新体制机制，在经济转型发展的同时实现制度的转型发展。也正是在这个过程中，国家治理和法治改革中的某些深层次问题暴露出来，国家治理实践中的很多现象——包括法治实施——只有置于转型过程中守正与创新的分析框架下，才能得到更好的分析和解释。

（三）法治实施的守正与创新

法治实施，既包括从文本到实践的转化，也包括这一转化中所处语境

---

① 习近平：《在法治下推进改革，在改革中完善法治》（2013 年 11 月—2019 年 7 月），载习近平：《论坚持全面依法治国》，中央文献出版社 2020 年版，第 38 页。

② 参见信春鹰：《改革开放 40 年全国人大及其常委会的立法工作》，载《求是》2019 年第 4 期。

对法治实施中制度运行、制度变迁的影响。当代中国的法治实施，是推进国家治理体系和治理能力现代化与全面深化改革、全面依法治国的语境中的法治实施，也是中国式现代化语境中的法治实施。

本书把守正与创新作为法治实施之制度逻辑的基本分析框架。其理由和价值主要在于：其一，"守正创新"不同于"守正、权变和创新"。在一般性的、涉及各种制度形式的制度逻辑之中，"守正、权变和创新"分别指向制度分析中的路径依赖、权衡变通和改革创新。在法治实施中，由于法治具有规范性要求、法律制度包含业已确立或固化的根本制度、基本制度和重要制度等，就不宜强调"权变"。"变通适用"固然是治理实践中的常见现象，但对于违反宪法法律规定、违背法治原则的"变通适用"必须坚决予以纠正，以维护法制统一和法治权威。其二，守正创新意味着法治实施具有两方面的功能。一方面是规范性功能，即基于法律的形式合法性和业已确立为法律的各种制度，在国家治理中付诸实施；另一方面是社会性功能，即通过法治实施保障各种实质性与社会性发展目标的实现，这个过程中不可避免地会发现国家治理和法治实践中存在的弱项、短板和突出问题，对此应根据我国法治国情，通过制度创新来推进实质性社会发展目标的实现，并推动制度体系的不断完善。①

因此，在全面依法治国的伟大实践中，必须坚持通过深化改革和制度创新实现法治良好实施，经由法治实施彰显中国制度优势和体现良好的治理效能。法治实施作为动态过程，最能体现法治实施动态性、效率性的就是法治改革。从制度变迁的角度看制度实施，意味着法治实施必须考虑守正与创新、法治与改革、稳定性与适应性、合法性与绩效性、系统与局部、常态与非常态、制度约束与制度激励等之间的关系。在法治轨道上推进国家治理制度体系的改革创新和不断完善，意味着法治轨道具有规范性，其以法治为信念，以国家法律制度为依据，进而发挥法治固根本、稳预期、利长远的保障作用和长期激励功能。但是，国家治理制度体系的严格执行和有效实施，并不意味着制度是一成不变、僵化的，也并不意味着制度必然趋同于其他国家或地区的制度而失去自主性和自身特点。制度实施的过程，就是在法治轨道上守正创新的过程。

① "我们要在坚持好、巩固好已经建立起来并经过实践检验的根本制度、基本制度、重要制度的前提下，坚持从我国国情出发，继续加强制度创新，加快建立健全国家治理急需的制度、满足人民日益增长的美好生活需要必备的制度。"参见习近平：《坚持、完善和发展中国特色社会主义国家制度与法律制度》（2019 年 9 月 24 日），载习近平：《论坚持全面依法治国》，中央文献出版社 2020 年版，第 266 页。

基于此，思考法治实施的制度逻辑，必须引入时空语境的讨论，即从长时段或制度变迁速率来看待法治实施与制度变迁。其意义在于：其一，从更长时段来看，源于中国传统文化的制度自主性和延续性，是在更长时段影响中国制度发展的因素；其二，从当下社会的变迁来看，历史发展不是均质的，而是存在突变和加速的，社会各方面发展不平衡、不充分，意味着制度变迁伴随制度实施随时随地发生，僵化、固化的制度不是好制度。制度实施过程的“权变”，必须在法治轨道上向创新和改进的方向加以引导和定位。也就是说，制度实施必然包含制度变迁的路径依赖和制度创新，在法治实施的守正与创新的问题上，实施过程中的灵活性、有效性属于“权变”一侧，但应当基于法治轨道的合法性原则对其进行引导和规范，使之成为对既有制度的创新和完善。管理学中的“权变理论”[①]将制度实施（管理）视为因变量、将环境视为自变量。然而，一如上文所讨论的，将制度视为因变量只看到了问题的一个方面，制度作为自变量也在影响和改变环境。尤其对法治实施而言，在法治轨道上推进国家治理体系和治理能力现代化，发挥法治固根本、稳预期、利长远的保障作用，意味着法治实施中法律制度或者法治的制度化、程序化、法律化具有规范性意涵；[②]同时，法治实施过程中需要进行制度创新、推动制度不断发展完善，才能适应变动不居的现实、回应实践需求，这就是法治实施中的“守正创新”。

思考法治实施的制度逻辑，还应当注重将制度逻辑凝练为制度法理。法治实施的过程，首先需要在法治体系的维度理解各种制度类型或规范类型，进而考虑法治实施各类主体间的互动和博弈，以及互动、博弈背后的各种正当性观念。在这个过程中，应当总结凝练出若干法治实施之制度逻辑的核心观点，由于这是对法律运行、法治实施的目的性、正当性、合理性之根据和原理的反思，[③]故也可称之为“法治实施的制度法理”。具体来说，其逻辑关系在于：第一，法治实施是法治规范体系从制度文本向实践活动的转换。法治规范体系包括法律以及其他类型的制度规范，例如党内法规、公共政策、行业规范、技术标准、社会习惯等，它们以各种形式的制度文本为载体。从法治规范体系到法治实施体系，就是这些制度

---

① 参见林新奇、石嘉伟：《近30年中国情境下权变理论研究知识图谱分析与展望》，载《宁夏大学学报（人文社会科学版）》2021年第5期。

② 参见张文显：《论在法治轨道上全面建设社会主义现代化国家》，载《中国法律评论》2023年第1期。

③ 参见胡玉鸿：《法理即法律原理之解说》，载《中国法学》2020年第2期。

规范从文本到实践,并在实践中完善发展的过程。第二,法治实施是各种类型的法治主体之间互动合作的过程。实践是主体有意识的能动活动,法治实施是法治主体能动的实践活动,法治主体基于自己对法治的认知和行动目的参与法治实施,不同法治主体间的认知既存在共识也存在差别,它们之间的互动和合作是法治实施的主要形态,但也意味着仅关注法律制度文本是不够的,还要关注法律之外的其他制度规范类型,即法治主体依法办事及其各种制度性制约因素。因此,法治实施必须思考法治主体实践活动的制度激励、[①]制度约束的问题。这一层面的制度逻辑,就不仅是制度文本和制度类型意义上的制度逻辑,还是制度目的、制度实践和制度合法性意义上的制度逻辑。第三,法治实施必然考虑作为行动理据的制度之正当性。对法治主体的法治思维的进一步追问,就将归结到制度及其实践(实施)的目的性、合理性、正当性,这就是法治实施的制度法理。法治实施的制度逻辑,最终将呈现为若干制度法理的命题以及对这些命题的阐释。

第三节 本书的主要内容

一、法治实施的时空语境分析

法治实施是一种制度性的实践活动。实践语境和制度逻辑是统一的:正是由于实践语境的特殊性,决定了制度实施要考虑特殊语境及相应的制度逻辑。

1. 法治实施必须考虑政治发展和制度建设的不充分与不均衡,通过制度设计和制度演进来推动法治发展的充分和均衡。中国特色社会主义进入新时代,我国社会主要矛盾已经转化为人民日益增长的美好生活需要和不平衡不充分的发展之间的矛盾,而当代中国法治发展的不平衡不充分是当代中国不平衡不充分发展的一个方面。法治发展不平衡包括法治发展与经济社会发展、区域间法治发展、法律制度供给与需求、法律运行各环节、国内法治与国际法治、法律科技发展与法律人文关怀之间的不平衡;法治发展不充分包括权利实现和权利保障、国家治理体系和治理能力现代化、法治体系发展等方面的不充分。

2. 在法治实施的问题上,重视制度逻辑意味着,中国的法治建设不能

① 关于法律与激励,参见丰霏:《法律激励的理想形态》,载《法制与社会发展》2011 年第 1 期。

走西方现代性的线性历史发展模式。本书认为,在传统—现代的转型叙事中,法治是现代化转型的目的,是用以描绘和理解政治现代化不可缺少的概念。基于西方现代性线性时间结构的法治发展指标评估,成为前现代/现代、先进/落后的判断标准,由此,后发国家可能始终处于一种现代化未完成的“等待时间”。这种“等待时间”是一种“均质的、空洞的”时间,限制了后发国家发展属于自己的历史叙事和法治理论的可能性。开放法治建设和法治理论的多元可能性,应当注重发掘当下法治实践的意义,以此参与到法治发展的世界性话语讨论之中。

二、法治实施各环节的制度逻辑分析

法治实施主要包括宪法实施、执法、司法、守法等环节。当代中国法治实施之制度逻辑的切入点,就在于法治实施中制度改革创新所体现的守正与创新、合法性与绩效性之间的辩证统一,这在法治实施的各环节都有鲜明体现。

1. 法治实施首先是宪法实施,宪法实施是法治改革的内在制度性约束。宪法实施并不意味着对法治实施和法律演进中的法治改革进行外在约束;宪法实施是法治改革的内在制度性约束,通过“重大改革于法有据”实现守正与创新、改革与法治的辩证统一。

2. 法治政府是法治实施的主体工程。法治政府建设的重点是处理好政府与市场的关系,实现有效市场和有为政府的统一,并做好各种制度改革之间的衔接。本书认为,行政许可审批改革应当注重厘清法定依据、校准权力定位、明晰干预边界、保障权利实现,在此法理基础上不断改革完善行政许可审批制度。要实现资源配置中市场的决定性作用和政府在经济运行中发挥更好作用的有机结合,就要求行政许可审批制度改革不能局限于政府干预的初级对象,而应当投向更为丰富的层次,如政府干预的主体以及具体承办机关、政府干预的次级对象、政府干预的具体手段及采用理由、政府干预的程度、政府干预的时机与相应的手段选择、政府干预的目的,从而有效提升治理效能。

3. 行政机关负责人出庭应诉制度的功能分析。行政机关负责人出庭应诉制度同时涉及法治政府建设和程序法治两个方面,具有叠加性的多元功能,可从三个维度展开分析。第一种功能是权利救济与纠纷解决功能,本书通过统计数据分析实践中存在的偏差,指出权利救济与纠纷解决功能只是行政机关负责人出庭应诉制度性功能的一部分。第二种功能是权力制约与政治动员功能,行政机关负责人出庭应诉制度与上级政府对下级政府的干预制约相关。第三种功能是符号性功能。行政机关负责人出庭应诉制度具有礼仪性、教化性、感染性等符号性功能,但存在压力传导、行为异化等治理风险,这不利于法治政府、法治社会的建设。

4. 司法责任制是司法改革的“牛鼻子”,司法改革又是全面深化改革和全面依法治国的重点领域,建立公正高效权威的司法制度体系是高效的法治实施体系的重要环节。司法承包责任制作为一种解释性的理念,能够为中国司法责任制改革的制度逻辑与治理风险提供一种分析框架。司法承包责任制的主要特征体现在责任主体、考核方式和激励机制等方面的“承包化”,其治理风险与司法公信力、司法现代化、司法需求和司法队伍稳定等方面的治理效能密切关联。

5. 人民调解是法治实施的重要基层工作。《法治社会建设实施纲要(2020－2025年)》将人民调解作为“第一道防线”。在倡导和推动人民调解的过程中,出现了一种值得注意的实践形式,即地方政府购买人民调解服务。从提升治理绩效、有效化解纠纷、保障人民权益的视角来看待购买人民调解服务,必须把社会治理过程中的局部制度创新、从局部到全局的制度创新、制度创新固化与全局化后的实施绩效、实践中进一步和新一轮的制度创新加以结合,并从制度实施和制度演进的更全面、更长阶段的视角来看待其运行逻辑。购买人民调解服务是回应基层治理中多元纠纷解决机制的成本负担方式的制度创新实践,它来自实践、服务实践,也必将在实践中不断创新、完善和发展。

6. 公序良俗是贯穿法治实施多种制度形式的一项普遍原则和一个制度性概念。虽然公序良俗曾被限定于社会成员的日常生活和一般性社会秩序,但随着科技发展的日新月异和科技风险系数的增加,迫切需要公序良俗在科技领域发挥贯通法律规范、伦理道德、公共政策、行业规范、技术标准等多种制度形式的重要功能作用,将科技公序良俗作为构建我国科技治理体系的一项普遍原则。其现实性在于,科技公序良俗是科技领域核心价值的重要载体、科技治理体系的贯通性普遍原则、科技主体自律自治的行为准则,推进科技公序良俗建设是应对风险社会的必由之路,也是理解法治实施中各种制度类型实际运作的重要制度性概念。

7. 制度性激励和激励制度化是法治实施的重要内容。梳理中国法律奖励制度70余年来的发展,其经历了初创、沉寂、复苏、蓬勃、再新五个发展时期,在内容领域、空间区域、关联制度等方面呈现出守正创新的制度建设成效与规模特征。在70余年发展历程中,法律奖励制度的发展不仅体现了法治中国建设的伟大成就,也为坚定制度自信、推动国家治理能力提升积累了经验支撑和理论启示。展望未来，法律奖励制度的持续演进发展必将是法治中国建设的重要推动力，同时也将是我国国家制度建设中以制度激励活力的重要标志。

三、法治实施效果的制度分析

法治实施的效果，面临非常态和常态两种检验。当社会面临“非常态”或者“紧急状态”之时，需考虑是否能继续维持法治秩序，法治实施又需做出何种应对和变化，而这正是对法治实施之制度韧性和实施效果的重要考验。法治评估是对常态下法治实施现状和法治发展状况的评估，主要是对法治体系在实践中实施效果的绩效评估，因此需要综合考虑法治体系之内的规范性目标和法治体系之外的社会性目标，对旨在提升法治实施效果的制度创新进行合理评价。

1. 突发公共卫生事件是法治实施的“非常态”。应对法治实施中的“非常态”或者风险，其制度逻辑在于改变常态下的反应机制，在坚持法治原则的基础上采用应急机制，增强法治实施的制度韧性。突发公共卫生事件是对国家治理能力和治理体系的重大考验。遵循法治思维和法理思维，能够保障突发公共卫生事件紧急处置权依照法治轨道实施运行，同时能够及时高效因应突发事件。应对突发公共卫生事件一般应当遵守如下法治原则，即权利保障原则、权力依法行使原则、合理性原则、效率原则、比例原则、信息公开原则。法治实施的制度韧性体现为合法性、稳定性、可靠性、应变性、进化性。

2. 法治评估是对如何评估法治建设、法治发展和法治实施的实际状况的探索。无论是国际层面的法治评估、国家层面的法治评估还是地方层面的法治评估，都应观察其科学性、合理性。从法治实施的制度逻辑看，法治评估尤其是对地方层面法治实施状况的评估，需要重视法治实施中守正、权变和创新三者之间的协调，也就是如何在法治的权威性、法治实施的适应性、法治发展的演进创新三者之间实现协调统一。法治实施意义上的治理绩效，首先是业已确立的法律制度和法治体系的执行绩效，也即法治评估的规范性功能。而法治评估社会性功能的实质性要求，以及法治实施中的制度创新，应当具有实质合理性、形式合理性和程序合法性，能够经由法治评估规范性功能加以评估，以避免法治评估出现扭曲或异化的情形。

第一编　法治实施的时空语境

法治实施是一定时空语境下的制度实施和法治运行，当代中国法治实施的宏观时空语境是世界百年未有之大变局和推进中华民族伟大复兴。法治实施是一种制度性的实践活动，对其制度逻辑的考察，必须建立在对一定时空语境之下制度实施、制度演进的基本样态和内在逻辑的考察之中。因此，思考中国法治实施的时空语境，一方面必须考虑法治发展本身的不平衡不充分，对其进行系统的、具有针对性的分析，提出因应措施和解决路径；另一方面必须摆脱西方现代性的线性历史发展模式，洞悉其理论逻辑和局限，走具有自主性的法治道路。法治发展本身的不平衡不充分，决定了大力推进全面依法治国系统工程建设必须坚持系统思维，高度重视法治体系的系统性、整体性、协同性，把法治系统工程的系统性及其创新发展这两方面结合起来。法治发展的自主性，意味着要注重发掘中国当下法治实践的意义，推动法治体系不断发展完善，并由此推动法治理论的不断丰富发展。

第一章　法治中国的实践背景：法治发展的不平衡不充分

全面依法治国是新时代坚持和发展中国特色社会主义的基本方略，是中国特色社会主义的本质要求和重要保障。党的十九大报告对我国社会主要矛盾作出新的、更为准确的表述。在新的时代背景下，人民日益增长的美好生活需要和不平衡不充分的发展之间的矛盾，决定了我们应当如何思考法治与发展的关系，也决定了我们应当如何思考法治发展自身的问题。深化全面依法治国、建设社会主义法治国家，应当基于中国特色社会主义进入新时代的历史背景，深刻认识当代中国社会主要矛盾和法治发展现状，并作出深入思考。

在中国建设法治，必须考虑中国的法治国情、法治传统和法治建设历史等因素，充分考虑法治建设的复杂性、系统性。我国是一个有着悠久文明传统的超大型国家，近代以来探索法治之路历经曲折，当前改革开放事业步入“深水区”，因应世界正经历百年未有之大变局，我国法治建设面临的复杂性前所未有。当代中国国家治理和法治建设的复杂性，体现为诸多维度因素交织形成的复杂因果关系网络。推进全面深化改革、建设法治中国，从宏观顶层设计到重要法律制度改革，牵一发而动全身，需要从庞杂且系统的视角，充分考量其复杂性。国内与国际、中央与地方、城市与农村、东部与中西部、实体与虚拟、传统与现代等，只是法治建设复杂性诸多维度的部分方面，其他更多维度的复杂性还有待更为全面深入的研究。只有对复杂性有足够调研和充分准备，才能从系统的、全局的眼光来认识和解决问题。党的十八大以来的新一轮司法改革，就是以系统观点来处理复杂性问题的实践。着力于破解司法领域深层次问题，党中央对新一轮司法改革作了系统化的顶层设计，进行了全方位有序推进。[①] 党的十九大进一步提出深化司法责任制综合配套改革，坚持以系统思维推进司法体制改革、保障和实现社会公平正义。

法治改革是一项艰巨的事业。习近平总书记指出，“改革开放是一

---

① 参见黄文艺：《中国司法改革基本理路解析》，载《法制与社会发展》2017 年第 2 期。

项长期的、艰巨的、繁重的事业”。[①] 法治改革是当代中国改革开放事业的组成部分,其对改革开放事业起支撑保障作用,同时法治建设本身也有很多要“啃”的“硬骨头”。随着改革开放事业的全面深入推进,我国的经济社会各方面发生了深刻变革,尤其是社会利益格局发生了重大变化,社会主体的思想观念显著不同于改革开放初期,因此必须寻求凝聚社会共识、改革共识的有效途径,破解如何在发展中兼顾社会各类主体利益的现实难题,坚持系统思维以破解改革难题。法治改革也是如此。例如,法律的制定修改、法律机构的撤并改制、人员队伍的调整流动等,必然涉及既有利益格局变动,此时改革进程中存在阻力和曲折在所难免。坚持系统思维,就是要从法治改革的整体战略布局出发,避免或解决法治建设中部门利益导致的争权诿责、地方保护主义等问题,提升法治改革的整体效应,保障和支撑社会主义现代化各项事业稳步前进。

当代中国法治建设的另一个基本特征是规模性。仅从诉讼规模看,2023 年,全国各级人民法院受理案件约有 4557.4 万件。人民法院受理一审案件数从 1978 年的 44.76 万件增长到 2019 年的 1543.96 万件。中国裁判文书网收录的裁判文书已达 1.4 亿余篇(截至 2023 年 12 月)。诉讼规模的变化,既反映了当代中国法治建设在数量上的增长,也反映了人民群众法治观念的变化,即越来越倾向于通过法律解决纠纷、维护自身权利。上述两方面都要求法治建设进一步提升规模和质量,回应人民群众对更为充裕、更高质量法治公共产品供给的需求。并且,随着中国经济社会发展和人民群众法律意识增强,法治公共产品的需求呈指数级增长而不仅是数量级增长,意味着法治公共产品供给必将更为多样、更为全面、更为系统,必须避免将法治公共产品供给的压力集中于某一类法律机构或法律部门而造成法治系统失衡。同时,法治建设必须用系统科学的技术方法来应对日益增长的法治公共产品需求,充分运用人工智能等先进技术,加快法律技术方法升级更新。

建设法治强国是一项长期事业。习近平总书记指出,“我们党历来重视法治建设”。[②] 在新民主主义革命时期、新中国成立后和改革开放历史新时期,中国共产党积累了大量法治建设经验,在不同阶段都取得了重大成就,矢志不渝推进法治。全面依法治国与全面建设社会主义现代化

① 习近平:《改革开放只有进行时没有完成时》(2012 年 12 月 31 日),载《习近平谈治国理政》(第一卷),外文出版社 2018 年版,第 67 页。

② 习近平:《坚定不移走中国特色社会主义法治道路　为全面建设社会主义现代化国家提供有力法治保障》,载《求是》2021 年第 5 期。

国家、全面深化改革、全面从严治党共同构成了"四个全面"战略布局。在以习近平同志为核心的党中央的领导和推动下,我国社会主义法治建设发生了历史性变革、取得了历史性成就。党的十九大规划了第二个百年奋斗目标的两个阶段,明确了我国发展的长期事业目标,并通过宪法修改已确立为我国宪法法律的具体规定,从而成为法治建设的规范性要求。党的二十大作出了进一步的战略部署和要求,法治建设是这项伟大的长期事业的组成部分和重要支撑。当前,法治中国建设面临前所未有的战略机遇期,必须统筹谋划、把握重点、系统推进。法治建设的长期性,还体现在法治改革先行先试与法治系统稳定性之间的辩证关系上。局部先行先试、经验总结推广是改革开放和法治建设的成功经验之一,法治改革先行先试和经验总结需要逐步探索、长期积累,不可能一蹴而就。法治建设具有长期性,必须分析把握法治中国建设的重点关键问题,抓住机遇,积极推进新兴重点领域法治建设。

从当前我国法治建设和国家治理所面临的实际情况来看,在安全领域、科技领域、生态领域、涉外领域等重要领域,还存在法律制度建设的空白点和薄弱点,不能满足国家治理的需要,对此迫切需要加强立法工作。其中,在全球数字化工业革命快速推进的背景下,我国法律在新经济业态、新质生产力等相关领域,还存在滞后性和不适应性,需要通过立法在内的制度供给特别是制度创新来满足经济发展和国家治理的需要。①

因此,如何理解和解读当代中国社会主要矛盾转化的历史意义、实践意义和理论意义,将在当下中国法学研究和法治实践中占据重要位置。研究者需要从理论文献和政策实践中发掘、提炼社会主要矛盾转化的法治意义和理论意义,在此基础上开展理论研究、推进理论创新。在当前法学研究中,对法治实践和法学研究如何应对社会主要矛盾转化的论述很丰富。相对而言,对法治发展本身的不平衡不充分的研究还值得进一步

---

① "要积极推进国家安全、科技创新、公共卫生、生物安全、生态文明、防范风险、涉外法治等重要领域立法,健全国家治理急需的法律制度、满足人民日益增长的美好生活需要必备的法律制度,填补空白点、补强薄弱点。数字经济、互联网金融、人工智能、大数据、云计算等新技术新应用快速发展,催生一系列新业态新模式,但相关法律制度还存在时间差、空白区。"参见习近平:《坚定不移走中国特色社会主义法治道路　为全面建设社会主义现代化国家提供有力法治保障》,载《求是》2021 年第 5 期。

推进。[①] 法治发展的不平衡不充分,构成了研究法治运行特别是法治实施体系的制度逻辑的实践背景。

第一节 法治发展的不平衡

一、法治发展与经济社会发展的不平衡

经过四十多年的改革开放,中国的经济总量在全世界稳居第二。我国经济增长所取得的成就和对世界经济发展的贡献率,得到了国际国内的认可和瞩目。与此同时,中国的政治、社会、文化、生态等方面也发生了巨大变化。与经济建设取得的伟大成就相比,中国的法治建设虽然也取得了长足进步、处于历史上最好时期,但是仍处于发展不平衡不充分的状态。

在当代中国,法治发展与经济社会发展的不平衡是法治发展不平衡不充分的首要体现。[②] 这一点,不仅体现在法治对经济发展和社会治理的保障、促进、推动和提升作用不充分,[③]还包括以下四个方面:一是法治中国建设的成就和世界地位,与当代中国经济社会发展所取得的巨大成就和世界地位不相匹配,法治发展作为中国发展的软实力,与当代中国发展硬实力还不匹配;二是法治建设的中国做法、中国经验,与经济社会发展的中国模式、中国经验不协调、不平衡;三是经济社会发展对法治中国的影响力和辐射作用,与法治建设对中国经济发展的贡献之间不协调、不平衡;四是经济社会发展所引发的深层次问题和新问题,与法治建设和法学研究的重心与焦点之间不协调、不匹配,一些经济社会发展领域的重大问题、根本性问题,还没有得到法治建设和法学研究的充分重视。

上述不平衡、不协调、不匹配之所以存在,一个重要原因是中国法治建设的做法、经验还需要通过严格系统的科学研究成为可检验、可推广的

---

① 中国法学界基于社会主要矛盾转化的法治发展研究,可以参见张文显:《中国法治 40 年:历程、轨迹和经验》,载《吉林大学社会科学学报》2018 年第 5 期;李林、莫纪宏:《新时代中国特色社会主义法治理论的创新与发展》,载《暨南学报(哲学社会科学版)》2017 年第 12 期;公丕祥:《新时代中国法治现代化的战略安排》,载《中国法学》2018 年第 3 期;王利明:《新时代中国法治建设的基本问题》,载《中国社会科学》2018 年第 1 期等。

② 经济学家杨启先曾在 2002 年指出中国经济改革存在四大不平衡,其中第四点为“经济体制改革与法律制度建设的发展不平衡”。参见《中国经济改革存在四大不平衡》,载《求知》2002 年第 5 期。

③ 关于在社会主要矛盾转化条件下法治与经济发展品质的关系,参见侯学宾:《法治是提升中国经济发展品质的关键》,载《法制与社会发展》2018 年第 1 期。

理论模式，并且需要具有科学形式、能够为国际认可的理论升华。例如，在自上而下的政府推进型法治和自下而上的地方法治等理论解释进路的基础上，需要发展出一种具有强大解释力和可检验性的法治建设理论模型，形成被国际社会充分认可和接受的法治中国理论模型。[①]

深化全面推进依法治国与“建设现代化经济体系”有内在紧密关系。建设高质量的、符合公平正义要求的、具有可持续性的发展模式，一方面要遵循经济发展的规律，强调经济发展的质量要求，另一方面也要重视制度特别是法律制度的作用，通过高质量的法治建设来推动高质量的经济发展。建设现代化经济体系，必须要有现代化的法治体系。对于经济与法治的关系，应当在改革开放以来中国法学界关于现代法治与市场经济研究的基础上，根据新时代中国社会主要矛盾转化，融入新的发展理念，作进一步的推进和深化。

1. 对经济与法治的辩证关系应当有更加深刻的认识。经济发展与法治的关系是社会科学领域的经典问题之一。自马克斯·韦伯以降，[②]经济学家和法学家纷纷讨论了法律作为经济发展基础性机制的重要作用，并用经验性证据论证了正式法律体系[③]和法律服务市场发展是法治促进经济发展的重要表现。不过，就当代中国而言，应当警惕以某一种特定的法律形式——如法典化或者判例法——作为法治发展先进或落后标准的看法。例如，把以法典化为代表的形式理性法体系视为法律制度的发展目标和国家现代化的必经之路，有可能忽视了经验意义上的、以判例法为基础的英美法律制度发展的显著不同。将“制定法典”作为法律发展和国家现代化的“关键时刻”，表面上看源于法国和德国现代民族国家构建的真实经验，并异于英美现代化进程的法律制度实践，但在笔者看来，这是对某种抽象的法治现代化道路的内在认同，从而将法典化视为国家现代化的核心标志，这种观点被认为源自欧洲的“超真实的现代法治想

① 关于地方法治试验研究的理论局限性的讨论，参见郑智航：《法治中国建设的地方试验——一个中央与地方关系的视角》，载《法制与社会发展》2018 年第 5 期。

② 参见［美］大卫·M. 楚贝克：《马克斯·韦伯论法律与资本主义的兴起》，载中国理论法学研究信息网、吉林大学理论法学研究中心 2005 年 6 月 1 日，http://www. legal - theory. org/? mod = info&act = view&id = 9407。

③ 例如“法与金融”理论的研究。参见胡昌生、龙杨华：《“法与金融”理论述评》，载《武汉大学学报（哲学社会科学版）》2008 年第 1 期。

象”。[①] 但也有论者将判例法作为特定地区经济发展成就的核心保障和竞争力，[②]这同样也是把经验意义上的经济发展和法律制度抽象化了，看似把法律这一因素放在更加醒目的位置，但却强调了某种依附于特殊历史语境而曾经取得成功的特定经验模式，反而弱化了法律的独立作用。混淆经验意义上的经济发展成就与抽象意义上的法治发展模式之间的区别，意味着理论界和实务界对法治与经济之关系的认识还有待深化。在社会主要矛盾转化的情况下，应当更加重视法律发展的能动作用，由此才能达致经济与法治的均衡发展，而不是法治发展“亦步亦趋”地落后于经济发展。

2. 更新法治发展理念。深化全面依法治国，实现法治与经济的均衡发展，应当在法治发展中融入并坚持新发展理念。[③] 创新、协调、绿色、开放、共享的新发展理念和坚持全面依法治国，都是新时代坚持和发展中国特色社会主义的基本方略。发展是解决中国一切问题的基础和关键：一方面，法治为发展提供制度保障，以良法促进发展、践行善治；另一方面，法治发展自身也应当坚持新发展理念，其核心就是提升法治发展的品质，破除不正确的法治发展政绩观以及法律工具主义的消极影响。新的发展理念、新的发展目标，要求法治建设必须实现发展方式的转型。改革开放以来的法制现代化进程，曾经相对更加重视制度供给规模、自上而下政府推进、法治建设绩效等。这虽然起到了重要推动作用，但也有其弊端。在新时代社会主要矛盾变化的情况下，应当更加重视制度创新对经济发展的推动作用，[④]更加重视法律公共产品的供给质量和实际效果，更加重视基层在法治建设领域的创新能力，更加重视区域间法治发展的协同协调等。本书后续对区域间法治发展不平衡、法律制度供给与需求不平衡、法律运行诸方面不平衡的讨论分析，即是对法治与经济之间发展不平衡的

---

① “超真实的现代法治想象”这个概念，来自印度学者查克拉巴蒂对超真实的、抽象的“欧洲政治想象”一词的使用。参见[印]迪普查·查克拉巴蒂：《边缘化欧洲的构想》，吴晓佳译，载《国外理论动态》2008 年第 7 期。

② 例如，季卫东认为：“具有全球影响力的国际金融中心，例如伦敦、纽约、香港、新加坡都出现在非常强调法治和程序公正原则，特别是具有判例法传统的社会环境里，恐怕绝非偶然。”参见季卫东：《金融改革与“法律特区”——关于上海自贸区研究的一点刍议》，载《东方法学》2014 年第 1 期。

③ 关于新发展理念与深化全面依法治国，参见公丕祥：《新发展理念：中国法治现代化的战略引领》，载《法治现代化研究》2017 年第 1 期；蒋传光：《新发展理念视域下依法治国的深化和拓展》，载《东方法学》2017 年第 5 期。

④ 关于法治建设制度创新与经济发展的关系，参见沈国明：《改革开放 40 年法治中国建设：成就、经验与未来》，载《东方法学》2018 年第 6 期。

进一步讨论和剖析。

二、区域间法治发展的不平衡

区域间经济社会发展不平衡是当代中国的一个现实情况,区域间法治发展的不平衡是这一现实的反映。但从近年来有关法治评估、司法文明指数的结果来看,①相对于经济社会发展的不平衡,法治发展的不平衡问题也比较突出。司法改革试点、监察体制改革试点、自由贸易试验区设置、地方立法权逐步扩大、行政审批制度改革等诸多法治改革重大措施的实施进程,从一个侧面反映了政治决策者对法治发展不平衡的看法和态度。而在人民群众体验、投资者反馈等方面,法治发展的区域间差异和不平衡也是显著事实。

法治发展的区域不平衡,不仅与区域间经济社会发展不平衡这种结构性的原因相关,更与区域间法律意识的差别有关。对比相对更依赖地缘、资源和传统积累的经济发展,法治发展似乎有理由在后发地区实现"弯道超车"。然而,区域间法治发展仍然面临挑战。营商环境、旅游环境等案例背后,体现的是不同区域对人民权利之尊重的差别、治理理念之差异,而不仅仅是地方财政能力、治理能力和发展水平的差异。

面对法治发展区域间不平衡的问题,至少有以下两个方面值得重视和研究。

1. 改革法治发展评价方式。法治发展的区域不平衡,既可以通过"法治创建先进县(市、区)"、地方法治评估之类的评比得以体现,又可能被此类评估活动遮蔽了真正的问题。法律发展不均衡是法治发展的老问题,也是法治研究的常规课题。法律发展的不均衡,不仅表现为国家之间法律发展水平存在差异,也表现为一国之内各地区之间的法律发展不均衡和差异。这种差异的存在,是法治指数和治理指数在全球范围内兴起的原因之一。② 法治指数的出现,意味着不同国家或地区之间法律发展水平,可以通过同一套法治指数加以量化评价,法治指数的评价对象正是一个国家或地区在法律发展水平上的表现(performance)。这种以法治指数来评价一个国家或地区法治发展水平的做法具有局限性。法治发展

---

① 例如司法文明指数。参见张保生等:《中国司法文明指数报告 2016》,中国政法大学出版社 2017 年版。

② 关于法治指数和治理指数的兴起,可以参见 Juan Carlos Botero, Robert L. Nelson & Christine Pratt, *Indices and Indicators of Justice, Governance, and the Rule of Law: An Overview*, Hague Journal on the Rule of Law, 2011(2), p. 153 – 169。

水平量化评价是以某种特定的法治观为基准的，但是考虑到不同地方、不同文化之间不可通约的地方性特征，据以作为评价基准的某种法治观将具有明显局限性。印度学者帕沙·查特吉认为，“21 世纪任何一个拿着社会指标数据本的本科生，都可以根据生活指标、道德指标、治理的质量、人类发展以及其他评估性指标，来对全世界的国家进行排名……文化不再是不可通约的。但是现在可以就其结果来看，将其判定为对标准的偏离，从而对其进行规范化（normalized）。全世界的政府都被纳入同样的概念领域。国家间的所有偏离，都可以根据同样的计算方式进行比较，并最终据此对国家进行分级”。① 因此，应当慎重采用法治指数等作为法治发展水平的判断工具。

2. 避免法治建设的政绩“锦标赛”现象。这种现象是指在改革过程中，将不同地方、不同单位之间法治建设的政绩指标和建设速度的竞争作为更重要的、更根本的目标，把深化全面依法治国本身所服务的目标置于相对靠后甚至实质被忽视的位置，从而可能带来一系列连带的甚至负面的问题，尤其是会带来部分地方法治发展品质受损、法治建设急于求成的危害。建设社会主义法治国家，需要对法治建设所面临的各种困难有充分准备。例如，司法责任制改革的目标是提高司法公信力、维护社会公平正义，努力让人民群众在每一个司法案件中感受到公平正义，不同地区、不同层级的司法机关面临的实际情况是不一样的，深化司法体制改革不能照抄照搬、急于求成，而应该在中央的统一部署下，根据本地区本部门的实际情况，科学合理地厘定改革的任务书、路线图和时间表，脚踏实地推进本地区、本单位的改革。

三、法律制度供给与需求之间的不平衡

改革开放四十多年来，中国的法律供给取得了巨大成就，“法律供给主义”是改革开放新时期中国法制现代化的重要特点之一。② 但从制度供给和需求的角度来说，其中还存在很多问题。除立法需求扩大和立法资源稀缺这对矛盾之外，③笔者还选择了几个相对具有代表性的观点，来讨论制度供给与制度需求之间的不平衡体现在哪些方面。

---

① ［印］帕沙·查特吉：《政治社会的世系：后殖民民主研究》，王行坤、王原译，西北大学出版社 2017 年版，第 11 页。

② 参见黄文艺：《对新时期中国法制现代化的理论反思》，载《政法论坛》2007 年第 2 期。

③ 参见乔晓阳：《发挥立法对改革的引领和推动作用》，载《人民日报》2016 年 7 月 19 日，第 7 版。

一是政策发展与法律发展的不平衡。一方面，如马怀德曾指出的，“近一年来中央出台了很多非常好的政策，深改组密集出台各类改革举措，但法律的立改废释尚未做到同步；十八届四中全会所列出的立法任务中，已完成的数量有限”。[①] 另一方面，中国在广义上的制度供给，特别是在执法领域，是以行政规范性文件形式来提供的。这虽然回应了当下改革与发展中急迫的制度性需求，但如何使之规范化、法治化，是当下中国法治发展的一个突出问题。2014 年 11 月 1 日第一次修正的《行政诉讼法》，赋予法院在行政审判中附带审查行政规范性文件合法性的权力，但该项权力具体如何操作、如何产生实际效力，还有待进一步观察。[②] 近年来，中央人民政府和地方各级人民政府对清理行政规范性文件非常重视，[③]宣布清理并废止了一批不再适用的行政规范性文件。但这些不再适用的规范性文件，在基层行政机关是否全面彻底地被废止和不再适用，人民群众对这些专业化的行政规范性文件已被废止是否知悉，还是一个未知数，这正是通过诉讼和备案审查等方式来审视行政规范性文件的意义所在。

二是狭义上的“法律”与广义上的“法律”之间的不平衡。以规章的法律效力为例：一方面，国务院的部门规章、地方政府规章的形式效力，与其实际效力、人们对该类规章之效力的心理认同相比，存在很大差别。刘作翔曾指出：我国的法院系统和律师，很多都没有注意到国家食品药品监管领域的规章，他们甚至不认可规章的法律效力，但规章是《立法法》确立的一个正式的法律形式。[④] 另一方面，相比于法律和行政法规，国务院部门规章和地方政府规章在应对制度供给需求上，更加灵敏和快捷，立法资源也相对丰富。狭义上的“法律”与广义上的“法律”之间的不平衡，已经是一个非常突出和紧迫的问题，尤其出现在具体的行政监管领域。以“中外合作办学”这项具体的行政许可事项为例，随着我国民法典、外商投资法、境外非政府组织境内活动管理法、网络安全法、个人信息保护法、数据安全法等的先后制定，我国教育法、民办教育促进法、行政许可法、行政处罚法等的陆续修改，为“中外合作办学”领域的行政法规和部门规章

---

① 马怀德等：《以“四个转变”助推法治政府建设》，载《光明日报》2015 年 11 月 5 日，第 15 版。

② 参见朱芒：《规范性文件的合法性要件——首例附带性司法审查判决书评析》，载《法学》2016 年第 11 期；余军、张文：《行政规范性文件司法审查权的实效性考察》，载《法学研究》2016 年第 2 期。

③ 例如，国务院办公厅《关于进一步做好“放管服”改革涉及的规章、规范性文件清理工作的通知》（国办发〔2017〕40 号）。

④ 刘作翔：《建立“标准”是法治的一项紧迫任务》，载《北京日报》2016 年 2 月 29 日，第 13 版。

(《中外合作办学条例》及其实施办法)的修订完善,从上位法角度提供了新的依据,有助于破解实践中中外合作办学机构和项目在法律地位上不够明晰、在办学活动中非营利性不能准确把握、办学各方主体关系认定缺乏法定依据等问题。但是,上位法的这些规定,尚未通过修订的方式及时体现在《中外合作办学条例》及其实施办法中,不利于保障办学者和受教育者的合法权益。此外,在中外合作办学所涉及的专业设置、招生管理、学位颁发、院校设置(办学)条件、财务管理、收费标准、外汇收支、外籍人员、来华留学生等具体方面,还应当遵守《学位法》、教育部《普通高等学校本科专业设置管理规定》、国务院学位委员会《博士硕士学位授权审核办法》、国家发展和改革委员会《高等学校教育培养成本监审办法(试行)》、教育部《普通本科学校设置暂行规定》等的专门规定,以及应遵守我国税收、价格、外汇收支、外籍人员管理等方面法规规章的专门规定。在实践中,上述专门规定未被办学者充分重视或知晓,一些禁止性的规定易被忽略,部分前置审批事项在中外合作办学审批中的地位和程序尚需在《中外合作办学条例》及其实施办法中明确规定,由其他监管机构主要执行的收费(价格)、税务、外汇收支、外籍人员管理等监管事项尚需要在《中外合作办学条例》及其实施办法中进一步强调和完善。

三是"规则供给"与"制度供给"之间的不平衡。现代法治的一个重要特点是法律机构和法律服务的专门化,这是法律体系制度化的一个重要衡量标准。[①] "规则供给"只是法律制度供给的一个方面,甚至在同一法典内部也可能存在规则供给不足和规则供给过度的情况。[②] 制度供给还包括司法机构的供给、法律服务市场的发展以及行政机构内设法律部门的发展等诸多方面。近年来,政府律师和党政机关法律部门的增设完善,可以说正是对此前"规则供给"与"制度供给"之间不平衡的一种应对。面对上述问题,应当坚持制度创新,提升制度供给的质量和品质。

四是健全完善现代化法律服务体系。现代化的法律服务体系,是法治社会的重要标志和有力保障。要健全和完善现代化的法律服务体系,解决法治发展不平衡的问题,具体措施主要有:其一,进一步针对法律服务市场存在的主要问题,出台相关办法、制定相应的政策措施,推动法律服务市场既规范有序又不断成长,促进法律服务人才规模和资产规模保

---

① 参见[加]罗杰・赛勒:《法律制度与法律渊源》,项焱译,武汉大学出版社 2010 年版,第 3 - 4 页。

② 例如民法典制定过程中的规则供给不足和规则供给过度等问题,参见茅少伟:《民法典的规则供给与规范配置——基于〈民法总则〉的观察与批评》,载《中外法学》2018 年第 1 期。

持良好发展；其二，加强对法律服务机构的管理监督工作，强化对法律服务行业从业人员的分类培训和继续教育，完善法律服务行业的服务质量标准、收费制度、财务制度、投诉惩戒制度等，加大对违法违规行为的打击和查处力度；其三，整合和发展农村法律服务资源，完善“农村法律顾问”等具体制度措施，鼓励、支持城市法律服务机构开拓农村业务，通过制度建设引导和帮助农村法律服务机构发展壮大，采取多方面措施，逐步解决农村法律服务机构在人财物方面的实际困难。

四、法律运行的不平衡

全面依法治国的“十六字方针”是科学立法、严格执法、公正司法、全民守法。“全面”推进依法治国，题中之义就是法律运行中的立法、执法、司法和守法四大领域应当全面推进、均衡地高质量发展。但立法、执法、司法和守法四大领域之间以及各自领域之内也存在发展不平衡的问题。马怀德曾在其2015年的一篇文章中指出，当代中国“法治建设领域出现了一些发展上的不平衡”，就此他概括了三点，分别为司法改革和法治政府建设发展不平衡、政策和法律发展不平衡、理念和实践不平衡。其中“司法改革和法治政府建设发展不平衡”，主要是指“法治政府的建设与司法改革相比，难题多、阻力大。在简政放权、放管结合、转变职能、优化服务等方面，国务院虽强力推动，但在激发市场主体活力和社会创造力方面效果并不明显”。①

法的运行四大领域之间发展不平衡的原因复杂，解决起来必然是一个长期的过程。党的十九大报告对四大领域的相关论述，②各有侧重和差别，值得深入思考分析。例如在立法方面，党的十九大报告强调的是法的质量（良法）问题，这就可能更为接近和侧重于下文将要讨论的法治体系发展的不充分。

需要注意的是，在理论和实践中，四大领域之间的不平衡更容易被发现和注意，但四大领域各自内部的发展不平衡更值得重视。

就立法而言，各个法律部门间的发展是不平衡的。一是法律部门间

---

① 马怀德等：《以“四个转变”助推法治政府建设》，载《光明日报》2015年11月5日，第15版。

② 党的十九大报告的相关论述是：“推进科学立法、民主立法、依法立法，以良法促进发展、保障善治。建设法治政府，推进依法行政，严格规范公正文明执法。深化司法体制综合配套改革，全面落实司法责任制，努力让人民群众在每一个司法案件中感受到公平正义。加大全民普法力度，建设社会主义法治文化，树立宪法法律至上、法律面前人人平等的法治理念。各级党组织和全体党员要带头尊法学法守法用法，任何组织和个人都不得有超越宪法法律的特权，绝不允许以言代法、以权压法、逐利违法、徇私枉法。”

发展不平衡，不是或者至少不应再是历史发展的阶段性问题。[①] 在当下，法律发展应当重视和注意部门间的平衡。在社会主要矛盾转化的条件下，“作为社会关系的调整器”的法律，由于其部门划分的主要依据是对社会关系类型的划分，那么各个法律部门的均衡发展，即是对社会发展不平衡的有效应对，是解决和因应当下中国社会主要矛盾的必然要求。二是应对法律部门间发展不平衡的顶层设计和解决措施，需要建立在扎实深入的调查研究基础之上。随着全面依法治国进程的推进，立法需求扩大和立法资源稀缺之间的矛盾比较突出，一些重点领域的立法推进较快，但法律迅速出台后也引发了一些复杂问题，对法律的实际效力和法治发展质量有不利影响。[②] 在这里，应对法治发展的不平衡不充分，应该更加重视立法质量，提升法治体系发展的品质。

即便在被认为是法律运行各环节中相对更受重视的司法领域，我们对司法改革和司法制度发展的理解可能也是存在局限性的。例如，随着中国经济社会发展和司法制度改革（如立案登记制的改革），诉讼量有了巨量增长。与此同时引发了对诉讼量的巨量增长所带来的“诉讼爆炸”如何评价和看待的讨论。[③]

美国法学家谢尔登·戈德曼和奥斯汀·萨拉特曾分析影响诉讼的三个常见因素，分别为社会发展、当事人对成本/收益的主观计算、立法机关与法院确立了更多的可诉讼的法定权利和救济。就社会发展而言，诉讼的发生频率与社会的复杂性、分化程度等相关，在复杂度高的社会中诉诸法院解决纠纷的频率相对更高。关于当事人对成本/收益的主观计算，一般意义上当事人会精心计算进行诉讼的风险和得失，但也存在一部分当事人诉至法庭并不是为了具体的物质收益而是为了某种宣泄效果。就立法机关与法院确立了更多的可诉讼的法定权利和救济而言，戈德曼和萨拉特认为，“在某种程度上，诉讼爆炸是最高法院的判决拓宽权利和救济的结果。膨胀的法律通过扩大法院的权限来增加潜在的或者显在的诉

---

① 例如谢鹏程：《论法的不平衡发展》，载《烟台大学学报（哲学社会科学版）》1992 年第 4 期。

② 出现此类问题的原因，从更深层次来说是中国立法模式尚存在问题。参见瞿郑龙：《当代中国的国家立法模式及其原则重塑——实证政治视野的分析》，载《法制与社会发展》2016 年第 6 期。

③ 关于中国已经步入“诉讼社会”，参见张文显：《现代性与后现代性之间的中国司法——诉讼社会的中国法院》，载《现代法学》2014 年第 1 期。关于从“诉讼爆炸”的视角看当代中国诉讼数量急剧增加，参见蒋银华：《司法改革的人权之维——以“诉讼爆炸”为视角的分析》，载《法学评论》2015 年第 6 期。

讼。新确立的权利很可能促进诉讼以维护或者保护这些权利”。[①]

然而,上述分析框架虽然也指出了法院扩大权利救济范围对诉讼爆炸的影响,但在法院扩大权利救济范围与诉讼增加之间复杂的因果关系之外,如果我们从社会规律这一更深入的层次来考察司法需求(诉讼需求)和司法公共产品供给之间的辩证关系,分析经济社会发展、社会物质结构对法律制度和司法改革政策制定的影响,可能会得出更加客观公允的结论,即应当以积极的、发展的眼光看待诉讼量的增长。一方面,诉讼量的增长是中国经济发展的结果,随着市场经济发展和市场经济体制改革的深入,经济活动活跃是民商事类案件数量逐年增加的根本原因。另一方面,诉讼量的增长是人民群众法律观念变化、权利意识增强、权利救济得到强化的表现。人民群众愿意更多地作为当事人参与到诉讼之中,意味着他们作为当事人,对人民法院、法律体制和国家政权的公信力增强了。

五、国内法治与国际法治之间的不平衡

党的十八大以来,习近平总书记就全球治理和国际法治作出重要论述,我们应当基于人类命运共同体的立场对相关论述进行深入理解。“构建人类命运共同体”意味着根据全球秩序和世界局势的深刻变化,建立一种更加公平正义、公正合理的世界秩序;“构建人类命运共同体”必然要求这种更加公平正义、公正合理的世界秩序具备坚实的法理基础和法治保障。对于推动“构建人类命运共同体”,建立更加公平正义的世界秩序具有重要意义。一方面,有利于努力摆脱当前国际秩序和国际法中大国霸权、制度碎片的现实局限,从根本理念和实践路径上推进变革、实现革新;另一方面,有利于把“人类命运共同体”从政治话语、外交话语转化为法治话语、法理话语。“构建人类命运共同体”既是对现有国际法律秩序的完善和变革,也是以构建法理型秩序为目标的法治实践。现有国际秩序在应对全球性问题上存在“治理赤字”。地区争端、恐怖主义、贫困问题、气候变化、环境污染、公共健康、生物安全、网络安全、金融监管、贸易争端等全球性公共问题,缺乏合理有效的全球性应对机制,是人类社会走向更加繁荣美好前景的严峻挑战。现有国际法律秩序,在规则公平性、制度体系性、运行有效性等方面存在明显不足。一种更加公正合理的

① ［美］史蒂文·瓦戈:《法律与社会》(第9版),梁坤、邢朝国译,中国人民大学出版社2011年版,第213-214页。

全球秩序，在价值理念上以和平、发展、公平、正义、民主、自由等人类共同价值为主要内容，秉持平等、开放、透明、包容的精神，坚持以规则为导向，以多边主义为有效机制、以联合国等全球治理机制为支撑，从而在规则机制、制度体系、价值理念等层次上形成了一个以法理精神为内涵、以制度规则为形式的秩序。这种秩序不同于仅以形式化的国际法规则为载体的国际法秩序，也不同于以国际道德和国家实力为主体的国际秩序，而是一种法理型秩序。

推进全面依法治国的进程中，国内法治与国际法治还存在明显不平衡的现象，笔者择其要者进行分析。

第一，对国际法治和涉外法治的关系需要有准确的认识。“坚持统筹推进国内法治和涉外法治”是习近平法治思想“十一个坚持”之一。在国际法治与涉外法治的关系问题上，必须避免把涉外法治作为包括国际法治在内的上位概念，更不能把涉外法治等同于国际法治，而应该坚持对国内法治、国际法治、涉外法治的分析性、层次性的理解，注重基于治理对象的“事物本质”来准确界定三者之间的关系。主张涉外法治概念而否弃国际法治概念，或者主张涉外法治概念而弱化国际法治概念，都可能给治理实践带来损害。准确理解三者之间关系，有利于更加有力地贯彻“构建人类命运共同体”的要求，坚持中国主张的全球治理观，推进国际关系民主化和全球治理法治化。

第二，国际法在中国特色社会主义法律体系中的地位没有明确。一方面，一些法理学教材中将我国缔结或参加的国际条约和协定作为正式的法律渊源；另一方面，关于中国特色社会主义法律体系的官方白皮书中并没有论及这一问题。① 国际法在中国特色社会主义法律体系中的地位，应当有科学明确的定位和地位。

中国政府是国际关系民主化、全球治理法治化理念的提倡者和践行者。中华人民共和国成立后提出的和平共处五项原则、提倡的国际社会平等原则，体现了公正公平的法治精神。进入 21 世纪后，中国政府又提出了一系列契合时代潮流和中国国情的外交新理念。重视国际法治、推动形成更加公正的国际关系，是中国国际战略优良传统的传承和创新。在未来一个阶段，中国政府在探索中国特色的大国外交之路的过程中，必将更加重视法治建设与构建新型大国关系、弘扬新型义利观、维护当代国

---

① 《〈中国特色社会主义法律体系〉白皮书发布（全文）》，载中华人民共和国中央政府网，http://www.gov.cn/jrzg/2011-10/27/content_1979498.htm。

际秩序和公认国际关系准则、更加积极有为地参与国际体系的变革完善[①]等重要外交战略紧密有机结合，更加自信地主张国际法治及其法治精神，更加全面深入地实践构建人类命运共同体的法治战略。

国际法治与国内法治的均衡发展，应当着力研究和解决以下几个方面的理论和实践问题。

1. 扩展国际法治的内容。“威斯特伐利亚体系”形成以来的国际法制度及外交理念，主要是一种大国均衡、权力导向的国际政治观，与规则导向的法治精神存在抵触，与中国主张的“平等互信、包容互鉴、合作共赢”精神以及全球治理法治化、国际关系民主化存在不一致甚至矛盾的地方。中国所主张的新型国际关系法治化模式，必将带来相关领域新型权利义务的出现、新的法律规则和法律原则的产生，以及国际立法、执法和司法活动的丰富和发展，该模式既意味着对当前国际法实践中符合法治精神和原则的那些方面的坚持和弘扬，也意味着对不符合公平正义等法治原则的那些国际法制度的克服和改革。

2. 重视国际法治的多元实践主体。国际法治的精神应当是实践法治，维护国际法主体的合法权利是法律外交的应有之义。在全球化时代，民族国家仍然是最重要的行动体，但国际法的主体已经不局限于民族国家，国家公民、非政府组织、跨国企业等也是国际法的主体。以《联合国宪章》为根本规则和代表的当代国际法体系，从总体上体现和维护了国际法主体的合法权利，是国际法治的法律根据。除此之外，相关国际法主体还将积极参与国际立法、国际执法、国际司法，从而有效地主张和维护自身的合法权利。

3. 着力推动国际社会双边和多边关系的发展。国际法治的重要特征是具有约束力的法律机制所体现的可预期性，这是国际社会双边和多边关系稳定和发展的重要保障。国际法治的成效还将体现在对传统多边主义的创新和发展之上，即强调法律规范和制度在国际社会和外交活动中的重要位置，保证规范和制度不再处于传统多边主义中的附属位置。由此，法律外交在理念和实践上都预示着一种新型的、更加乐观的多边关系的发展趋势。

4. 深入推进国际制度的变革和完善。当前各种国际制度（机制）的

---

① 参见王毅：《探索中国特色大国外交之路——王毅部长在第二届世界和平论坛午餐会上的演讲》，载外交部网，http://www.mfa.gov.cn/web/wjbz_673089/201306/t20130627_7588692.shtml。

主要弊端之一是合法性不强，其原因在于主要的国际制度仍然大多建立在大国政治的外交理念和国际关系观之上，西方主要大国在国际话语体系特别是国际法律话语体系中具有强势地位。[①] 而发展中国家通过法律外交，不仅能达成共识，还将提出更具代表性和体现合力的国际法律话语体系。国际法治发展的一个标志，就是国际法律话语体系不再只是一种声音、一个立场，国际制度也将受其影响而发生重要变革。

5. 注重通过法治参与全球治理。全球化呼唤全球治理，全球治理的最佳模式是法治，全球治理法治化的主要表现之一是公共产品全球供给的法律保障机制。推进国际法治，既关系到法律产品的全球供给如何实现，例如，知识产权、法律服务、法律教育等的全球化，也意味着国际社会通过一种法律的方式实现共同协作，提供全球公共产品。又如，应对气候变化的国际法律机制、应对跨国犯罪的国际法律合作等。上述实践所体现和践行的法治精神和原则，还应扩展到全球治理的其他领域，从而推动全球治理法治化进程。

6. 为中国发展营造有利国际环境。统筹国际与国内两个大局，是为了推进中国改革开放进程，把握发展战略机遇期。倡议"人类命运共同体"、推进国际法治，是新时代中国政府实践法治、发展政治文明的重要举措，其将在国际国内两个层面推动中国法治进程，[②]并进一步推动中国改革开放，中国也将更加积极深入地参与全球秩序变革。改革开放以来，中国外交战略的重要成效之一就是较长时期内保持和平稳定的国际环境，特别是中国与周边国家如何建立一种法律意义上的战略互信，这是当前和将来一个时期中国经济社会发展转型的重要保障，也是必须牢牢抓住、不可错过的战略机遇期。

六、法律科技发展与法律人文关怀之间的不平衡

法律的人文基础或者人文关怀，原本就是现代法治的一个重要特点。法的现代化的核心和基础应当是人的现代化。这一点亦是20世纪80年代以来中国现代化研究和法学研究的重要主题。"以人为本"，弘扬人的主体性，坚持人民主体地位，保障人民群众的根本利益，是当代中国特色社会主义理论研究的主题之一。然而，随着信息科技的发展，技术理性以

---

① 参见何志鹏：《大国政治的终结——国际法治的目标探究》，载《吉林大学社会科学学报》2013年第3期。

② 参见曾令良：《法治中国与国际法治紧密相连》，载《法制与社会发展》2013年第5期。

更加强有力的姿态走进并深深嵌入当代的法律生活。大数据、人工智能等现代信息技术,为法律治理扩展到社会生活的每一个角落提供了技术基础,但这给人们带来了关于科技发展是否会限制人的自主性等忧思。

法律科技发展与法律人文关怀之间的不平衡,至少体现在以下几个方面。

1. 权利保障与科技创新的不平衡。随着人脸识别、指纹识别、物联网、移动支付、可穿戴式物品等的发展,每个个体从肉体到精神都无时无刻不处于网络社会之中。网络社会已经不再是“虚拟”的社会,而是“真实的社会”。无论从深度还是从广度来说,科技发展已经超出了现有的权利法治保障的实效范围。由此所带来的问题是,权利保障与科技创新之间如何平衡?是应当侧重对公民法律权利的保障,还是应当侧重科技创新及其所带来的发展驱动力?从中国经济发展的结构转型来看,中国正在转向创新驱动,科技创新应当成为中国经济发展和转型的主要驱动因素,信息科技创新已经成为中国的重要竞争力,在共享经济、移动支付等领域中国已经在世界上处于领先地位。但同时,信息技术发展对个人权利的威胁,已经成为理论界和实务界关注的热点。相对于立法的相对滞后(或者是法律本身不可避免的滞后),权利观念更新、信息技术伦理等问题更为突出,也就是说,随着信息技术发展进入一个新的时代,公民个人信息保护与公民个人信息利用,需要有新的理论框架,实现观念更新和制度创新。

2. 科技手段运用与法治理念之间的不平衡。科技发展以及法律科技运用所带来的挑战是世界性的。诚然,随着人工智能、大数据的发展,共享经济大行其道,传统的以损害后果为主的规制模式面临极大挑战,预防主义的法律技术亦难以对技术创新所可能带来的新的法律关系模式作出周延思考。[①] 但就当下中国国家治理现状而言,更重要的问题是新的科技手段在社会治理和法律规制中的运用,与行政权力是否严格在法治边界之内运行之间,存在矛盾和紧张。从全球范围来看,信息技术在法律领域之内,更多地侧重于发展在治理、管制、约束等方面的技术,而对践行现代法治理念、保障和实现个体权利的法律技术的关注还不够充分。

---

① 参见郑戈:《人工智能与法律的未来》,载《探索与争鸣》2017 年第 10 期;郑戈:《在鼓励创新与保护人权之间——法律如何回应大数据技术革新的挑战》,载《探索与争鸣》2016 年第 7 期;陈景辉:《捍卫预防原则:科技风险的法律姿态》,载《华东政法大学学报》2018 年第 1 期。

第二节　法治发展的不充分

就法治发展而言，“不充分”意味着距离法治中国的设计蓝图、基本原则和理想目标还有差距，意味着法治中国建设还有努力空间。笔者认为，当代中国法治发展的不充分主要体现在以下方面。

一、权利实现和权利保障的不充分

人民当家作主是社会主义民主政治的本质特征，坚持人民主体地位是中国共产党革命和建设实践的宝贵经验，也是中国特色社会主义法治道路的基本原则。党的十九大报告中“维护国家法制统一、尊严、权威，加强人权法治保障，保证人民依法享有广泛权利和自由”等重要论述，体现了坚持人民主体地位、充分实现和保障人民权利的重要性。人民主体地位作为社会主义法治核心价值的基础，中国特色社会主义法治体系[①]的一系列、不同层次的价值如社会公平正义、社会和谐、长治久安、可持续发展等，合乎逻辑而又科学严谨地构成了中国特色社会主义法治价值体系的基本样态。

在法治建设中，人民对美好生活的需要可以从权利实现和权利保障的角度进行分析。其一是权利需求类型的丰富和扩展，以民事领域权利为例，如人身权、财产权、人格权的有效保障，特别是在新业态领域如数字经济领域对个人隐私、数据安全等方面权利的法律保障。其二是权利与公众参与。践行全过程人民民主的理念，意味着人民群众参与社会事务和公共治理的权利得到更广泛、更高维度的重视，要求在立法、执法、司法和社会自治中更加重视知情权、参与权、监督权等权利，要求把实体性权利与程序性权利进行结合，重视通过制度建设保障公众参与的程序性权利。其三是当下与长远的结合，随着经济社会发展水平提高、人均预期寿命显著增加，人民对美好生活的需要应当更加注重长远预期、国家稳定和制度化建设，典型体现为如何应对老龄社会、风险社会和外部挑战，代际正义、环境正义和国际正义意味着对权利问题需要更加深刻的理解。因此，对当代中国法治发展不平衡不充分的法治化回应，其核心应当为权利实现和权利保障，其中涉及财产权、隐私权、名誉权、荣誉权、知情权、参与

① 关于中国特色社会主义法治体系，参见张文显：《建设中国特色社会主义法治体系》，载《法学研究》2014 年第 6 期。

权、表达权、监督权等多种权利,因此必然需要考虑多种维度的制度性正义。

在当下法治中国建设的理论和实践中,关于权利实现和权利保障的不充分,有以下问题值得重视和反思。

1.“权利实现关系社会秩序稳定”与“权利实现是生活品质的保障”。一方面,权利的实现、保障和救济关系着全面建成小康社会目标的实现,也关系着社会秩序的稳定。加强社会保障体系建设,全国开展扫黑除恶专项斗争,[①]都是“权利实现关系社会秩序稳定”的题中应有之义。另一方面,随着社会主要矛盾转化,权利实现与人民群众对更高品质的生活追求联系在一起,人民群众对权利实现和权利保障有了更高诉求,个人对合法财富增值的努力、对荣誉权和隐私权的诉求、对更多参与公共事务的追求,都应该通过法治方式得到实现和保障。

2.对权利实现的现实约束条件有清晰准确的认识。按照马克思主义法学的观点,权利必然受社会物质文化条件的制约。权利的实现必然需要对其现实约束条件有理性认识分析。[②] 需要正确认识我国社会主要矛盾的转化,它并不意味着当代中国所处社会发展阶段的变化,而是当代中国仍然处于社会主义发展初级阶段的现实国情,决定了权利实现依然是不充分的,强化权利的法治保障也是基于当代中国国情和社会物质条件而进行的,也就必然意味着在教育、医疗、住房等领域的民生权利将面临很多现实难题。因此,应当在对权利实现的现实约束条件有清晰准确认识的基础上,[③]根据实际情况加强权利实现的保障,但同时也要防止以条件不足、不具备为由,忽视甚至无视人民群众对权利保障的正当要求和对更高品质权利实现的诉求。

3.警惕权利话语消费主义化的倾向。随着社会的发展,人民群众利益诉求日益多样化,权利话语不断高涨,权利诉求类型越来越多样化,由此引发的问题是权利话语消费主义化的倾向。通过媒体和社会舆论所表达出来的权利话语消费主义化,亦即以物质化、货币化的方式来消费“权利”,是以物质利益异化了权利所表征的人的自主性,以各种非实定法上的权利话语为表达的利益诉求,是否真的超出了现有法律体系及其内在

---

① 2018 年 1 月,中共中央、国务院发出《关于开展扫黑除恶专项斗争的通知》,决定在全国开展扫黑除恶专项斗争。

② “权利决不能超出社会的经济结构以及由经济结构制约的社会的文化发展。”参见《马克思恩格斯文集》第 3 卷,人民出版社 2009 年版,第 435 页。

③ 关于权利的成本,参见姚建宗:《权利思维的另一面》,载《法制与社会发展》2005 年第 6 期。

权利体系的框架，需要进行严谨的研究分析。

二、国家治理体系和治理能力现代化的不充分

党的十九大报告把“基本实现国家治理体系和治理能力现代化”作为基本实现现代化目标的重要组成部分，将“实现国家治理体系和治理能力现代化”作为全面建成社会主义现代化强国的重要标志。以下着重论述政府治理能力和治理体系的现代化。

党的十八大以来，政府治理现代化和法治政府建设取得了很大成就，①但客观来说，政府治理体系和治理能力还不够现代化。例如行政审批改革的一些深层次问题还没有得到有效解决，“条块分割”、中央地方关系没有理顺等问题还很突出。又如，对于一些新兴领域和新出现问题，政府治理能力还不够精细、精确、精准，对平台经济、共享经济、算法经济等现象还缺乏好的规制工具和清晰的治理思路。

行政审批改革是政府治理现代化的战略举措和重要抓手。法治政府建设特别是行政审批权改革，应当继续向纵深推进，破解“条块关系”的不良影响和制约。2013 年以来，党中央和国务院着力推进行政审批权改革，厘清了在审批权问题上政府与市场、中央与地方之间的关系，简政放权、规范审批、加强事中事后监管、防止权力寻租、减少制度性腐败、降低交易成本等成为当下行政审批权改革的重点。

从中国国家治理体系和治理能力现代化的视角来看，要进一步推进行政审批制度改革：其一，行政审批改革是我国法治政府建设中具有标志性的重点工作，在我国从计划经济转型到市场经济的进程中，行政审批改革不仅是治理方式和治理技术方面的变化，更是治理理念的转变。不能仅从行政审批特别是行政许可审批的规模数量来看待问题，例如，与成熟市场经济国家的行政许可数量规模进行简单比较，就会误解我国改革所面临的任务和所处阶段。其二，对具体事项的行政许可审批改革要进行有针对性的深入分析，“一刀切”式的取消、下放行政许可审批权，有可能存在基层承接能力不够、②市场主体过度反应等问题，各地方政府对不同类型事项的承接需求也存在差别，上述问题都需要具体分析。其三，规范事前事中事后全链条监管。对于已经确认保留的行政许可审批事项，应

① 关于新时代法治政府建设的经验和特色，参见姜明安：《论新时代中国特色法治政府建设》，载《北京大学学报（哲学社会科学版）》2018 年第 1 期。

② 参见叶必丰：《执法权下沉到底的法律回应》，载《法学评论》2021 年第 3 期。

当从准入审批的裁量标准、过程监管的具体机制、事后评估的技术方法等方面完善政府监管;对于业已废止的非行政许可审批,应当做好制度衔接,对此前已经通过非行政许可获批的对象应当制定妥善处理办法。

除进一步厘清政府与市场、中央与地方的关系,释放市场活力、调动地方政府积极性、严格政府权力边界之外,如何处理好我国国家治理和行政管理中长期以来存在的“条块关系”,在行政审批中也很突出,其弊端显著阻碍了行政审批法治化、规范化的进程。在深化全面依法治国、推进行政审批权改革的过程中,应当坚持加强党的领导、处理好党的政策与行政法规、部门规章、行政规范性文件等之间的关系,依法理顺中央与地方之间、同级行政机关之间、行政机关内部各组成部门之间的关系,维护宪法法律的权威、保持政策法规的一致性、提高行政效率,避免政出多门。在行政审批改革实践中,出现了“行政审批局”模式。这种模式的定位和适用范围也值得进一步思考:一是审批与监管的关系如何处理。在审批主体与监管主体不一致的情况下,审批主体在知识、职责和绩效诉求上不同于监管主体,两者之间的协调处理是一个难题。二是上级部门与下级部门之间的关系。在目前的“职责同构”体制下,[①]行政审批局在上下级关系上可能并没有对应的部门,还是需要依赖传统的业务职能部门来实现上下级的对接。三是政府与市场的关系。行政审批是对社会主体活动的一种许可,行政审批局模式便利了社会主体活动获得许可,但也有可能强化了行政审批的计划色彩,进而加重了政府在资源配置中的作用和分量。

关于法治社会,除应当赋予社会发展更多自主性空间外,还应当重视社会组织的自我治理和组织合法性问题。以当代中国慈善组织发展不充分为例,其所面临的困境,不仅包括发展空间的问题,也包括自我治理的难题。就慈善组织与政府的关系而言,一种观点是从国家与社会的视角定位政府与慈善组织的关系,提出把慈善组织看作社会自治、社会自我管理的一部分,进而真正发挥慈善组织应有的作用。上述观点实际上提出了当代中国慈善组织应该向什么方向发展的规范性理论。另一种观点是从官民二重性来解释中国慈善组织性质的理论模式,指出慈善组织体现

① 周振超指出:“条块分割”的政府管理体制造成了行政效率低下、政府机构庞大和中央决策的“中间梗阻”等诸多问题,条块关系失衡的症结在于职责同构。参见周振超:《打破职责同构:条块关系变革的路径选择》,载《中国行政管理》2005 年第 9 期。

了中国社团“半官半民”的性质。[①] 慈善组织面临制度和资源等多方面约束，在体制与市场的“二重压力”下，既依赖于来自政府的合法性资源和来自社会的道义性资源，又依赖于市场的经济资源，从而发展出了很多具有中国特色的生存智慧和行动策略，但其中的核心诉求之一是寻找正当性的渊源或者资源。[②] 因而，慈善组织的行动策略和生存智慧是寻求可持续发展，而发展的绩效也会成为慈善组织正当性的来源之一。但在目前的研究中，人们关注和强调的仍然是以制度环境的变化来推动慈善组织可持续发展。[③] 尽管人们的关注焦点是体制和制度，主张通过制度变革、政府改革和政府职能重塑，保障慈善组织获得更加广阔的发展空间，但这种思考路径是把国家和政府置于主导性的位置，此时慈善组织处于相对被动甚至可能是依附性的位置。侧重政府改革的主张固然是重要的，但上述观点对慈善组织特别是中国慈善组织寻求自身正当性的考虑不够全面。慈善组织自身的自我建设、自我治理，也就是其“组织合法性”，应当是当代中国慈善组织追求和建设自身正当性的一种思考路径。慈善组织应该关注其组织内部的合法性，特别是程序合法性，从而推动慈善组织内部管理体制不断正规化和治理结构不断优化，由此，慈善组织的正当性才能够不断增强。慈善组织内部管理正规化和治理结构优化，不仅是出于对效率、控制和利益的诉求，更是慈善组织能够获取正当性的重要渠道。这里所说的“程序合法性”的理念，是指慈善组织的自身建设应该不止于公开透明，还要引入正当程序的理念，发挥程序在解决慈善组织内外部沟通交流、慈善组织内部治理等方面的作用，重视程序的中立性、程序设置的科学性、利害关系人的参与度、在程序基础上的理性对话、信息充分与对等、程序的及时性等要素，[④]克服当前对慈善组织信息公开透明的要求易停留于表面和形式、缺乏程序救济的缺陷。

三、法治体系发展的不充分

法治体系是全面依法治国具有总领性、标志性的概念，其从法律规范

---

① 参见陈为雷：《从关系研究到行动策略研究——近年来我国的非营利组织研究评述》，载《社会学研究》2013 年第 1 期。

② 参见梁昆、夏学銮：《中国民间组织的政治合法性问题——一个结构—制度分析》，载《湖北社会科学》2009 年第 3 期。

③ 例如，田凯：《非协调约束与组织运作——一个研究中国慈善组织与政府关系的理论框架》，载《中国行政管理》2004 年第 5 期。

④ 张文显主编：《法理学》（第 4 版），高等教育出版社、北京大学出版社 2012 年版，第十二章第二节。

体系、法治实施体系、法治监督体系、法治保障体系和党内法规体系等方面描绘了一幅系统完整的图景。"法治体系"概念本身包含着体系性、系统性等要求,也就意味着作为体系的法治,必须不断朝着完备、高效、动态完善的方向提升自身的体系化水平,从而也必须从均衡的、充分的发展来思考中国特色社会主义法治体系的发展,必须考虑法治建设的系统性、整体性、协同性。

剖析法治发展的不充分,除本书已经涉及的方面,还应当注重以下几个方面。

1. 完善中国特色社会主义法律体系。上文所指出的法律部门间发展的不平衡、法律制度供给和需求之间的不平衡,是中国特色社会主义法律体系还不够完善的一种体现。应当以宪法为核心,不断完善中国特色社会主义法律体系,增强宪法的权威性,不断提升中国特色社会主义法律体系的完备性、集成性和先进性。法制统一是基本要求,也是宪法所确立的我国法治建设的基本原则,破坏法制统一有损于法治的权威性。推进合宪性审查,完善规范性文件备案审查制度,[①]均是针对宪法的权威性不够强、中国特色社会主义法律体系不够完善而提出的。回顾立法规划的完成情况:十二届全国人大及其常委会在五年任期间,"制定法律 25 件,修改法律 127 件次,通过有关法律问题和重大问题的决定 46 件次,作出法律解释 9 件";[②]对比十二届全国人大常委会立法规划中的 102 件(其中规划新制定 47 件、规划修改 55 件),[③]十三届全国人大及其常委会在五年任期内,"通过宪法修正案,制定法律 47 件,修改法律 111 件次,作出法律解释、有关法律问题和重大问题的决定决议 53 件,已经审议尚未通过的法律案、决定案 19 件"。[④] 上述情况表明,立法任务还很繁重、中国特色社会主义法律体系进一步完善的空间还很大。[⑤]

---

① 参见汪永清:《深化依法治国实践》,载《人民法院报》2017 年 12 月 27 日,第 1 版。

② 张德江:《全国人民代表大会常务委员会工作报告——2018 年 3 月 11 日在第十三届全国人民代表大会第一次会议上》,载中国人大网,http://www.npc.gov.cn/zgrdw/npc/dbdhhy/13_1/2018-03/26/content_2052600.htm。

③ 《十二届全国人大常委会立法规划》,2015 年 6 月 1 日公布(系该规划调整后),载中国人大网,http://www.npc.gov.cn/zgrolw/npc/xinwen/2015-08/03/content_1942908.htm。

④ 栗战书:《全国人民代表大会常务委员会工作报告——2023 年 3 月 7 日在第十四届全国人民代表大会第一次会议上》,载中国人大网,https://www.gov.cn/xinwen/2023-03/16/content_5747071.htm。

⑤ 按照"重大改革于法有据"的要求,这类任务还非常艰巨。参见刘作翔:《论重大改革于法有据:改革与法治的良性互动——以相关数据和案例为切入点》,载《东方法学》2018 年第 1 期。

2. 强化和提升法治权威。法治的高度权威是建设社会主义法治国家的题中应有之义。中国共产党十一届六中全会《关于建国以来党的若干历史问题的决议》指出：种种历史原因使得"我们没有能把党内民主和国家政治社会生活的民主加以制度化、法律化，或者虽然制定了法律，却没有应有的权威"。在社会主义政权已经稳固、社会主义建设各方面取得巨大发展的当代中国，要想切实保障人民权利、破解发展社会主义所遇到的深层次、体制性问题，不仅需要维护和加强社会主义法制权威，更应当把社会主义法制权威升级、增强为社会主义法治权威，把法治的权威从制度文明深化和扩展到社会生活的各个方面，真正获得全体公民和社会各类主体对法治权威的真诚认同和自觉维护。

维护法治权威需要保证法治的统一性、处理好中央与地方关系。随着中国特色社会主义建设的不断推进，法治的统一性问题、中央与地方关系问题等深层次、制度性问题，是维护社会主义法治权威、完善和发展中国特色社会主义制度的关键环节。就法治的统一性问题而言，当前我国的法治建设实践中，不仅中央层面的立法还存在立法部门化倾向、法律冲突等问题，立法、司法过程中也存在地方保护主义、各层次各部门的执法司法标准不一、权责脱节等问题。某些体制性弊端是造成这些问题的原因之一。另外，中央和地方关系也需要根据新的经济社会发展形势予以调整和理顺，从而需要从维护和加强社会主义法治权威出发，完善立法体制、推进依法行政、改革司法体制。

3. 加强党内法规的体系化与制度化建设。党的十九大报告指出，党的十八大以来全面从严治党卓有成效的一项内容是"党内法规制度体系不断完善"；报告对加强党的全面领导、推进全面从严治党提出了明确要求，指出新时代要加强党的长期执政能力建设，加快形成覆盖党的领导和党的建设各方面的党内法规制度体系建设。基于上述论述，党内法规制度体系建设研究应当重点关注"体系化"和"制度化"这两个关键词，也就是说，建设完善的党内法规制度体系，既要重视侧重静态构成、描绘党内法规蓝图的"体系化"路径，[①]又要强调偏重动态、保障党内法规在实施中不断发展完善的"制度化"路径。

党内法规的体系化主要包括以下方面：一是效力等级的体系化，即以根本性规范即党章为核心和效力渊源，构建层次分明、逻辑清晰的效力等

---

① 关于党内法规体系化的构成要素、积极意义和实现路径，参见周叶中：《关于中国共产党党内法规体系化的思考》，载《武汉大学学报（哲学社会科学版）》2017 年第 5 期。

级体系;二是部门类型的体系化,即党章作为根本性章程起着统合引领的作用,党内法规、不同板块之间、不同板块内部间均形成一个由不同层级党内法规构成的完备结构,并通过科学的部门类型划分形成制度合力;三是概念术语的体系化,即党内法规所涉及的概念术语应当做到精确、规范、统一、具有体系性,以准确表达制定党内法规的意图目的,准确贯彻党的路线、方针、政策,能够经得起学理和实践的考验。

就党内法规的制度化而言,主要包括以下方面:一是有专门机构保障党内法规的实施;二是制度化程度较高的党内法规,与其他制度化程度不及党内法规的规范性文件,有清晰区分又良性互动;三是上述两个方面均有规范化、制度化的程序予以保障。

4. 建设法治政府,推进依法行政,是深化全面依法治国必须始终高度重视和不断强化的方面。其具体要求和措施至少包括以下几个方面:一是建立和完善行政规范性文件的备案审查、定期评价、修改和废止制度,把清理行政规范性文件作为法治政府建设的一项重点工作和常规工作;二是贯彻落实国务院关于重大行政决策所应遵循法定程序的行政法规,通过制度建设完善公众参与、专家论证、风险评估、合法性审查和集体讨论决定在重大决策过程中的角色和职责,贯彻落实重大决策事项应当在会前交由法制机构进行合法性审查的要求,扩大听证制度适用范围、规范听证程序、保证听证参加人的广泛代表性;三是加强对政府应对突发事件的各种预警,以及对应急机制和预案的定期严格考核和检查;四是继续把政府信息公开、数字政府建设作为依法行政水平的重要考核指标,把定期组织政务公开活动的评议考核与人民群众对政务公开的监督有机结合;五是健全行政执法案卷评查制度,建立行政执法绩效评估、奖惩机制,加强行政复议工作,严格执行行政赔偿和补偿制度;六是加强依法行政工作考核,科学设定考核指标并纳入地方各级人民政府目标考核、绩效考核评价体系,明确突出行政执法人员的持证率、规范性文件合法率、行政执法责任制覆盖率和执行到位率、政府各部门对群众投诉案件的办结率、以法定要求和程序组织听证的比率等指标的考核和评价作用。

5. 提升公民法律素养。公民法律素养的加强和提升,是法治社会建设的内在要求。培养和提升公民的法律素养,其具体措施有:一是认真贯彻落实普法规划,保证普法领导机构健全,人员职责明确,工作计划步骤清晰、落到实处,经费保障到位;二是充分利用各种宣传教育平台开展法治教育和法治宣传,传播法律知识和现代法治文明,建设网络普法学法平台,通过学校加强青少年法治教育,为进城务工人员提供集中和有针对性的法治教育资源，继续为法治教育宣传产品提供经费和渠道支持，组织和鼓励法律服务机构为广大人民群众提供公益性的法律咨询和其他法律服务；三是依照宪法和法律，保障和扩大公民的政治参与，提高公民参与民主选举、民主决策、民主管理、民主监督的能力和程度；四是认真抓好领导干部和政府机关工作人员常规性学法制度的贯彻落实，在现有学法尊法制度的基础上，改进对法治意识和法治素养的学习考核方式，加大公务员录用考试法律知识部分所占比重，对拟从事行政执法、政府法制等工作的人员，严格依照法律法规组织专门的法律知识考试；五是积极组织开展社会主义法治文化的理论研究，推动社会主义法治文化的平台建设和产品创作，建立因地制宜、各具特色的法治文化宣传阵地，推动公益性法治文化传播平台建设，培育和支持一批高质量、影响大的法治文化产品。

四、中国特色社会主义法治理论研究的不充分

上文关于法治发展不充分的表现，构成了中国特色社会主义法治理论的研究对象，应当是法学研究的若干重要方向，同时也体现了中国特色社会主义法治理论研究的不充分，以及中国法学学科发展的不充分。

中国特色社会主义法治理论研究的不充分，可从以下维度分析：一是构建自主知识体系的不充分。理解“自主知识体系”之“自主”，要从“知识体系”来理解，要看到标志性概念范畴对于整个知识体系的统领性、引领性意义，不能把知识体系等同于概念体系、把自主性等同于概念原创性。知识体系的自主性需要关联其功能性来理解，即法治理论的自主知识体系意味着能够有效解释和引领中国特色社会主义法治实践。二是构建法治理论体系的不充分。党的二十大报告强调要在国家各方面“全面推进”法治化，这不仅是范围上的全覆盖，还是体系上的整体推进。审视法治理论体系的发展，其不仅在各领域存在不平衡，法治理论体系化也仍不充分，如何构建一个能够引领和推动法治理论实现体系化和更高水平发展的理论范式，成为当下的重要工作。三是构建法学学科体系的不充分。学科是理论发展和知识体系构建的直观载体。我国法学学科体系发展不充分，包括但不限于以下方面：其一，学科体系发展的不平衡不充分。基础研究与应用研究、传统学科与新兴学科、重点学科与边缘学科之间发展不平衡，交叉学科发展不充分，对中国特色社会主义法治的一些根本性问题、基础性问题和前沿性问题还缺乏充分深入的研究。其二，学术评价和学术标准体系发展滞后，尚未形成科学合理、具有公信力的法学学术评价标准体系，法学学术标准和学术规范建设仍显滞后。其三，法学研究队

伍与法律实务工作者、高校与实务部门之间的联系和合作不充分，双方还存在很多彼此不了解甚至误解的情况，不利于法学研究的科学性和法律实践的发展。其四，顶尖的智库平台和学科平台发展不充分，在国际国内有影响力的法学学科平台和法治智库平台数量不多，在世界法学界掌握话语权或具有影响力的机构、学科和学者也不多，在涉及规则制定和话语权竞争的国际舞台上还不够活跃。其五，对经济社会发展全局的贡献力还有待增强，法学学科与决策部门的信息共享和互动交流应当更为畅通，为国家经济社会发展提供智力支撑的高质量决策服务还不够多，法学领域产学研融合成果还不明显。其六，传承创新法治文明不充分，应当更加重视中华优秀传统法律文化的思想精华的整理、发掘、研究、宣传。

中国特色社会主义法治理论应当从当代中国社会主义建设的历史条件和实践经验出发，特别要注重我国社会主义建设实践在制度建设方面所取得的重大进展，形成和发展中国特色社会主义法治理论体系。党的十八大、十九大和二十大报告，对当代中国社会的主要矛盾、根本任务、发展趋势等方面进行了科学回答和全面阐释，也对新中国成立以来尤其是改革开放新时期以来中国法治建设经验进行了全面总结。发展中国特色社会主义法治理论，应当根据坚持和发展中国特色社会主义法治道路、建设社会主义法治国家的要求，深刻认识当代中国社会主要矛盾转化，以中国特色社会主义法治建设的实践经验为基础，对我国法治建设的实践经验作进一步的系统梳理、科学总结和提炼升华，形成更加丰富和完善的中国特色社会主义法治理论，为马克思主义法学中国化和中国特色社会主义法治理论体系的创新发展贡献力量。

中国特色社会主义法治理论研究还应当注重形成法治话语体系。中国坚定不移走中国特色社会主义法治道路的决心要想被世界各国及其人民感知，中国特色社会主义法治道路要想被世界各国认同，不仅需要阐明和宣告法治中国之路是和平发展、合作共赢之路，还需总结和凝练中国的法治经验，形成中国特色法治话语体系，展现中国法治经验对世界其他国家和地区的积极借鉴意义，从而引起世界各国人民的共鸣和共识，获得他们对中国法治建设具体国情和建设成就的更加深刻的体认和支持。新中国成立以来特别是改革开放以来中国取得的法治建设成就，在人口大国如何建设法治、社会转型期如何建设法治、经济发展与法治建设如何共进、社会稳定与法治建设如何相辅相成等方面取得了一些经验，这些经验对于国家建设和法治发展处于不同阶段的世界各国特别是对在某些方面国情与中国有可比之处的国家，具有相应的研究和借鉴价值。我们迫切需要从建设法治话语体系的角度，总结概括中国法治经验，提出中国法治建设经验的新概念、新范畴、新表述，使之既具有说服力又具有针对性。

本章小结

本章对我国法治发展不平衡不充分的若干代表性方面进行了分析，这并不代表我国法治发展的全貌，其目的是在梳理我国法治发展成就的基础上，根据我国社会主要矛盾的变化，结合我国法治国情，剖析我国法治发展未来的方向和任务。从我国经济社会发展实际情况来看，法治中国建设目标的实现必须充分考虑各种困难，坚持从中国实际出发，根据新时代社会主要矛盾转化对当代中国法治发展不平衡不充分作全面深入的分析研究。在此基础上，全面依法治国的实践基础和发展目标将更加清晰，法治实施中如何坚持根本、注重实际和发展创新，也就有了更为扎实的现实根据。只有科学认识我国的法治发展现状，才能通过科学的法治战略实现“两个一百年”奋斗目标，全面实现中国国家治理现代化和法治现代化。

第二章 法治中国的历史场景：均质时间与法治现代化

全球化进程仍然在延续。“逆全球化”主张是世界大变局的组成部分之一，表明了全球化进程多元价值主张中有一种认为全球化可逆的观点。对这种观点的更深刻认识在于，全球化不是仅具有单一普遍性，还要看到全球化进程中特殊性与普遍性、同质性与异质性并存，进而从中发掘和构建中国自主性的资源，推进中国式现代化。文明交流互鉴是各国文明、不同文化之间沟通交往的重要内容，这也包括法治理论上的比较研究。

近代以来，中国的研究者对法律政治问题的研究，从不限于在西方国家的文化传统和学术思想脉络中发掘资源，这其中也包括法治理论、法治发展和实践模式的研究如何从域外获得可供借鉴的思想资源和制度做法。在当代的学术研究中，也不能局限于从某一特定文化传统或者区域获得学术资源，而应当尝试开放视野，包括从援引较少的理论传统和思想脉络中发掘有关法治问题的讨论，从跨学科、多文化的视角与域外学者进行思想对话。步入 21 世纪以来，印度裔学者的讨论得到了中国学界的关注，这和印度学者参与国际学术讨论、印度本身经济社会的发展成就分不开，也和中国哲学社会科学对外传播交流的扩大有关。在法治领域，把讨论印度学者的相关论述作为与不同文化进行对话的一部分，既要考察印度法学界、法律界关于法治理论和法治实践的讨论，也要考虑跨学科的对话，把印度的历史学家对法律发展和法治话语的讨论纳入考察范围。

就关于法治现代化的历史叙事而言，印度裔美国芝加哥大学历史学教授、庶民研究的代表人物之一查克拉巴蒂（Dipesh Chakrabarty，又译查卡拉巴提）所著的《边缘化欧洲：后殖民思想与历史差异》（*Provincializing Europe*：*Postcolonial Thought and Historical Difference*）一书，[①]对法治在印度历史转型中所扮演的角色作了反思。查克拉巴蒂的相关论述，从法

① Dipesh Chakrabarty, *Provincializing Europe*: *Postcolonial Thought and Historical Difference*, Princeton: Princeton University, 2007.

学研究的视角来看，引发笔者思考以下问题：我们如何看待法治与现代化的关系？后殖民理论对此提供了一种什么样的知识批判？

第一节 “转型叙事”中的法治

一、法治与“转型叙事”

所谓“转型社会”，常常是指从传统到现代、从前现代性到现代性的转型，而围绕这类转型所建构的政治的、历史的叙事就是“转型叙事”。“转型叙事”到底是什么？不同学者和公共知识分子对此的表述各有不同，既有从传统农业社会到现代工业社会、从宗教社会到世俗社会、从君主专制到民主政治，也有涂尔干所说的从机械连带的社会到有机连带的社会，庞德所说的从非政治组织的社会到政治组织的社会等。论者的目的是通过“转型叙事”，构建出一幅线性的、均质化的社会发展图像，表达不同文化社会共同处于一种社会进步的历史进程之中的观念，而法律和法治又是构成“转型叙事”的一个重要维度，并具有特殊作用。

查克拉巴蒂认为，“大多数的现代第三世界国家的历史叙事都离不开这样的历史演变带来的诸多问题。其中最突出的话题是发展、现代化以及资本主义（虽然这些话题经常隐含在话语之下）”。[①] 这里的历史演变及“演变叙事”（transition narrative），就是本书所说的“转型叙事”。而对于印度历史叙事中“未能彻底完成的转型”，查克拉巴蒂指出这正是庶民研究的核心问题。[②]

在西方现代性扩张的进程中，法治是作为现代文明社会的产物被推广到印度的。转型叙事的两端是中世纪和现代。“‘中世纪’一度被称作

---

① ［印］迪佩什·查卡拉巴提：《后殖民与历史的诡计：谁可以为“印度”的过去说话》，陈恒译，载张颂仁、陈光兴、高士明主编：《后殖民与历史的诡计：迪佩什·查卡拉巴提读本》，上海人民出版社 2013 年版，第 52 页。

② 查克拉巴蒂认为，印度历史学家萨卡尔的现代印度故事，“坐落在这三者（分别是农民阶级那个神秘正义王国的梦想、左派的社会革命理想、彻底的资产阶级转型）缺位的‘悲哀地尚未完成’之中”。在这种“历史没能如约完成它的天命”的背景下，庶民研究提出：“正是对这种民族未能成就自己的历史经历的研究，这种由于资产阶级以及工人阶级不能够领导民族取得对抗殖民主义的决定性胜利，并完成一场 19 世纪经典式的——或新式的——资产阶级革命的研究——正是对于这种失败的研究构成了殖民地印度历史研究的核心问题。”参见［印］迪佩什·查卡拉巴提：《后殖民与历史的诡计：谁可以为“印度”的过去说话》，陈恒译，载张颂仁、陈光兴、高士明主编：《后殖民与历史的诡计：迪佩什·查卡拉巴提读本》，上海人民出版社 2013 年版，第 54 页。

‘残酷的暴君’,‘现代’则叫‘法治’。”[①]那么,这样一种对立又是如何建构起来的?有什么目的呢?查克拉巴蒂引述和批评亚历山大·道尔的相关论述来说明这一点。

亚历山大·道尔在为英国国王所写就的《印度斯坦历史》中提出,英国应当将自己的“部分根本的法律进行延伸,以确保他们的征服”,这种“根本的法律体系”就是英国的“法治”,其对立面是“立法、司法和行政三种权力同时归君主掌管”的缺乏自由的状态,法治的对立面因而是缺乏自由的“暴政”状态。转型叙事的内容,是“随着英国殖民统治的开始,印度人要被转变成法律主体,管理他们的政府将会受到私人财产以及公共舆论的压力,同时也受到一个法制机构的约束,这一机构‘行使法律正义,它必须独立于法律以外的任何东西,否则官员(法官)就会变成暴政手中的压迫工具’”。[②] 在这种暴政与法治、中世纪与现代、封建与资本主义相对立的转型叙事中,“印度”处于一种“未完成”“不足”的状态,原因在于,“(印度人)在未来多年内享有的是臣民的权利,而非公民的权利,因为他们不够格”。[③]

在这种人为建构的历史叙事之中,法治既是“转型叙事”的内容,也是转型叙事的目的,这种叙事把法治这种治理模式与印度传统治理模式相对立,因而“法治”是印度殖民地时期的宗主国“英国”的现代政治文明的标志。当时印度还处于英国殖民统治的历史语境下,即印度不仅没有获得独立地位,而且在上述人为构建的历史叙事和法治现代化进程中,始终处于“不够格”“尚未达到”的过渡状态。更为重要的是,用什么来判定处于或者摆脱“尚未达到”的状态,其实并不是现实中英国法治处于何种发展状况,而是对以英国历史发展状况为基础但又抽象形成的“超真实的现代法治想象”。从现实的法治发展历程来看,所谓英国法治的“立法、司法和行政三种权力”的分立,直到2009年随着联合王国最高法院(Supreme Court of the United Kingdom)的建立才最终实现。但真正令人

---

① [印]迪佩什·查卡拉巴提:《后殖民与历史的诡计:谁可以为“印度”的过去说话》,陈恒译,载张颂仁、陈光兴、高士明主编:《后殖民与历史的诡计:迪佩什·查卡拉巴提读本》,上海人民出版社2013年版,第55页。

② [印]迪佩什·查卡拉巴提:《后殖民与历史的诡计:谁可以为“印度”的过去说话》,陈恒译,载张颂仁、陈光兴、高士明主编:《后殖民与历史的诡计:迪佩什·查卡拉巴提读本》,上海人民出版社2013年版,第56页。

③ [印]迪佩什·查卡拉巴提:《后殖民与历史的诡计:谁可以为“印度”的过去说话》,陈恒译,载张颂仁、陈光兴、高士明主编:《后殖民与历史的诡计:迪佩什·查卡拉巴提读本》,上海人民出版社2013年版,第57页。

深思的是,人们被置于“传统—现代”的转型叙事之中,实际上是在“现代法治观”的意义上来看待法治与现代化之关系。

关于现代法治观和古代法治观的区分,在史克拉(Judith Shklar)看来,现代法治观念是一种有限政府的原则,其基础是法治必然需要“一种保持适当均衡的政治制度,在其中,权力以这样一种方式受到制约:无论是国王的迫切要求还是立法机构的武断意志都无法对个人造成直接的冲击”。[①] 洛克林认为,法治与分权的观念和政府官员不得侵犯私人行动领域的原则联系在一起,与古代法治所代表的理性之治对伦理与智识维度上的高要求和古代法治仅适用于少数人相比,现代法治则要求覆盖到每一位社会成员。[②] 需要指出的是,这种“现代法治”和“古代法治”的区分只是来自西方国家,并不是西方国家与非西方国家之间关于社会治理模式的经验性区分。那种与英国“现代”法治相对立的印度古代治理模式被称为传统“暴政”,是“传统—现代”转型叙事所欲革新的目标。

“传统—现代”转型叙事把法治视为现代化的标志和目的,把异于法治的治理模式视为传统的象征和标志,其问题不在于对传统治理秩序之性质和类型的总结是否精确,也就是说问题不在于“人治”“礼治”“古代法治”哪种表述对于传统治理秩序来说更准确;而在于对转型叙事的认同体现了对“传统—现代”转型叙事的普遍认同。在这种现代化转型叙事中,法治不仅是其必要组成部分,建设法治同时还是这种转型叙事的目的,而“当下”则是“法治”尚未建成的“未完成的”“不足”的状态,“过去”是“现代法治”所要革新的对象。

对这种叙事的认同,在印度被殖民时期,是由英国的殖民统治和部分印度民族主义者共同建构的。“不管是罗姆莫罕·罗易(Rammohun Roy)还是般吉姆·昌德拉(Bankim Chandra Chattopadhyay),对于这两位19世纪印度最著名的民族主义知识分子来说,大英帝国的殖民是印度必须经历的一个监管时期,唯有经历这样一个修炼的过程,印度人才会为获得如下两样被英国人吹捧又拒绝给予的东西做好准备:公民权利和民族国家。”[③]而在今天,在评价一些发展中国家为什么抵制法治之时,巴

① Judith N. Shklar, *Political Theory and the Rule of Law*, in Allan C. Hutchinson & Patrick J. Monahan eds., The Rule of Law: Ideal or Ideology, Toronto: Carswell, 1987, p. 4.

② [英]马丁·洛克林:《公法与政治理论》,郑戈译,商务印书馆2002年版,第211页。

③ [印]迪佩什·查卡拉巴提:《后殖民与历史的诡计:谁可以为“印度”的过去说话》,陈恒译,载张颂仁、陈光兴、高士明主编:《后殖民与历史的诡计:迪佩什·查卡拉巴提读本》,上海人民出版社2013年版,第57页。

里·温加斯特认为，“为了赢得法治，自然国家必须进入由限制准入秩序到开放准入秩序的转型。这意味着，脆弱自然国家必须变为初级自然国家；基本自然国家变为成熟自然国家；而成熟自然国家按照入门条件开始转型。只有在这一发展阶段，国家才能够开始创造法治的制度和组织基础”。①

二、法治与现代化

在法治现代化研究中，一个常见命题是：法治是政治现代化的必要组成部分，法治与政治现代化之间存在必然关系，并常包括以下具体表达：法治与政治现代化互为目标、互为条件；法治是政治现代化的必要条件，政治现代化是施行法治的基本目标；政治现代化是建设法治的必要基础，法治文明是政治现代化的主要目标。法治与现代化两个概念互相建构，体现的是现代性需要通过法治这个概念才能得以阐明和理解。在查克拉巴蒂的研究视野中，所谓的“政治现代性”关联着一整套概念范畴体系，进而具备两种特点：其一是解释性，即通过这套概念范畴体系，“政治现代性”在空间性上主张可以对世界任何一个地方的政治实践进行解释；其二是脉络性，这套概念范畴体系来自西方现代性传统，也就是欧洲的知识理论传统。法治（rule of law）就是这套概念范畴体系中的一个代表性范畴。在查克拉巴蒂看来，包括法治、人权、人民主权、科学理性、公共领域、市民社会等在内的“政治现代性”概念范畴体系，②从思想源流上具有明显的地域性特点，即来自欧洲思想传统；在理论解释力上代表了“政治现代性”的话语权力，尽管非欧洲国家特别是后发国家可以凭借这套话语体系对西方先发国家进行一定的理论批判。

在这种关联中，通过建构一种从传统到现代的历史主义转型叙事，法治成为了现代社会的必要组成部分和必然目标。如果说在印度被殖民时期，这种转型叙事是通过殖民者和本土精英共同建构的、在宗主国与殖民地之间存在一种不平等的权力关系，那么在民族解放运动之后的更为晚近的时期，法律与发展运动中的他国援助与本土需求同样起着建构这种转型叙事的作用。本书将以“华盛顿共识”为例来分析这一点。

---

① ［美］巴里·温加斯特：《为什么发展中国家如此抵制法治》，鲁楠译，载［美］詹姆斯·J. 赫克曼、［美］罗伯特·L. 尼尔森、［美］李·卡巴廷根编：《全球视野下的法治》，高鸿钧、鲁楠等译，清华大学出版社2014年版，第54页。

② ［印］迪普查·查克拉巴蒂：《边缘化欧洲的构想》，吴晓佳译，载《国外理论动态》2008年第7期。

(一)华盛顿共识与转型叙事

1989年,由于深陷债务危机的拉美国家急需进行国内经济改革,美国国际经济研究所邀请国际货币基金组织、世界银行、美洲开发银行和美国财政部的研究人员以及拉美国家代表,在华盛顿召开研讨会,旨在为拉美国家经济改革提供方案和对策。与会者达成的共识被称为华盛顿共识(Washington Consensus)。华盛顿共识的内容主要涉及财税制度、利率制度、贸易制度、投资制度、国企私有化、放松政府对市场的干预和管制、强调保障私人财产权等方面。[①] 华盛顿共识的显著特点在于其是一种弱化政府干预、强调市场自由的主张,更为重要的是,华盛顿共识以"共识"之名树立了一种标准化的发展模式,并以此作为一个国家或地区经济改革的标准。也就是说,从一种可能的政策方案变成了一种划分国家类型的标准。

而后,世界银行和国际货币基金组织把善治和"结构性调整方案"(Structural Adjustment Programs,SAP)作为对发展中国家提供援助的条件,以包括法治、减少腐败等作为善治的内容,目标是为实现华盛顿共识中的目标创造经济和法律上的条件,[②]特别是强调要建设一个拥有客观、可靠和独立司法体系的可预期的法律环境。华盛顿共识的思想基础是强调不再由国家垄断治理权力,转而强调由个人和各种公共的或私人的机构管理其共同事务。因而,华盛顿共识实际上建立了一种新的现代叙事模式,即从国家垄断治理权力的现代治理模式,转型走向更新的、更现代化的公私合作的治理模式。

这种转型叙事强化了法治在现代化进程的作用和位置,其从国家的政治结构细化到经济发展的方方面面,进一步强调了法治对于政治经济发展的支撑作用,更强有力地建构了法治与政治经济发展之间的关联。同时,这种转型叙事存在援助国和被援助国之间的不平等权力关系,凸显了法治与政治经济发展不均衡之间的关联性,也让我们有可能在关注殖民地历史之外,从新的视野来看待"传统—现代"转型叙事之中法治的定位和局限性。

---

① 关于华盛顿共识,参见田春生:《"华盛顿共识"及其政策评析》,载《南开经济研究》2004年第5期。

② See David P. Fidler, *A Kinder, Gentler System of Capitulations? International Law, Structural Adjustment Policies, and the Standard of Liberal, Globalized Civilization*, 35 Tex. Int'l. L. Rev. 387, 398 - 408 (2000).

（二）将法治视为一种资格

在有关全球治理的讨论中,法治不仅成为在民族国家这一层面是否实施了好的治理或者善治的一个标准,例如赫斯特认为国家实行法治与否意味着全球治理是否能够得到有效的贯彻,[①]还关系到民族国家参与全球治理的资格。以是否贯彻法治作为民族国家参与“全球治理体制”的资格判断的思路,与罗尔斯所说的“正派的人民”(decent peoples)和“法外国家”(outlaw states)的区分[②]相比,既有延续发展也有不同。[③]

在2006年发布的《铸造法治之下的自由世界:21世纪美国国家安全战略》(Forging a World of Liberty Under Law,US National Security in the 21st Century)报告中,“普林斯顿国家安全项目”(Princeton Project on National Security)提出了一种关于未来世界秩序和全球治理体制的主张。该报告提出要发展全球性“民主国家协约”,以及美国应促使世界各国政府达到PAR标准的建议。“民主国家协约”(Concert of Democracies)将把世界上采纳自由民主政治制度的国家集合在一起,加强它们之间的安全合作。PAR是英文Popular(有民意基础)、Accountable(对公民负责)和Rights - Regarding(尊重权利)的英文缩写。对于该报告所提出的方案,应当从推进国际关系民主化的立场进行批判反思。PAR标准将国家区分为达标和未达标两类,这与《联合国宪章》所确立的主权平等原则相违背,也与该报告所提倡的“尊重权利”原则不一致,有损国际关系中的民主平等原则和各国参与国际事务的代表性。

关于这种思路的局限性,笔者认为不能以法治/非法治、民主/非民主、代议制/非代议制这样的标准,来区分甚至限制民族国家参与全球治理立法的资格:按照法治来区分民族国家主体资格,违背了国家行动体之间平等的原则,忽略了民族国家之外其他类型行动体的重要性,例如各种国际组织、跨国公司等,也忽视了法治概念的争议性和开放性在全球多元文化背景下的重要意义。在此,本书想要进一步指出的是:将法治建构为现代化的目标,与把法治确定为经济改革目标和接受援助的条件、把法治

---

① See Paul Hirst, *Democracy and Governance*, in Jon Pierre edited, *Debating Governance: Authority, Steering, and Democracy*, Oxford University Press, 2000, p. 32 – 33.

② [美]约翰·罗尔斯:《万民法》,张晓辉等译,吉林人民出版社2003年版,第4页。

③ 童世骏认为:“罗尔斯用‘正派’来形容‘peoples’而避免用‘法外’来形容‘peoples’,表明他不想对一个民族的成员进行道德谴责,而只想对代表这个民族的政府作道德谴责。”参见童世骏:《全球政治中的普遍主义和意识形态批判》,载爱思想网2005年8月1日,http://www.aisixiang.com/data/7882.html。

作为参与全球治理体制的资格被建构成具有一致性的叙事，都将通过描绘一种关于法治发展不均衡的叙事策略而得以实现。

第二节　“等待时间”中的法治

一、法治与发展不均衡

（一）法治指数与法律发展不均衡

法律发展不均衡是法治研究的常规课题。法律发展的不均衡，不仅表现为国家和国家之间法律发展水平存在差异，也表现为一国之内各地区之间的法律发展不均衡和差异。这种差异的存在，是法治指数和治理指数在全球范围内兴起的原因之一。[①]

以世界正义工程（World Justice Project）的法治指数（Rule of Law Index）为代表的法治评估的实践表明，法治评估得分是国家或地区间发展差异的比较标准之一。[②] 如上文已指出的，法治指数的出现，意味着不同国家或地区之间的法律发展水平可以通过同一套法治指数加以量化评价，而法治指数的评价对象则是一个国家或地区在法律发展水平上的表现。

在此，笔者想论及三个关键词。一是“同一”，它意味着在同一时间点或者特定的时间段，不同国家或地区之间的法律发展水平可以被同一套法治指数加以量化评价；意味着通过建立以法治为判准的规范化标准，考察不同国家或地区相对于法治评估标准的偏离程度，对传统治理模式不符合“超真实的现代法治想象”的方面予以指出和加以批判。二是“表现”，它意味着通过法治评估上的分数，不同国家、地区法律发展的绩效合法性（Performance Legitimacy）[③]以一种量化的方式呈现。三是“差异”，它意味着通过法治评估的结合，人们认识并认可了法律发展的不均衡性。这种不均衡性被人们所认可，原因在于人们认同了政治发展和经济发展的不均衡，而法律发展既是政治发展的组成部分之一，又是经济发

---

① 关于法治指数和治理指数的兴起，参见 Juan Carlos Botero，Robert L. Nelson & Christine Pratt，*Indices and Indicators of Justice，Governance，and the Rule of Law：An Overview*，Hague Journal on the Rule of Law，2011（2），p. 153 – 169。

② WJP Rule of Law Index，http：//worldjusticeproject. org/.

③ 赵鼎新认为，绩效合法性/政绩合法性是指“一个政权统治权利的合法性来自于该政权经济绩效和/或者道德功绩以及捍卫领土的能力”。参见赵鼎新：《“天命观”及政绩合法性在古代和当代中国的体现》，载《经济社会体制比较》2012 年第 1 期。

展的制度支撑之一。

由此，我们可以发现，法律发展水平与政治、经济的发展水平紧密地建构在一起。法律发展的不均衡性，体现了政治、经济发展的不均衡性。法律发展面临的阻碍，与政治、经济所面临的阻碍亦密不可分。

（二）国民素质与政治发展不均衡

在政治发展不均衡的问题上，一个常见的前提性约束被表述为：国民素质能否承担得起现代政治民主政体的要求？

对国民素质之反思，是前殖民地国家回应西方现代化冲击的一种常见模式。通过这类反思，民众如何成为一个现代民族国家的"合格"公民，民众是否具备建设现代民主政体的公民素质，成为一个基本的政治问题和一种公共话语前提。基于此，对诸多社会公共议题的正反辩证论述，常常以一种既需要政府加强管制又需要民众积极参与的表达出现。这种表达之中，时常隐约包含着对民众是否具备现代公民之政治素质的怀疑和否定。对公民政治素质的否定或者消极评价，在一定意义上，成为不同社会群体对特定时空建设现代民主制度之困难和障碍的共识。日常生活中不时出现的有关国民素质的消极事例，也常常被用以证明和强化上述共识。

出现这种现象的原因，在于现代性历史内部的紧张。在查克拉巴蒂看来，这种紧张之所以出现，是在如印度这类具有殖民地历史的国家，对政治现代性之历史的审视，必然面临如何看待庶民是否具有公民资格的问题，亦即庶民或农民在什么样的条件下可以成为公民并进入政治现代性之中。"一是必须被教育成公民的农民，他们因而是属于历史主义的。另一个是尽管缺少正式的教育但他或她已经是公民的农民。"①查克拉巴蒂还引述帕沙·查特吉的讨论，"在（印度）民族主义者的叙事版本里，只有农民和工人这样的庶民阶层，才需要背上'不足'的十字架，因为只有这些人才需要接受教育，通过教育来消除他们的无知、狭隘或者是虚假意识"。② 也就是说，面对政治现代化和法治发展的"不足""未完成"的状态，需要背负责任的是被认为需要接受教育才能具备政治现代性所需"素质"的庶民，因为庶民在经受教育成为公民之前还处于一种"前政治"

① ［印］迪普查·查克拉巴蒂：《边缘化欧洲的构想》，吴晓佳译，载《国外理论动态》2008 年第 7 期。

② ［印］迪佩什·查卡拉巴提：《后殖民与历史的诡计：谁可以为"印度"的过去说话》，陈恒译，载张颂仁、陈光兴、高士明主编：《后殖民与历史的诡计：迪佩什·查卡拉巴提读本》，上海人民出版社 2013 年版，第 58 页。

的状态。

查克拉巴蒂认为印度学者古哈对农民意识是“前政治的”那种观念已作了明确批判。古哈所参与的庶民研究,通过历史编纂质疑了资本主义的普遍主义叙事,要点之一就是农民意识并不是“前政治的”,而是实践性的政治意识。对资本的普遍主义叙述的怀疑,引向对“欧洲政治想象”背后的人类处于单一的、永恒的、阶序的历史时间框架之中的怀疑。而对国民素质之怀疑的出现,在某种意义上,就是基于“欧洲政治想象”为基础而建立的“民众必须被教育成公民才能进入现代民主政治”的观念。对“受教育而成为公民”的潜在的、根深蒂固的认同,与对“经践行而成为公民”的表面鼓励与实质否定,使民众进入现代政治始终处于一种“想象的候车室”(imaginary waiting room)①之中。这种线性化的时间安排,正是查克拉巴蒂所批判的对象。

在查克拉巴蒂看来,欧洲历史主义思想的线性时间叙事,在欧洲和欧洲之外的地区建立起了一种阶段论、有先后顺序的政治现代化路线。按照这种叙事,在受过教育、经过规训而成长为公民的现代政治主体与前政治的庶民/农民之间,存在一种“等待时间”,即只有在完成了某种历史发展阶段、进入某种状态之后,政治现代化的进程才会阶段性地进入欧洲之外的“其他地区”。而查克拉巴蒂认为,印度庶民研究揭示了农民(庶民)已经是实践的现代政治主体,并不需要教育才能成为现代政治主体。

对本书的研究而言,查克拉巴蒂所指出的殖民地印度法治叙事处于一种“不完整”的状态,其“不完整性”涉及多重“不完整”,并至少包括三个方面:一是从“民众”到“公民”之转变的不完整,民众始终难以成为宗主国意义上的完整的“公民”,而这种不完整状态又成为拒绝达到现代政治之完成状态和拒绝现代民主的理由之一;二是从“暴政”到“法治”的转型一直处于“等待时间”之中,转型时期法治会始终以抽象的、“超真实的现代法治想象”作为参照物,并继续和始终处于一种未完成状态;三是相对于“超真实的现代法治想象”的完备性,殖民地法治的“未完成性”将会长时间存在。

---

① 在中译本中,imaginary waiting room 被译为“想象的等待空间”,但从查克拉巴蒂对历史主义线性时间结构的批判来看,笔者暂译为“想象的候车室”,以表达在等待获得资格登上现代性列车之意。See Dipesh Chakrabarty, *Provincializing Europe: Postcolonial Thought and Historical Difference*, Princeton: Princeton University, 2007, p. 10.

二、法治与线性时间结构

有关法治在印度被殖民时期之命运的讨论,对查克拉巴蒂而言是为了引出对欧洲历史主义思想的线性时间叙事的批判,对于本书而言则是为了将欧洲历史主义思想的线性时间叙事引入法治现代化的讨论之中。将是否具有法治作为“前政治的”和“政治的”区分,是把法治纳入一种线性时间结构之中。查克拉巴蒂的讨论揭示了这种思路的要害,即它将法治与现代民主政体所依据的更深层次的时间观或时间性联系在了一起,在意义阐释的层面来追问法治与时间的关系,与一般意义上将法律效力与时间期限相关联的思路具有明显区别。①

如果说“传统—现代”转型叙事将法治吸纳,并将法治作为现代化的必要组成部分和目的,那么在欧洲历史主义思想的线性时间叙事之中,通过对发展不平衡之必然性的论证,法律发展的不平衡与政治发展的不平衡性的关联性将得以正当化。在朝向“超真实欧洲”或者现代法治这一目标的路途中,法律发展水平的落后、法治发展阶段的差异,意味着法律发展水平较低、法治发展阶段较落后的国家或地区,尚处于一种等待法治成熟或者具备充分条件的阶段。这样,在历史主义的线性时间结构里,就法治发展的阶段而言,成功建立起了一种得分有高低、时间有先后、水平有高下的划分。从而,宗主国与殖民地、西方国家与非西方国家之间形成了一种以“有无法治”“法治发展水平高低”为标志的“现代与前现代”“发达与欠发达”“文明与野蛮”之间的二元化对比结构。这种对比结构的正义性存在争论,而且这一结构是时间性的,并强制性地将人们的政治想象纳入其中思考。

在现代化后发地区也就是所谓的“第三世界国家”出生成长的研究者,该怎么看待后发地区的政治发展和法治发展?笔者认为,从查克拉巴蒂的研究看来,“后发”这个概念本身就预设了一种时间上的先后关系。“后发”不仅意味着出发的落后性,还意味着相对于现代化的“完成状态”,后发国家将长时间处于一种“未完成的状态”,而判断是否达致“完成状态”的标准和参照物——无论是主动或者被动的——是“超真实的欧洲想象”。区分“法治先进地区”与“法治落后地区”,造就了法治发展的“等待时间”。这样,不仅在西方国家与非西方国家之间建立了一种

① 关于通过“深描”的方法来阐释美国宪法史中不同历史观的意义,参见丁晓东:《美国宪法中的时间观》,载《华东政法大学学报》2017 年第 1 期。

“等待时间”意义上的线性时间叙事，更在非西方国家内部建立起一种同样的时间结构。对抗这种时间结构，不是只讨论是否拒绝某种“舶来的法治”，也不是要对一国法治现状给出发展阶段意义上的判定，而是应当通过反思法治发展阶段划分背后的现代线性时间结构安排，开放出法治理论的可能性。

我们应当避免这样一种困境：捍卫自身主体性常常是以一种对经验意义上的欧洲加以批判的方式来进行的，但这种批判以及对自身发展状态的判定，却是以源自欧洲的“超真实的现代法治想象”为标准。如果我们以“超真实的现代法治想象”为标准并陷入现代线性时间结构之中，那么就作为一种发展目标同时又是一种发展手段的法治而言，在这种时间结构中就不可避免地存在“先行者”和“落后者”。相对于“先行者”，“落后者”在这种时间结构中，其法治将处于一种“未完成”“不发达”的状态，也就是处于一种“等待时间”之中。

那么，查克拉巴蒂的“边缘化欧洲的构想”，是想开发出历史乃至法治叙事的另一种可能性吗？在《边缘化欧洲：后殖民思想与历史差异》一书的导论“边缘化欧洲的构想”中，查克拉巴蒂曾指出，[①]历史主义的叙事提出了一个普遍主义的、阶段化的内在统一的叙事，这种叙事是一种演变叙事或者转型叙事，是一种“超真实欧洲想象”的普遍化。在这种想象被复制到第三世界国家的过程中，第三世界国家在生活方式、社会结构和国家体制等方面对“超真实欧洲想象”的扩展、复制和使用，使得在建构第三世界主体性时，这类主体处于一种“等候状态”之中，或者说处于一种不足、欠缺、未完成的状态。同时，这种扩散本身与暴力、压迫并存。这样，暴力与“等待时间”相结合，时间成了一个空洞的、永恒的历史维度，吞噬了欧洲历史之外的其他历史可能性。在这个过程中，法治不仅成为西方现代化进程的标志物，也是“进步”“文明”背后的西方国家线性时间结构的代名词和表现方式。但现代法律的暴力一面也不应被掩盖和忽视。这种忽视会使“超真实的现代法治想象”戴上美好善良之治的面具，甚至会被主张多元现代性的非西方国家法治的理论所采纳，将法治视为自身现代化主张的一部分的同时也将法治的美好一面视为转型社会的发展目的。这种进程实际上是把“从没有法治/非法治走向有法治”“从初

① ［印］迪普查·查克拉巴蒂：《边缘化欧洲的构想》，吴晓佳译，载《国外理论动态》2008 年第 7 期。

级阶段的法治走向高级阶段的法治”视为转型社会的发展逻辑。而这仍然没有脱离本章所说的“转型叙事”和“等待时间”。

第三节 “均质时间”中的法治

一、反思法治现代化的“关键时刻”

转型叙事和“等待时间”所期待或承诺的,是在未来某个时刻实现“真正的法治”、“完美的法治”或者“完成状态的法治”,其指向法治发展的不均衡性,存在诸如高级阶段/初级阶段、先进/落后之类的阶段划分。那么,由法治的某一阶段向更高阶段的发展,是否存在“转型”的关键时刻呢?

历史上,在所谓“后发国家”制定其民法典的过程中,存在这样一种观点,即法典化是法治现代化的阶段性标志,制定民法典是达致现代法律体系成熟阶段的必经之路;人们关于民法典的疑惑,可能源自对该国本土民事活动的经验和规则是否作了全面充分的调查研究,也可能源自人们对民法典的内容、结构和立法过程曾存在激烈争论。但人们似乎并不疑惑,甚至非常确定的是,建立以法典化为代表的形式理性法体系,不仅是法律制度的发展目标,更是国家现代化的必经之路。

于是,在制定一部民法典的问题上,经验意义上的英美法律制度发展的显著不同被忽视了。将“制定民法典”作为法律发展和国家现代化的“关键时刻”,表面上看是源于法国和德国现代民族国家构建的真实经验,并异于英美现代化进程的法律制度实践,但在笔者看来,将法典化视为国家现代化的核心标志和“关键时刻”,这是对抽象的法治现代化道路的内在认同,也就是认同前文所述的“超真实的现代法治想象”。出于对这种“超真实的现代法治想象”的认同,论者甚至还可能忽视了个别国家在经验意义上的不同,而强调聚焦于这种法治想象的观念化的、抽象化的特征。

以法典化为标准,在法治发展的时间序列上,不同国家似乎可以更容易地被划分为现代与前现代、发达与落后、初级与高级等类型,其背后是前文所指出的进步的、线性的历史观。这再一次表明:在这种基于进步历史论的线性时间结构中,“超真实的现代法治想象”是现代化的成熟状态;相对于此,法治的后发国家处于一种“不成熟”状态或者“未完成”状态,在等待着某种“关键时刻”,一举进入成熟阶段,又或者迈入朝向完成状态的下一个阶段。

本书想要讨论的，不仅是这种“等待时间”以及线性时间结构对法治现代化研究的影响，还想进一步讨论这种线性时间结构的时间性及其对法律制度的影响。对于“超真实的现代法治想象”来说，将法典制定和制度移植作为其重要特征和标志，其基础是如印度学者帕沙·查特吉所说的“现代性社会空间分布在空洞的、同质化的时间中”。[①] 如果基于同质化的时间，现代法律制度就像资本一样或者说伴随着资本，在空间上流动和扩张，当其遇到阻碍之时则认为其是遇到了前现代时间。

问题在于，对于“超真实的现代法治想象”来说，如帕沙·查特吉所指出的，这种同质化的时间是空洞的、乌托邦的时间。朝向法治现代化成熟阶段的“等待时间”具有某种永恒性。也就是说，如果以“超真实的现代法治想象”为标杆，人们将始终在等待下一个“关键时刻”，而始终不能进入完成状态的“超真实法治现代化”状态之中。

二、本雅明与均质时间

本雅明将均质的、空洞的时间（homogeneous, empty time）置于现代性的核心。[②] 在其生前的最后一部作品中，本雅明认为，“历史主义理所当然地落入了普遍历史的陷阱。唯物主义史学与此不同，在方法上，它比任何其他学派都更清晰。普遍历史连理论的护甲都没有。它的方法七拼八凑，只能纠合起一堆材料去填塞同质而空洞的时间”。[③]

如何理解本雅明意义上的“均质时间”？查尔斯·泰勒认为，本雅明以“均质的、空洞的时间”对现代意识加以标识并作为现代性之核心，“依此观点，时间成为类似空间的容器，填进去什么都无所谓”。尽管查尔斯·泰勒认同，一方面，“牛顿式的空间和时间仅仅是容器而已，在容器内，物体可以被四处移动（甚至非物体，比如‘真空’，在这里也适用）”；另一方面，“宇宙论术语中的时间识别使之成为一种对属人的、历史的事件根本不在乎的容器。这些事件即是我们人类在此星球上活生生的实践。在此意义上，宇宙论时间（对我们而言）是均质的和空洞的”，但是查尔斯·泰勒也认为相对于西方社会内部“更高的时间意识”，“均质的和空

---

① ［印］帕沙·查特吉：《政治社会的世系：后殖民民主研究》，王行坤、王原译，西北大学出版社2017年版，第174页。

② 关于查尔斯·泰勒对本雅明以及世俗时代的时间性所作的评论，参见［加］查尔斯·泰勒：《世俗时代》，张容南等译，上海三联书店2016年版，第66页以下。

③ ［德］瓦尔特·本雅明：《历史哲学论纲》，张旭东译，载《文艺理论研究》1997年第4期。

洞的并没有充分叙述出现代时间意识。”①

阿甘本指出,“正是借助本雅明所谓的均质而空洞的时间,现代性才得以在全球肆无忌惮地扩张,它要求一个普遍、均质、无差别的世界”。这与科耶夫所提出的“普遍均质国家”具有同质性。② 在霍斯·弗洛斯特看来,科耶夫的“普遍均质国家”是一个法权国家(Rechtsstaat),③这种法权国家的实现形式是“通过互相承认民族法律达到司法一体化”,并且霍斯·弗洛斯特认为,美国国际法学者施劳特(Anne - Marie Slaughter)已经描绘了“跨境司法合作怎样成为解决因全球化而引起的不同国家法律冲突时被广泛采纳且常常成功的方法”。④ 然而,施劳特的观点是,与政治主权没有多大关系的国际司法合作在自由国家(Liberal State)间进行得最为密切和有效,但是在非自由国家间求助于政治主权的承认仍然是主流。⑤ 霍斯·弗洛斯特并未对此作进一步的评论。正如前文所论及的,施劳特后来曾成为“普林斯顿国家安全项目”的主要成员,也是《铸造法治之下的自由世界:21 世纪美国国家安全战略》的作者之一。⑥ “普遍均质国家”和“均质时间”共享普遍历史的历史主义叙事。在其中,西方国家与非西方国家、宗主国和殖民地之间仍然存在线性历史结构中先后阶序之分,落入了“普遍历史的陷阱”。

本雅明所说的“落入普遍历史的陷阱”的历史主义,正是查克拉巴蒂在《边缘化欧洲:后殖民思想与历史差异》一书中所批判的历史主义。⑦ 并且帕沙·查特吉在《政治社会的世系:后殖民民主研究》中指出,政治所栖居的现代性空洞的、同质化的时间是“资本的乌托邦时间”(utopian time of capital)。这种资本的乌托邦时间“将过去、现在和未来线性地联

---

① 参见[加]查尔斯·泰勒:《世俗时代》,张容南等译,上海三联书店 2016 年版,第 72 页。

② 对科耶夫的“普遍均质国家”的讨论,主要是针对科耶夫的《法权现象学》一书的相关讨论而展开的。参见[法]亚历山大·科耶夫:《法权现象学纲要》,邱立波译,华东师范大学出版社 2011 年版。

③ [美]霍斯·弗洛斯特:《普遍均质国家的可倡导性》,载[法]科耶夫等:《驯服欲望:施特劳斯笔下的色诺芬撰述》,贺志刚等译,华夏出版社 2002 年版,第 108 页。

④ [美]霍斯·弗洛斯特:《普遍均质国家的可倡导性》,载[法]科耶夫等:《驯服欲望:施特劳斯笔下的色诺芬撰述》,贺志刚等译,华夏出版社 2002 年版,第 108、109 - 110 页。

⑤ Anne - Marie Slaughter, *International Law in a World of Liberal States*, European Journal of International Law 503(1995), p. 6.

⑥ G. John Ikenberry & Anne - Marie Slaughter, *Forging A World of Liberty under Law: U. S. National Security in the 21st Century*, Woodrow Wilson School of Public and International Affairs, Princeton University, September 27, 2006.

⑦ [印]迪普查·查克拉巴蒂:《边缘化欧洲的构想》,吴晓佳译,载《国外理论动态》2008 年第 7 期。

系起来,并为所有那些关于身份、民族、进步等等的历史主义想象创造了可能性……空洞同质化的时间在真实空间内并不存在——它是乌托邦的时间。现代生活的真实空间存在于异质性的时间之中,这里的空间是不均匀且稠密的”。[①]

三、开放法治的可能性

面对“普遍历史的陷阱”和空洞的“均质时间”,如何进行中国法治现代化的思考显得尤为关键。延续上文提出的思路,笔者认为,研究者需要进入法治的意义世界,聚焦于法治的本质争议性。在“法治与全球化”的研究中,人们曾寻找一种最低限度的、最大共识版本的法治,而问题在于,法治本身的本质争议性及其开放性、批判性,有可能被一种“最低限度版本的法治”压制了。

(一)最低限度版本法治的局限

在全球化研究中,或者说在全球化多元文化背景下制度传播移植的意义上,形式法治理论被视为一种弱的或者说薄的(thin)、较小争议性的法治理论,论者进而主张一种最低限度版本的形式法治理论更有可能被具有不同文化的国家或地区广为接受。

梁治平认为形式法治概念所阐述的原则是不可回避的,同时其也有利于看到法治的限度,并且“由于其形式化的特征,将这样的法治概念应用到具有不同历史、文化背景的社会时(在这里是中国),既可以保持其基本意蕴,又能适当地考虑到这些特定社会的历史背景和发展状况,并为法律和社会发展的多样性留出空间”。[②] 或者说,一种基于形式法治理论的最低限度的法治概念,将具有极大的开放性和可接受性。[③] 梁治平还引证了裴文睿(Randall Peerenboom)所主张的在跨文化研究中形式法治理论可以提供最大公约数的观点[④]来强调形式法治或程序法治的优点。

因此,形式法治理论被认为在全球化时代多元文化冲突的语境中更能够获得认同,或者形式法治理论更能够包容全球化时代多元文化的冲突,能够作为某一种全球治理规范性模式的基础。但是,形式法治理论本

---

① [印]帕沙·查特吉:《政治社会的世系:后殖民民主研究》,王行坤、王原译,西北大学出版社2017年版,第175－176页。

② 梁治平:《法治:社会转型时期的制度建构》,载梁治平编:《法治在中国:制度、话语与实践》,中国政法大学出版社2002年版,第101页。

③ 参见梁治平:《“中国特色”的法治如何可能?》,载《文化纵横》2011年第3期。

④ See Randall Peerenboom, *Ruling the Country in Accordance with Law*, Cultural Dynamics, Vol. 11, No. 3(1999).

身正如梁治平明确指出的那样，各种程序性或者形式性的“法治理论之间的共同点比理论家本人愿意承认的更多。这并不奇怪，因为所有这些理论实际上是同一历史文化的产物”。①

无论是梁治平所讨论的法治与中国社会转型，还是笔者曾讨论的法治与全球化，以及本书所讨论的法治现代化，其中的共同点正是法治被视为转型叙事的目标、作为现代化的目标和手段，并建立在现代法治的可移植性、公约性、普遍性之上。这样，如果根据“超真实的现代法治想象”，无论是提出一种最低限度的形式法治观，还是提出某种具有实质伦理价值版本的法治理论，其重心可能是我们如何“更现代”，或者我们如何走在一条比经验意义上的欧洲“更加现代”的现代化道路上，以及我们的法治观和法治实践如何可能是“更现代”的、更先进的。

需要着重指出的是，在查克拉巴蒂的研究中，其对“欧洲政治想象”的批判也是有限定的，例如他对“欧洲政治想象”框架在社会正义问题上的批判力持肯定态度。前文所提及的那些与法治密不可分的概念，如公民权、人权、法律面前人人平等、人民主权、社会公正、科学理性等，“影响巨大，它已经历史性地建立了一种强有力的基础，在欧洲及其之外地区建立起对社会不公正的批评”。② 2010 年，查克拉巴蒂在《作为漂移能指的西方：殖民时期与当代印度的文明与教养》中进一步提问，一种政治传统或者一个超级大国，“想真正有效地支配世界的时候，你将为你的受害者提供怎样的批判工具，让他们如何反过来批评你的统治？换言之，你将从自己内部的传统中创造出怎样的资源，以供别人批评你自己？”③也就是说欧洲政治想象为它的受害者、受压迫者提供了内在于欧洲政治想象的批判工具，有助于在欧洲政治想象的普遍历史框架中对社会正义问题进行讨论。④ 这种在自身内部创造出矛盾和批评以供外部批判、自我反思的思路，显然不同于在全球多元文化中找寻一个最低限度版本的法治观。

---

① 梁治平：《法治：社会转型时期的制度建构》，载梁治平编：《法治在中国：制度、话语与实践》，中国政法大学出版社 2002 年版，第 100 页。

② ［印］迪普查·查克拉巴蒂：《边缘化欧洲的构想》，吴晓佳译，《国外理论动态》2008 年第 7 期。

③ ［印］迪佩什·查卡拉巴提：《作为漂移能指的西方：殖民时期与当代印度的文明与教养》，载张颂仁、陈光兴、高士明主编：《从西天到中土：印中社会思想对话》，上海人民出版社 2013 年版，第 262 页。

④ 查克拉巴蒂还指出：“被殖民者有时会把西方文明理想化，赋予其一些他们会尊敬的多元化特征，并用这些特征来批判殖民者。”参见［印］迪佩什·查卡拉巴提：《作为漂移能指的西方：殖民时期与当代印度的文明与教养》，载张颂仁、陈光兴、高士明主编：《从西天到中土：印中社会思想对话》，上海人民出版社 2013 年版，第 285 页。

（二）法治概念的本质争议性与开放性

法治是一个本质上有争议的概念，而确定一个概念是不是“一个本质上有争议的概念”（an essentially contested concept）①，最重要的方面在于这一概念在其基本价值负载上有本质上的争议。麦考密克指出：“法治原则既是社会财富，也是人类的财富；正义、民主及社会正义等也如此。所有这些财富构成了盖瑞所说的‘本质上有争议的概念’。它们永远无法被完整地贯彻，并且其中任何一种价值观在某种情况下都可能与其他价值观发生碰撞。一旦某一价值观被认为有优先于其他价值观的权利，那么就无任何机会在必然会发生竞争的理想之间达成必要而合理的妥协了。”②

人们并不否定法治概念的复杂性和争议性，但就本书关于法治现代化的讨论而言，试图从法治概念的本质争议性引出法治的可能性，至少具有以下方面的特点和要求。

1. 思考法治的可能性，不能抛开与法治概念本质争议性紧密相关的实质法治理论的内容。

根据塔玛纳哈的归纳，实质法治理论按照由弱到强的顺序包括以下内容：个人权利如财产权、隐私权、订立契约的权利、自主的权利；人格尊严的权利（right of dignity）和/或者获得公正审判的权利；社会福利如实质上的平等、福利和社区保护（community preservation）。③ 这些实质法治的内容主要来自查克拉巴蒂所说的“欧洲政治想象”，是本书所说的“超真实的现代法治想象”的主要内容。但是，这些内容一方面构成了后发国家内部讨论社会正义问题的基本背景，另一方面也是非西方国家对西方国家提出批判的重要工具。例如，在“二战”后民族解放运动中发挥重要作用的主权平等原则，与1955年万隆会议所主要讨论的人权问题相关。“在1955年的万隆，没有人对世界上的主要人权问题存在疑问：殖民主义和种族歧视的持续存在阻碍了人权。经济发达且大多数为民主国家的欧洲诸国（不考虑当时在弗朗哥和萨拉查独裁下的西班牙和葡萄牙）

① W. B. Gallie, *Essentially Contested Concepts*, in W. B. Gallie, Philosophy and the Historical Understanding, London: Chatto & Windus, 1984, p. 161.

② ［英］尼尔·麦考密克：《法治国家与法治》，载［德］约瑟夫·夏辛、［德］容敏德编著：《法治》，阿登纳基金会译，法律出版社2005年版，第48页。

③ See Brian Tamanaha, *On the Rule of Law: History, Politics, Theory*, Cambridge University Press, 2004, p. 91.

在全球化范围内是主要的人权侵犯国”,[①]而主权平等原则是保障人权的重要手段。

2. 思考法治的可能性,应当注重发掘当下法治实践的意义,并以此参与有关法治概念本质争议性的讨论。

在全球化进程中,以实质/形式法治理论之区分为代表的关于法治概念本质争议性的讨论,在一定程度上凸显了全球化本身在价值、制度等方面的争议性。在参与全球化的过程中,不同国家有自身历史和独特文化。法律意义的创造,在本质上是以文化为媒介的情况下发生的,创造的过程是集体性的和社会性的。[②] 中国在参与全球化和建设法治国家的过程中,许多重大实践问题的法治意义还需要进一步研究和揭示,才能回应国际社会对中国法治建设进程的关注乃至怀疑,也才能通过参与法治概念的本质性争议来建构中国特色社会主义法治理论。例如所有权制度、中央与地方关系、政府与市场关系、“一国两制”等具有鲜明特色和丰富经验的法律制度和法治实践,正在形成具有国际对话能力、能够参与法治本质性争议的中国法治话语体系和理论体系,而西方国家法学家对社会主义与法治的相容性、后发国家法治转型发展、权利政治、法律东方主义等问题的研究已形成了诸多成果。

3. 思考法治的可能性,应当结合数字社会进程,进一步明确时空语境意识。

回顾现代法治的历史,总不可避免地将其与工业革命相联系。一方面,工业革命进程引发了法治与发展、制度与经济发展等基本理论议题。“亚当·斯密问题”以“法律/法治与发展”的问题意识在法学界传播,无论是马克斯·韦伯对以法典为代表的形式理性法与资本主义发展之关系的讨论,还是经济分析法学从成本效益看待法律的研究,以及法律与金融学派(LLSV)对判例法和成文法在金融监管上孰优孰劣的分析,[③]都延续在这样的脉络之内。另一方面,不同国家或地区在工业化进程上的差异,也引发了对全球不平等、全球正义和国际法治的研究和思考,其中就包括对法律与发展运动的反思和批判。就此而言,工业革命所代表的现代经济发

① [印]帕沙·查特吉:《政治社会的世系:后殖民民主研究》,王行坤、王原译,西北大学出版社2017年版,第315页。

② Robert Cover, *Foreword: Nomos and Narratives*, 97 Harvard Law Review 4; Robert Cover, *Violence and the Word*, 95 Yale Law Journal 1601 (1986), p. 11.

③ 关于“法律与金融”学派的主张,参见[美]Rafael La Porta 等:《法律起源的经济后果》(上),刘佳译,载《管理世界》2010年第7期;[美]Rafael La Porta 等:《法律起源的经济后果》(下),刘佳译,载《管理世界》2010年第8期。

展历史,以"法治与发展之关系"为一种典型问题意识,呈现了时间与空间的同构、时间性与空间性的交织。

立足21世纪20年代,人类社会业已步入数字化时代,这既是工业化的结果,也是新一代的工业化。那么,数字社会的法治或者"数字法治",与传统社会和前几次工业化时代的法治,如何进行比较?数字化、智能化是中国式法治现代化的重要特征,[①]数字法治也是中国式法治现代化的一个重要领域,并且数字法治不仅是对已有法治模式的更新发展,还有着更深刻的意涵。

数字化是现代化、全球化的空间性领域扩展,也是现代化、全球化的时间性新进展。如果说现代化是理性化,而现代性是以可计算性为代表的理性化时代,数字化则是可计算的理性化新阶段。数字化打破了很多空间上的旧束缚,源于其基于时间上的一致化把各国拉到同一个竞争平台。尤其是在教育领域,各国人民可以基于数字资源快速提升教育水平和质量。但是,这并不必然意味着数字化在时间上是线性的,而恰恰蕴含着后发优势、自反性、创新性等特点,使中国在发展过程中不必按照线性序列"排队"进入现代化的新阶段。对于法治现代化来说也是如此。因此,数字法治的特点就在于其是一种具有自主性、后发优势的法治发展路径和法治建设领域,其存在的争议是:在治理规则、治理机构和治理模式上如何选择,进一步可总结为治理理念的差异,重点则在于选择私人秩序主导还是政府主导,如何理性看待技术主义背后的无政府乌托邦倾向,[②]如何在捍卫自主性的同时推进数字治理的跨国合作等。

本章小结

基于上文的分析,本书认为,以法治为目标的转型叙事,不仅包含"超真实的现代法治想象"是现代西方国家政治秩序的一个必要组成部分,还表达了欧洲现代政治想象在时间问题上的一种基本假设,即不同国家和地区进入现代化的时间顺序存在差别,法治的发达/落后之分是这种现代线性时间结构的一种表达方式。对西方国家现代法治之扩散的批判,不应局限于对源自西方国家的具体法治模式、制度设立和规则原则之可移植性和适用性的批判,更应当对支撑"超真实的现代法治想象"的

---

① 参见张文显:《论中国式法治现代化新道路》,载《中国法学》2022年第1期。

② 例如,关于区块链叙事中的无政府主义倾向,参见[美]罗伯特·希勒:《叙事经济学》,陆殷莉译,中信出版集团股份有限公司2020年版,第6-7页。

“均质时间”进行剖析和反思，进而寻求被“均质时间”以及“传统—现代”转型叙事所限制的法治概念的争议点，及至发现法治和历史的其他可能性，这对中国的法治现代化研究和法治建设具有积极的理论意义。

第二编　法治实施的重要环节

法治实施主要包括宪法实施、执法、司法、守法等环节。在法治实施的动态过程中，法治实施各环节的制度逻辑应当具有解释力和一致性，并体现法治本身的性质和特点。从宪法实施中的稳定性和适用性出发，通过考察“重大改革于法有据”作为宪法实施机制的意义，可以发现宪法实施中守正与创新的统一，有利于实现维护法制统一与法律制度创新之间的有机结合，从而在法治轨道上推进国家治理体系和治理能力现代化。沿着守正创新这条线索，本编进一步讨论了以下问题：行政许可审批制度改革中以人民为本位的功能定位和推进各项制度衔接改革的制度创新；行政机关负责人出庭应诉制度改革中权利救济、权力制约和法治信念巩固等多重功能的叠加；司法责任制改革中把“审者判、判者审”与规范裁量权相统一的制度改革；基层社会治理中购买人民调解服务从局部制度创新到全局性制度规定的制度变迁；公序良俗是构建科技治理体系的一项普遍原则，贯穿了法律规范、伦理道德、公共政策、行业规范、技术标准等多种制度形式；中国法律奖励制度70年发展历程呈现了法治激励制度的演进逻辑。上述各领域，都体现了在推动国家各方面工作法治化的过程中，树立法治权威与探索制度创新、严格执行制度和推动制度完善的结合，总的目的是建立高效的法治实施体系。新时代全面深化改革和全面依法治国的实践成就，证明了改革与法治、守正与创新之间辩证统一方法论的重要解释力，揭示了“法治固根本、稳预期、利长远的保障作用”既包括行稳致远的方面，也包括不断与时俱进的方面。

第三章　宪法实施与法治改革："重大改革于法有据"作为一种宪法实施机制

全面贯彻实施宪法，其在全面依法治国中的定位是"首要任务"和"基础性工作"。这源于宪法作为根本法的首要地位。宪法如果得不到全面性的贯彻实施，宪法的权威就得不到有效保障，以宪法为根本法的法律规范体系就会失去权威依据，法治实施也将缺失基础和根据。宪法及其全面贯彻实施，关乎全面依法治国的正确政治方向，体现在全面依法治国作为基本方略的落实过程就是宪法实施的过程，保障宪法所规定的公民基本权利义务是"以人民为中心"的实践要求，坚持党的领导、改进党的领导方式和执政方式是宪法实施的应有之义。宪法的全面贯彻实施，还体现在正确看待宪法的稳定性和宪法实施的适应性。加强宪法实施和监督，一方面要以中国特色社会主义法治体系为抓手，用良好的国家制度体系保障宪法实施，维护国家法治统一；另一方面要不断完善宪法实施和监督机制，通过行之有效的宪法实施机制来实现宪法的稳定性和适应性的统一。

改革与法治的关系是全面依法治国的重大关系之一，也是宪法实施中的一对重大关系。习近平总书记指出，"改革和法治如鸟之两翼、车之两轮"。[①] 改革开放是坚持和发展中国特色社会主义道路的必由之路，改革必须在法治轨道上加以推进。"改革和法治同步推进，增强改革的穿透力"，[②]法治为改革的合法性、可持续性提供制度性支撑，保障改革能够化解可能的风险和挑战。改革是法治不断发展完善的途径和动力。法治系统通过及时有效的法治创新服务支撑改革发展需求。全国人大常委会通过授权决定为"先行先试"提供法律依据，[③]具有严格的法定程序，以及

① 习近平：《在省部级主要领导干部学习贯彻党的十八届四中全会精神全面推进依法治国专题研讨班上的讲话》（2015 年 2 月 2 日），载中共中央文献研究室编：《习近平关于全面依法治国论述摘编》，中央文献出版社 2015 年版，第 14 页。

② 习近平：《在法治下推进改革，在改革中完善法治》（2013 年 11 月—2019 年 7 月），载习近平：《论坚持全面依法治国》，中央文献出版社 2020 年版，第 38 页。

③ 参见信春鹰：《改革开放 40 年全国人大及其常委会的立法工作》，载《求是》2019 年第 4 期。

特定的范围限制即特定领域、局部地区。这是以保证法治系统的整体性不受破坏为前提的，从而既不影响法治系统乃至整个国家治理体系的稳定性和合法性，又能够通过局部试验推动法律制度创新和法治系统优化。改革既是法治保障和服务的目标对象，又是法治系统工程不断优化完善的不竭动力。

宪法实施需要处理稳定性与适应性、守正与创新、法制统一与法治改革等之间的复杂关系。“重大改革于法有据”应当被视为一种重要的宪法实施机制，是处理好“社会现实的变动性与宪法规范的适应性”之间关系的重要途径。[①]“重大改革于法有据”是全面依法治国必须坚持的一项重要原则，也应当是依宪治国、依宪执政的一项重要原则。实践中，“重大改革于法有据”涉及经济社会发展和国家治理的方方面面，覆盖经济、社会、政治、文化、生态和国防各个领域，运行方式包括单次性授权试点改革和系统性授权试点改革，体现了改革的系统性、纵深性、广泛性，形成了较为系统完善的“重大改革于法有据”实践推进机制，对在法治轨道上推进改革提供了可供遵循的制度框架和具体程序。

“重大改革于法有据”还关乎宪法实施的全面性和程序性。在改革所涉及的方方面面事务中，并非都适合采用先立法试验、后中央合宪性审查的方式。在部分重点领域，中央统筹谋划、全国人大常委会授权、地方立法试验、中央和地方共同参与法治试验和经验总结、考虑是否上升为全国性法律等一系列步骤，体现了宪法实施的程序性和过程上的全覆盖。因此，“重大改革于法有据”是一种重要的宪法实施机制，“重大改革于法有据”具有鲜明的宪法实施特征。

第一节　宪法实施中的守正与创新

一、宪法实施中的守正：以合宪性审查制度为代表

宪法的生命在于实施。宪法的全面实施，包括实施领域的全面性和机制的多样性等。就目前的研究而言，宪法的全面实施，在领域上涉及经济社会发展和国家治理的各个方面。就宪法实施机制而言，聚焦点先是何种机构实施宪法（一般意义上涉及宪法法院、普通法院、立宪机关），故而，宪法实施首先主要聚焦宪法的政治权威地位和宪法实施机构的法律

---

① 参见苗连营：《中国“宪法实施”的话语体系与演变脉络》，载《中国法学》2021年第3期。

地位是否相匹配。但这可能将宪法实施局限于高位阶的权力机关,而与强调宪法实施也应当贯穿到基层和日常生活中的观点不一致,尽管后者所讨论的宪法实施方式包括间接实施。在中国,宪法实施的方式主要包括“建立健全法律法规和制度体系”“发展国家各项事业、推进国家各方面工作”“通过国家工作人员积极有效的工作”“部分宪法规定的直接适用”“宪法中的有关规定,必要时需考虑兼容性和调适性,由有权机关作出合宪性判断和安排”等。① 随着合宪性审查制度等的建立和不断完善,宪法实施机制开始呈现重点关注合宪性审查机制的具体实践的倾向,也引发了合宪性审查对地方立法的约束、中央法制统一对地方法治试验的外部约束的讨论。这就涉及应当如何看待以及从什么路径考察宪法实施的质效等问题。

在中国,当前最受关注的宪法实施机制是合宪性审查制度。十三届全国人大常委会五年任期间,“对报送备案的7261件规范性文件逐件进行审查,对公民、组织提出的17769件审查建议逐件进行研究,认真提出处理意见;对涉及生态环境保护、优化营商环境、食品药品安全、人口与计划生育、民法典贯彻实施、行政处罚等20多个领域的规范性文件开展专项审查和清理,督促推动制定机关修改或废止2.5万多件,维护了公民合法权益和国家法治统一”。② 其中,涉及合宪性的共6例,分别是废止收容教育法律规定和制度、2020年的司法解释人身损害赔偿“同命不同价”、单行条例民族语言文字教学、2021年地方性法规强制亲子鉴定、异地用检司法解释、袭警罪司法规范性文件。③ 从官方公布的情况来看,合宪性审查制度所涉及审查对象的广度还有待扩展,对推动宪法实施的质量效果的贡献度还有待提升。

原因在于,只关注宪法实施的某一种机制,虽然有利于观察该机制的实施效果,并通过该机制作为推进宪法实施的有力抓手;但是,仅关注一

---

① 武增主编:《辉煌四十年:现行宪法发展与实施报告》,法律出版社2022年版,第569－571页。

② 栗战书:《全国人民代表大会常务委员会工作报告——2023年3月7日在第十四届全国人民代表大会第一次会议上》,载中国人大网,http://www.npc.gov.cn/npc/c2/c30834/202303/t20230317_428429.html。

③ 参见沈春耀:《全国人民代表大会常务委员会法制工作委员会关于十三届全国人大以来暨2022年备案审查工作情况的报告——2022年12月28日在第十三届全国人民代表大会常务委员会第三十八次会议上》,载《中华人民共和国全国人民代表大会常务委员会公报》2023年第1期;郑磊:《备案审查“小步快跑”,推动宪法精神深入人心》,载《光明日报》2023年1月14日,第5版。

种宪法实施机制,可能并不利于宪法的实施。从经验层面看,宪法实施在世界各国及其历史上有多种不同机制,各自发挥其特定功能和作用;从理论逻辑看,“宪法实施”一词具有开放性,内在地包含形式上的可拓展性和不同形式之间的功能协作。就中国而言,宪法全面实施已经被确立为坚持和完善中国特色社会主义制度、全面推进依法治国的首要工作。宪法全面实施,不限于某一方面、某一阶段,而应是全过程、全方位的实施,应当重视从多种机制考察宪法实施的质效。

二、宪法实施中的改革创新:“于宪有源、于法有据”的法治改革

宪法实施的重要功能是树立和捍卫宪法权威、维护国家法治统一。同时,宪法还要兼顾稳定性和适应性,宪法实施应当有助于推动宪法制度乃至国家制度体系的不断完善。宪法的持久效力是和宪法不断完善联系在一起的。宪法修正案作为一项宪法制度,体现了宪法文本的守正创新;宪法实施各项具体制度的发展完善,体现了宪法制度的守正创新。因此,应当更加重视宪法实施在全面依法治国中的作用机理。宪法实施中的制度改革和制度创新,也是深入推进全面依法治国进程中的法治改革的一个重要环节,并和法治实施中的执法、司法、守法各环节相互交织,构成宪法全面实施与法治系统工程的统一。法治改革应当体现守正创新的要求,把宪法实施贯彻始终。宪法实施并不排斥创新,且需要通过法治改革尤其是局部法治试验推动改革创新、不断完善宪法制度和国家治理制度。“在全面深化改革的新时代,要坚持改革决策和立法决策相统一,做到重大改革于宪有源、于法有据,以宪法和法律的实施来引领和推动改革向纵深发展。”①因此,“于宪有源、于法有据”的法治改革是宪法全面实施的重要环节和不可或缺的方面。法治改革的宪法实施属性,主要体现在以下几个方面。

1. 结构性。法治改革的宪法实施属性,不仅是宪法是根本法的要求和体现,也在于宪法实施的实践结构和多元路径。对宪法实施而言,通过在范围上纳入法治改革,在方式上纳入宪法实施的立法举措,把重大改革于法有据作为宪法实施具体机制,在具体运作中贯彻宪法全面实施理念,法治改革得以结构性地纳入宪法全面实施的体系之中。宪法实施应当是一个全面、立体、协同的体系。在宪法实施的特定语境下,聚焦宪法实施

---

① 全国人大常委会法制工作委员会研究室编:《我国改革开放40年立法成就概述》,法律出版社2019年版,第141页。

体系的某一个组成部分或者宪法实施的某一种具体机制具有鲜明的功能指向,例如合宪性审查机制主要服务于法制统一,但并不能因此忽视宪法实施的其他方面和其他具体机制,[①]更不宜把法治改革与宪法实施、合宪性审查机制与重大改革于法有据加以对立。确立合宪性意识是宪法实施的必然要求,也是改革措施和法治建设举措增强宪法权威性的必然要求。改革举措设计、法律法规制定、政策文件起草过程中的合宪性审查,无论如何对其进行具体定位,都是依宪立法、依宪行政的应有之义,不以合宪性审查中是否发现违反宪法精神原则和规定而改变。

2. 程序性。所谓程序性,是指法治改革是制度化、法治化、程序化的宪法实施实践,无论是全国层面的法治改革,还是局部的法治改革、地方的法治试验,都应当依程序、依职权开展,并在其中贯彻实施宪法。在法治改革的实践中,重大改革于法有据原则下的授权立法、联席会议、中央与地方会商等机制,都把改革纳入制度化、程序化的道路。上述程序和机制,一方面是依照职权的履职行为,另一方面是必须按照宪法所确立的原则开展,例如调动两个积极性、法制统一等。其中,涉及法律制度改革乃至宪法改革的问题,必须依照宪法法律的规定履行修宪程序、修法程序、授权立法程序或者修改行政法规、暂停实施行政法规等。由上可见,在实践中形成的这些程序化的做法和方式,是宪法实施的程序性维度,也是合宪性审查等之外的重要宪法实施机制。

3. 动态性。宪法实施必然是动态的、多方参与和互动的、程序性的和多样性的,即便是宪法实施中对法律文本的审查或者个案的宪法审查,也包含大量的动态性互动活动。宪法实施的动态性,在法治改革上包含两个方面的意义:一是法治改革推动宪法实施的动态优化和更新,也包括推动宪法制度的不断完善,从而永葆宪法的生命力。二是在法治改革的动态全过程中,都必须贯彻宪法实施,而不是只在某一阶段注重宪法实施。以重大改革于法有据为例,其谋划、授权、试验、总结、拓展、修法、修改宪法等各个环节,都必须贯彻宪法、实施宪法,依法履职、依法立法,按照宪法的精神、原则和规定实施法治改革,也包括推动局部性的法治试验。

4. 功能性。宪法实施的目的和功能,既包括国家法制统一和捍卫法治权威,也包括推动国家经济社会发展、国家治理现代化和深化改革。宪

① 关于改革开放新时期的历次宪法修改为改革开放提供宪法依据的总结,参见全国人大常委会法制工作委员会研究室编:《我国改革开放40年立法成就概述》,法律出版社2019年版,第141－142页。

法实施的目的和功能有明确的宪法文本依据，也有清晰的党和国家的意志的表达。法治改革中的宪法实施，在宏观上必须以宪法实施的目的和功能为依据和指向，而不能背离这种依据和指向。在中观和微观上，法治改革则有更加具体的改革发展目标和功能。也就是说，全国人大常委会的授权应当具备清晰的宪法定位和宪法约束，[①]这是宪法全面实施的一个环节。如何把法治改革、法治试验的具体目标与宪法实施的宏观目标相统一，则是法治改革作为宪法实施具体一环的必然课题，必须充分掌握宪法规定和要求、把贯彻实施宪法真正放在全面依法治国的首位。实践中，地方立法的越权和“乱作为”，地方制度创新中违反法律乃至宪法的现象，就源于只重视局部改革和局部利益、不重视系统思维和整体利益，更强调改革的驱动力、忽视了法治固根本稳预期利长远的保障力。因此，即便是在功能目标指向具体的、细节的改革需求之时，也不能忽视甚至忘记法治改革中全面实施宪法的重要性。

5. 辩证性。法治改革中的宪法实施是普遍性与特殊性、局部性与整体性的结合。在关于宪法实施机制及其效应的讨论中，如果过于看重法治改革尤其是地方法治试验中的制度创新、制度突破效应，强调自下而上的法治改革推动力，就会对宪法实施所蕴含的自上而下的法治权威约束力产生怀疑，认为其和自下而上的法治改革动力相对立和排斥。所带来的结果是，侧重法治试验和改革的局部效应甚至局部利益，但是忽视改革的系统性、整体性、协同性，也就容易忽视这些局部性法治改革是法治系统工程整体谋划、一体推进的组成部分，其个性中蕴涵着共性，整体谋划赋予了局部法治改革的正当性和战略目标。例如，自由贸易试验区的改革，就是国家新时代改革开放战略和国际化、法治化营商环境的整体谋划的一部分。如果只看到自由贸易试验区改革的特殊性、局部性，就会忽视从单个自由贸易试验区到全国各自由贸易试验区的政策推广和法治创新的积极意义；只看到自由贸易试验区法治试验改革对本地的影响，就会忽略自由贸易试验区法治改革的效应和影响是直接涉及国内外经济交易和法律活动的。

① 参见秦小建：《全国人大常委会授权的宪法定位及合宪性展开》，载《中国法学》2023 年第 1 期。

第二节　"重大改革于法有据"作为宪法实施机制的重要意义

一、重大改革于法有据作为宪法实施机制之界定

在关于宪法实施诸多机制的讨论中,重大改革于法有据并不是一个经常提及的机制,甚至主要被认为是一种法治改革机制。原因可能在于:其一,重大改革于法有据以及在立法中贯彻实施宪法,是宪法全面实施的应有之义;其二,重大改革于法有据侧重讨论改革与法治的关系,而在全面深化改革和全面依法治国的实践中,重大改革于法有据所涉及的很多具体改革议题,并不直接体现宪法实施。目前重大改革于法有据的相关研究中,对其前因后果有较多研究,即为什么改革、做出了哪些改革、产生了何种制度性成果。相应地,对重大改革于法有据制度如何完善的理论建议,主要侧重立法权限、立法合理性等方面。上述方面,对宪法实施具有重要意义,但对重大改革于法有据作为宪法实施机制的重大意义的挖掘还不够充分。

重大改革于法有据也应当被视为宪法实施的一个环节和一种模式。

1. 从理论逻辑看,重大改革于法有据是具有重要意义的一种宪法实施模式,可以将立法、宪法法律实施与改革相结合,实现法制统一与法治创新并重。重大改革于法有据首先应当是"于宪有据"。习近平总书记指出:"宪法是国家的根本法。法治权威能不能树立起来,首先要看宪法有没有权威。"①"宪法具有最高的法律地位、法律权威、法律效力。"②在我国,依法治国首先必须坚持依宪治国,重大改革于法有据作为一种宪法实施机制,符合宪法所明确表述的"坚持人民民主专政,坚持社会主义道路,坚持改革开放,不断完善社会主义的各项制度"和2023年《立法法》确立的依宪立法原则,改革、立法和宪法实施是有机统一的,也是宪法规定和宪法精神的必然要求。

2. 从历史逻辑看,从改革开放初期宪法实施机制不完善、法律体系不完备,到当前中国特色社会主义法律体系不断完善、中国特色社会主义法

---

① 习近平:《关于〈中共中央关于全面推进依法治国若干重大问题的决定〉的说明》(2014年10月20日),载习近平:《论坚持全面依法治国》,中央文献出版社2020年版,第94页。

② 习近平:《切实尊崇宪法,严格实施宪法》(2018年1月19日),载习近平:《论坚持全面依法治国》,中央文献出版社2020年版,第208页。

治体系构建不断推进,“重大改革于法有据”的宪法实施意义更加凸显。改革开放初期,全国人民代表大会及其常务委员会根据宪法规定,以专门决议或者决定的方式,就改革开放中的重大专门事项加以规定,尤其是涉及立法体制的重大问题,[①]这是改革与法治相协调在实践中不断探索的重要阶段,是党的十八大以来“重大改革于法有据”的系统化、全面化、体系化展开的实践经验基础。党的十八大以来,重大改革于法有据被确立为全面深化改革的一项法治原则。[②] 在党的十八届三中全会上,习近平总书记明确提出了“重大改革要于法有据”的原则,后续又写进党的十八届四中全会关于全面推进依法治国的决议,明确规定了“重大改革要于法有据”原则的目标要求、实践路径。“重大改革要于法有据”强调立法与改革、法律制度建设与经济社会发展之间的衔接,注重依照法定程序做出授权决定、推动成熟经验上升为立法。党的十八届三中全会所确立的336项改革任务和党的十八届四中全会所确定的190项改革任务的实践推进,大多数与通过法治改革、对法律制度进行调整有密切关联。[③]

3. 从实践逻辑看,“重大改革于法有据”作为宪法实施的一种重要机制,有助于全面深入推进宪法实施。我国宪法实施的全面性,不仅体现在不局限于某一种实施机制、某一个具体领域,还体现在不同实施机制间的协同和不同领域间的交叉。“重大改革于法有据”既可视为宪法实施的立法实施的环节,也包含立法机关、行政机关、司法机关以及中央与地方在贯彻实施宪法中的协作和整合。例如立法体制改革涉及地方立法权的调整和行使,司法体制改革涉及立法机关做出授权和司法机关根据授权

---

① 主要有:1980年通过关于批准《广东省经济特区条例》的决议;1981年授权广东省、福建省人大及其常委会制定经济特区的各项单行经济法规的权力,打开了特区立法的大门;1984年授权国务院改革工商税制,发布有关税收条例草案并试行;1985年授权国务院在经济体制改革和对外开放方面可以制定暂行的规定或者条例;1988年授权海南省人大及其常委会制定法规的权力;1992年授权深圳市人大及其常委会和深圳市人民政府分别制定法规和规章的权力;1994年授权厦门市人大及其常委会和厦门市人民政府分别制定法规和规章的权力;1996年授权汕头市、珠海市人大及其常委会、人民政府分别制定法规和规章的权力。参见信春鹰:《改革开放40年全国人大及其常委会的立法工作》,载《求是》2019年第4期。

② 参见沈春耀、许安标主编:《大智立法:新中国成立70年立法历程》,法律出版社2019年版,第197-198页。

③ 参见信春鹰:《改革开放40年全国人大及其常委会的立法工作》,载《求是》2019年第4期。

开展具体改革,[①]土地制度改革[②]和自由贸易区法律制度试点改革[③]体现了中央、全国人大常委会、国务院与地方政府等之间的沟通和协作。从上述重大改革于法有据的典型实践看,立法机关所提出的“必须坚守土地公有制性质不改变、耕地红线不突破、农民利益不受损的底线”[④],“保障犯罪嫌疑人、刑事被告人的辩护权和其他诉讼权利,保障被害人的合法权益,维护社会公共利益”[⑤],以及就自由贸易试验区法律制度改革对国务院的授权决定,都体现了宪法实施的要求。

---

① 典型的如全国人民代表大会常务委员会《关于授权最高人民法院、最高人民检察院在部分地区开展刑事案件速裁程序试点工作的决定》(2014 年 6 月 27 日第十二届全国人民代表大会常务委员会第九次会议通过)、全国人民代表大会常务委员会《关于授权在部分地区开展人民陪审员制度改革试点工作的决定》(2015 年 4 月 24 日第十二届全国人民代表大会常务委员会第十四次会议通过)、全国人民代表大会常务委员会《关于授权最高人民法院、最高人民检察院在部分地区开展刑事案件认罪认罚从宽制度试点工作的决定》(2016 年 9 月 3 日第十二届全国人民代表大会常务委员会第二十二次会议通过)、全国人民代表大会常务委员会《关于授权最高人民法院在部分地区开展民事诉讼程序繁简分流改革试点工作的决定》(2019 年 12 月 28 日第十三届全国人民代表大会常务委员会第十五次会议通过)、全国人民代表大会常务委员会《关于授权最高人民法院组织开展四级法院审级职能定位改革试点工作的决定》(2021 年 8 月 20 日第十三届全国人民代表大会常务委员会第三十次会议通过)。

② 主要有:全国人民代表大会常务委员会《关于授权国务院在北京市大兴区等三十三个试点县(市、区)行政区域暂时调整实施有关法律规定的决定》(2015 年 2 月 27 日第十二届全国人民代表大会常务委员会第十三次会议通过)、全国人民代表大会常务委员会《关于授权国务院在北京市大兴区等 232 个试点县(市、区)、天津市蓟县等 59 个试点县(市、区)行政区域分别暂时调整实施有关法律规定的决定》(2015 年 12 月 27 日第十二届全国人民代表大会常务委员会第十八次会议通过)及后续 3 个延长授权期限的决定。

③ 主要有:全国人民代表大会常务委员会《关于授权国务院在中国(上海)自由贸易试验区暂时调整有关法律规定的行政审批的决定》(2013 年 8 月 30 日第十二届全国人民代表大会常务委员会第四次会议通过)、全国人民代表大会常务委员会《关于授权国务院在中国(广东)自由贸易试验区、中国(天津)自由贸易试验区、中国(福建)自由贸易试验区以及中国(上海)自由贸易试验区扩展区域暂时调整有关法律规定的行政审批的决定》(2014 年 12 月 28 日第十二届全国人民代表大会常务委员会第十二次会议通过)、全国人民代表大会常务委员会《关于授权国务院在中国(海南)自由贸易试验区暂时调整适用有关法律规定的决定》(2020 年 4 月 29 日第十三届全国人民代表大会常务委员会第十七次会议通过)、全国人民代表大会常务委员会《关于授权国务院在自由贸易试验区暂时调整适用有关法律规定的决定》(2021 年 4 月 29 日第十三届全国人民代表大会常务委员会第二十八次会议通过)。

④ 全国人民代表大会常务委员会《关于授权国务院在北京市大兴区等三十三个试点县(市、区)行政区域暂时调整实施有关法律规定的决定》(2015 年 2 月 27 日第十二届全国人民代表大会常务委员会第十三次会议通过)。

⑤ 全国人民代表大会常务委员会《关于授权最高人民法院、最高人民检察院在部分地区开展刑事案件认罪认罚从宽制度试点工作的决定》(2016 年 9 月 3 日第十二届全国人民代表大会常务委员会第二十二次会议通过)。

二、重大改革于法有据作为宪法实施机制之价值

（一）重大改革于法有据在宪法实施上的合宪性价值

2023年《立法法》把依宪立法确立为立法的首要原则。[①] 从2013年到2023年，在新时代全面依法治国进程中，重大改革于法有据具有非常丰富的实践，从法律授权程序及行使、法律规定实质性修改完善和改革具体实施过程等多方面，体现了宪法实施的重要价值，其对法治试验多元主体间互动博弈的约束，体现了对法治改革应当守正创新的保障和支持。把重大改革于法有据作为一种宪法实施机制，有利于将宪法实施、重大改革于法有据、地方立法先行先试和地方治理创新结合起来考察。中央与地方的关系是对立也是合作，中央在地方治理创新和地方立法先行先试中是参与者而不只是外部约束者或者观察者。在重大改革于法有据与地方立法先行先试的运行过程中，中央、地方等各方主体的参与也是宪法实施的过程，把中央作为参与者纳入分析框架，符合《宪法》第3条第4款中所规定的“遵循在中央的统一领导下，充分发挥地方的主动性、积极性的原则”，也符合《中共中央关于坚持和完善中国特色社会主义制度推进国家治理体系和治理能力现代化若干重大问题的决定》“健全充分发挥中央和地方两个积极性体制机制”的要求。

（二）重大改革于法有据在宪法实施上的程序性价值

在新时代全面依法治国的历史进程中，重大改革于法有据形成了成熟的、程序化的运行模式和操作方式，即党中央谋划、全国人大常委会做出授权立法决定、地方进行试验性立法、地方根据试验性立法开展先行先试、总结地方法治试验经验并考虑是否上升为全国性法律等。[②] 重大改革于法有据的具体实施过程，特别是地方获得授权开展试验性立法的过程，就是宪法实施的过程。这一过程，包含各类主体间沟通博弈、对授权加以调整等，也包含地方立法过程中的宪法实施。对于后者，有两种观点：其一，将其作为宪法实施的立法实施，[③]依宪立法本身就是立法的基本原则，但缺点在于可能将目光局限于立法过程，而不是重大改革于法有

① 参见杨宗科：《〈立法法〉对依宪立法原则的完善》，载《政治与法律》2023年第11期。

② 参见沈春耀、许安标主编：《大智立法：新中国成立70年立法历程》，法律出版社2019年版，第362－363页。

③ 参见杨宗科：《〈立法法〉对依宪立法原则的完善》，载《政治与法律》2023年第11期。

据运行的全过程;其二,将其作为合宪性审查机制中的事中审查,[①]并赋予其独特的程序内涵和实质标准要求。无论哪一种,都意味着重大改革于法有据具有宪法实施意义上的重要程序价值,并且,不应当局限于合宪性审查和地方立法的范围,而是其本身就是一个具有较为完整程序的机制。

第三节　“重大改革于法有据”作为宪法实施机制的典型实践

一、地方立法体制改革

地方立法体制改革是国家立法体制改革的一部分。构建符合国情、科学有效的立法体制,是建设法治中国、实现良法善治之必需,也是宪法实施的立法实践的基础。新中国成立以来,我国逐步探索创立了比较完善的符合中国国情和实际的立法体制。2000 年颁布实施的《立法法》确立了我国“统一而又分层次的立法体制”。《立法法》注重发挥中央和地方两方面积极性,对全国人大与国务院、中央与地方的立法权限作了划分,对立法程序、法的适用规则、立法监督等作了规定,形成了比较完备和成熟的立法体制。随着国家经济社会快速发展、改革开放深入推进,法治建设实践对立法工作提出了新的要求、产生了新的需要,立法实践中出现了很多新情况、新问题,需要依据宪法,经由法定程序对立法体制进行改革和完善。立法体制改革的重大意义在于:一方面是为了维护国家法制统一和法治权威,推动和保障形成更为完备的法律规范体系,通过立法体制改革提供更有效、更可靠的制度性保障;另一方面要处理好改革与法治、宪法与立法法、中央与地方立法权限、全国人大与国务院及其组成部门立法权限等之间的辩证关系,发挥人大主导作用,提高立法质量和治理效能。

地方立法具有实施性、补充性和探索性的功能和特点。2023 年 9 月 19 日,全国人大常委会委员长赵乐际在全国地方立法工作座谈会的讲话指出,地方立法“其功能主要体现在三个方面:一是实施性,制定法律或行政法规的实施办法,使上位法规定更加具体细化、更具可操作性,保证

① 参见秦小建:《全国人大常委会授权的宪法定位及合宪性展开》,载《中国法学》2023 年第 1 期。

宪法、法律、行政法规在本行政区域内得到遵守和执行；二是补充性，在法定权限内制定关于地方事务的条例、规定，为地方发展和地方治理提供法治保障；三是探索性，按照‘不抵触’原则，对国家尚未立法的事项，通过地方立法先行先试、积累经验”。[①] 赵乐际还指出，地方立法要“把握好维护国家法治统一的宪法原则”“坚持依宪立法、依法立法”，对于地方立法服务改革发展，要“确保重大改革于法有据。上海用好立法授权，制定浦东新区法规，依法支持浦东大胆闯、大胆试、自主改；广东立法推动横琴粤澳深度合作区建设创新发展，在粤港澳大湾区合作中发挥先行探索、示范带动作用；河北制定雄安新区条例，为新区规划建设提供法治保障”[②]。上述讲话，对地方立法体制改革与宪法法律实施、重大改革于法有据的内在联系进行了阐述。地方立法体制改革是宪法实施的重要环节，也是重大改革于法有据系统深入贯彻实施的一个重要样本。

（一）新时代地方立法权改革的演进

2000 年，《立法法》颁布实施。基于宪法的规定，我国《立法法》确立了统一而又分层次的立法体制。步入新时代，服务全面深化改革和国家法治建设的需求，2015 年 3 月 15 日，第十二届全国人民代表大会第三次会议审议通过了《关于修改〈中华人民共和国立法法〉的决定》。2015 年的《立法法》修改，共修改了 35 条规定，增加了 11 条规定，主要包括赋予设区的市地方立法权、完善授权立法制度、落实税收法定原则、规范规章权限等方面，对我国现行立法体制进行了完善。2018 年《宪法修正案》在宪法关于地方立法权的规定中增设一款，规定“设区的市的人民代表大会和它们的常务委员会，在不同宪法、法律、行政法规和本省、自治区的地方性法规相抵触的前提下，可以依照法律规定制定地方性法规，报本省、自治区人民代表大会常务委员会批准后施行”。

党的十九届四中全会提出国家治理现代化的重要要求之一就是法制统一。法制统一是宪法规定的基本法治原则，同时也是国家统一、政令统一和市场统一的重要保障，这是全面依法治国的必然要求。立法体制改革，需要在保障法制统一的前提和基础上，调动中央和地方两个积极性，为提升立法质量、建设完备的法律规范体系提供体制机制保障。《法治中国建设规划（2020—2025 年）》对“十四五”期间和下一阶段立法体制

① 赵乐际：《在全国地方立法工作座谈会上的讲话》（2023 年 9 月 19 日），载《中国人大》2023 年第 19 期。

② 赵乐际：《在全国地方立法工作座谈会上的讲话》（2023 年 9 月 19 日），载《中国人大》2023 年第 19 期。

改革做出规划部署,提出:“建设法治中国,必须加强和改进立法工作,深入推进科学立法、民主立法、依法立法,不断提高立法质量和效率,以高质量立法保障高质量发展、推动全面深化改革、维护社会大局稳定。”①《法治中国建设规划(2020—2025 年)》还从完善立法工作格局、坚持立改废释并举、健全立法工作机制、加强地方立法工作等方面作了具体的部署和要求。

在此背景下,于 2015 年《立法法》修改后立法工作实践发展的基础上,2023 年《立法法》进一步修改。其中,关于重大改革于法有据和地方立法如何贯彻宪法实施有多处规定,分别包括:其一,对行政法规、地方性法规等,有关国家机关可向全国人大常委会提出审查要求,相应地规定了对确有合宪性、合法性问题的处理主体和程序;其二,对立法法中有关授权决定的规定作了进一步的修改完善,其目的是符合改革发展的需要,主体是全国人大及其常委会,内容是授权决定的对象是“特定事项”,授权决定的效力是应当在“规定期限和范围”内暂时调整或暂时停止适用法律的部分规定,后续举措之一是对实践中证明可行的授权决定事项由全国人大及其常委会及时修改相关法律,后续举措之二是对于修改法律尚不具备成熟条件的,或延长授权期限,或恢复施行相关法律规定;其三,对国务院暂时调整或者暂时停止行政法规部分规定进行限定,其目的同样是改革发展的需要,其范围是行政管理等领域的特定事项;其四,对地方性法规、规章的立法权限和程序作了进一步规定,将“环境保护”修改为“生态文明建设”,立法权限中增加规定“基层治理”;其五,增加了地方协同立法的规定,“省、自治区、直辖市和设区的市、自治州的人民代表大会及其常务委员会根据区域协调发展的需要,可以协同制定地方性法规,在本行政区域或者有关区域内实施。省、自治区、直辖市和设区的市、自治州可以建立区域协同立法工作机制”。② 2023 年《立法法》修改,进一步完善了我国的地方立法体制,覆盖合宪性合法性审查、全国人大及其常委会授权决定、国务院暂时调整或者暂时停止行政法规部分规定、地方性法规和规章的立法权限与程序、地方协同立法等方面,是对前期改革试点中形成的经验和发现的问题的立法回应,旨在推进立法体制改革、支撑我国

① 参见《法治中国建设规划(2020—2025 年)》,载新华网,http://www. xinhuanet. com/2021 -01/10/c_1126966552. htm。

② 王晨:《关于〈中华人民共和国立法法(修正草案)〉的说明——2023 年 3 月 5 日在第十四届全国人民代表大会第一次会议上》,载中国人大网,http://www. npc. gov. cn/npc/c2/kgfb/202303/t20230306_423961. html。

改革发展需要。

（二）新时代地方立法权“于宪有据”的主要特点

1. 地方立法权的扩大和行使“于宪有据”。地方立法权的扩大，体现了坚持法制统一与调动地方积极性的辩证统一。由于中央和地方关系的重要性和复杂性，尽管中央与地方之间的分歧更引人关注，但实践中中央与地方的合作、互动和博弈中达成的意见一致更值得注意。地方立法权的扩大，既不能只看作对地方的放权或者分权，也不能只看作有限度的分权，而可以称之为“功能性分权”，[①]这意味着法制统一与调动地方积极性、中央与地方在目标上达成了一致，从而进行了地方立法权范围的调整。上述工作的依据和基础是宪法，也必须体现和反映为宪法的具体规定及其修改完善。回顾《宪法》修订的历史和《立法法》制定修改的历史，可以看到地方立法权的变迁体现了宪法实施的精神和要求，尤其是重大改革于法有据和宪法全面实施的一致性。

2. 地方法治试验中的中央与地方互动。地方法治试验是法治改革的一种重要形式，地方立法是地方法治试验的重要法律依据。地方法治试验，既要“于法有据”，也要“于宪有据”。地方立法中的宪法实施，应当被视为中央对地方法治试验的深度参与。地方立法中的先行性立法，特别是来自中央授权的先行性立法，是“重大改革于法有据”具体执行的重要方式。

在对地方法治试验的讨论中，中央常被理解为外部性因素，从而国家法制统一对地方法治试验的约束也被视为地方法治试验的外部性约束。[②] 然而，地方立法先行先试既然被认为是一种法治改革路径，如果参与主体只限于“地方”，那么在中央与地方关系视角下，中央是地方立法先行先试的外部约束者，宪法及其实施是一种外部约束机制。如果认为重大改革于法有据及其典型机制“授权立法”只是解决了授权问题，没有深入地方立法先行先试具体运作的内部和过程，就会放大中央与地方的分歧，把宪法实施中的合宪性审查、备案审查等视为对地方立法权的强约束或者对地方立法权之自主性的损害。[③]

---

① 陈国权、皇甫鑫：《功能性分权与中国特色国家治理体系》，载《社会学研究》2021 年第 4 期。

② 参见郑智航：《当下中国地方法治试验的理想类型与实践反思》，载《国家检察官学院学报》2021 年第 1 期。

③ 关于对地方规范性文件的备案审查、对地方立法的合宪性审查，可能对地方立法者造成“寒蝉效应”的讨论，参见谭清值：《合宪性审查的地方制度构图》，载《政治与法律》2020 年第 2 期；郑磊：《备案审查与法治体系的复调变迁》，载《中国政法大学学报》2022 年第 6 期。

把中央视为地方法治试验的外部约束而非参与者,至少有两种不足。一是地方法治试验并不尽然都是地方主动的、单独的行为或者突破法治约束的行为,很多重要的地方法治试验仍是在中央统一安排下开展或来自中央有关部门与地方的沟通筹划。二是法治试验的突出特点之一,就是从局部进行试点。局部试验、先行先试正是中国“大国治理”和有序推进改革创新的重要经验。[①] 以上两方面意味着,中央在地方法治试验中,并非外部性因素,而是重要的参与者。[②] 更具体地说,地方法治试验中,中央政府通过各种机制诸如规划制定、央地会商、央地协议、干部交流、专项资金支持[③]、专项督查和巡视、联合审批等方式,深入参与地方的制度改革和法治试验中。

因此,对于地方法治试验及相关地方立法来说,宪法实施不是外部约束,更不应把宪法实施机制局限于合宪性审查中的事后审查。地方立法过程中的事中审查,自然也是宪法实施的重要环节。地方法治试验中,中央不能被简单视为外部约束或外部观察者,也不是地方才是能动参与者,宪法实施与法治试验也不是对立的关系。应当看到,宪法实施是法治试验的内在约束,中央也是地方法治试验的能动参与者,宪法实施需要通过法治试验和创新来推进国家治理制度和宪法自身的改革完善。

二、综合行政执法体制改革

法治政府建设是全面依法治国系统工程的主体工程,是法治实施不可或缺的重要一环。2013 年 11 月,党的十八届三中全会通过的《中共中央关于全面深化改革若干重大问题的决定》提出,“使市场在资源配置中起决定性作用和更好发挥政府作用”。为了更好地发挥市场作用和政府作用,应当按照“法无授权不可为,法定职责必须为”的原则,明确行政机关的法定职权和法定责任,不断提升行政执法体制的综合化、系统化、现代化水平,全面推进严格规范公正文明执法,增强法治政府的治理能力和治理效能。政府机构改革是综合行政执法体制的基础,也是其在权力主体(执法主体)方面的改革路径。

---

① 参见张贤明、张力伟:《顶层设计与地方创新:国家纵向行政体系制度韧性的构建》,载《河南师范大学学报(哲学社会科学版)》2023 年第 1 期;符平、韩继翔:《试点治理的逻辑:一个分析框架及其应用》,载《社会科学》2023 年第 2 期。

② 参见王清:《将国家带回来:地方政府行为变化的新解释》,载《探索与争鸣》2023 年第 7 期。

③ 例如,财政部《关于下达 2019 年支持海南全面深化改革开放综合财力补助的通知》,载财政部网 2019 年 4 月 19 日,https://www.mof.gov.cn/zhuantihuigu/cczqzyzfglbf/zxzyzf_7788/mzmyhmztxspscqydktx/。

（一）新时代综合行政执法体制改革的演进

2018年2月，党的十九届三中全会通过《深化党和国家机构改革方案》。一个月后，十三届全国人大一次会议表决通过《国务院机构改革方案》。本次国务院机构改革，贯彻落实党的十九大和十九届三中全会精神，落实坚持和加强党的全面领导的要求，适应新时代我国社会主要矛盾变化，聚焦发展所需、基层所盼、民心所向，按照优化协同高效的原则，既立足当前也着眼长远，优化了国务院机构设置和职能配置，理顺了职责关系。改革后，国务院正部级机构减少8个，副部级机构减少7个。[①] 此后，中央全面深化改革委员会审议通过了地方机构改革的指导意见，中共中央办公厅、国务院办公厅先后印发文化、农业、市场监管、交通运输、生态环境保护等领域综合行政执法改革的指导意见。这些指导意见涉及以下内容：地方机构改革的总体要求，赋予省级及省级以下政府在机构设置和职能配置方面更多自主权，对党政机构的限额管理和刚性编制进行约束，推动构建简约高效、服务群众、符合基层需要的基层管理体制，深化综合行政执法改革等。

改革的具体举措主要有以下几个方面。[②]

其一，对执法队伍进行整合归并，其目的是解决执法实践中多部门、多层级执法和重复执法等问题。《深化党和国家机构改革方案》《关于地方机构改革有关问题的指导意见》等提出，执法队伍整合归并的原则是精简层级、提高效率，具体要求是大幅度减少执法队伍的种类，一个部门原则上设置一支执法队伍，同一领域或相近领域的执法队伍要进行整合，对文化、农业、市场监管、交通运输、生态环境保护五个领域的综合执法队伍设置作出具体部署，支持在此基础上探索更大范围、更深入的综合执法。上述改革措施的目的是提升行政执法的效率，以符合党的十八大以来深化改革、提升国家治理能力的要求，尤其体现了以集成化推动治理体系和治理能力现代化的特点。

其二，对行政执法重点事项进行源头治理，例如行政处罚、行政强制等。提出要切实解决执法实践中存在的违规执法、扰民执法等问题，落实法治中国建设方针中严格规范公正文明执法的要求，具体推进方式是完

---

① 参见王勇：《关于国务院机构改革方案的说明——2018年3月13日在第十三届全国人民代表大会第一次会议上》，载《中华人民共和国全国人民代表大会常务委员会公报》2018年第2期。

② 参见中央编办三局：《扎实推进综合行政执法改革》，载《中国机构改革与管理》2019年第2期。

善执法程序、强化责任追究。

其三，通过改革行政机关编制管理方式，推动执法队伍提升管理水平。编制管理是具有中国实际特点、关乎国家治理体系水平的重要治理维度，综合行政执法改革的重要抓手就是编制管理方式的改革，其具体改革措施应当符合行政执法队伍的自身特点，并逐步推动执法队伍人员编制管理的规范化、制度化。

（二）新时代行政执法体制改革"于宪有据"的特点

1. 目标定位：国家治理体系中的整体性改革。深化综合行政执法体制改革是国家治理体系现代化的一部分。2018 年 3 月，《宪法修正案》和《国务院机构改革方案》在十三届全国人大一次会议获得通过，这正是站在推动国家治理体系和治理能力现代化的历史方位，为深化综合行政执法体制改革提供了宪法依据，主要体现在：一是《宪法修正案》增加了"生态文明建设"的内容，为建立健全生态环境综合执法队伍提供了根本法依据；二是《宪法修正案》关于设区的市制定地方性法规的规定，对设区的市通过制定地方性法规支撑地方综合行政执法体制改革、加强社会治理提供了依据；三是《国务院机构改革方案》作为由全国人民代表大会审议通过的法律文件，为后续深入推进各领域综合行政执法体制改革提供了法律依据。因此，必须把深化综合行政执法体制改革放置于国家治理体系和治理能力现代化的整体性视角中加以看待和继续推进。城市管理、市场监管、生态环境、文化市场、交通运输、农业等领域重点推进综合行政执法体制改革所取得的经验，将逐步推广到其他行政执法领域。更为重要的是，在深化综合行政执法体制改革中所暴露出来的深层次问题，需要在国家治理体系现代化中加以解决。党的十八大以来，综合行政执法体制改革就是在这个背景下加以推进的。在全面深化改革、全面依法治国、国家治理体系现代化的语境下，强化对深化综合行政执法体制改革的顶层设计和统筹，并在行政执法的理念、体制、程序、技术、经费、人员等方面系统推进。当前正在大力推进的中央地方间事权财权划分、权力清单制度、国家政务平台、信用管理制度、大数据平台等，都是系统推进综合行政执法体制改革的有力支撑和举措。

2. 坚持"重大改革于法有据"。综合行政执法体制，必须处理好改革与法治的关系。从历史演进来看，相对集中行使行政处罚权来自 1996 年《行政处罚法》的规定，2021 年《行政处罚法》的修改为相对集中行使行政处罚权的深化改革提供了进一步的法律依据。在综合行政执法体制改革的过程中，无论是国务院的试点授权还是地方的有益探索，"于法有据”都是其改革措施和创新举措的法律基石。从法律效力位阶来看，综合行政执法体制改革所取得的成功经验最终将转化为法律规定并在全国范围内推广，行政法规、规章和政策文件所要探索的创新举措需要经过法律修改从而具备法律依据，这是由我国法律效力位阶所决定的，也只有这样才能更好地保障人民权利和改革行稳致远；从实施的操作方式来看，还要处理好法律与政策的关系。当前，很多改革措施是以政策文件的方式来启动和推进的，这就要求处理好法律依据和政策文件之间的关系，政策文件的法律依据应当论证得更为充分，政策文件和法律法规之间的衔接要更为有效等。

3. 改革中的价值治理和价值整合。综合行政执法体制改革，在实践中虽然体现为机构的整合、职能的转变、人财物的重新配置等，但根本上是治理理念的转变，是对不同行政执法主体的一场触及灵魂的革命。既要使权力受到制度性制约，又要使权力高效运行，需要在不同层次、不同领域、不同类型间的执法主体间统一价值理念，对这些不同执法主体的不同利益诉求背后的价值主张进行治理，①将其统一到宪法所确立的以人民为中心的治理理念和价值主张上来。新时代全面依法治国辩证法中所涉及的政治与法治、改革与法治、发展与安全、活力与秩序、效率与公正等辩证关系，就涵盖综合行政执法体制改革的诸多深层次问题，包括但不限于党政关系、发展目标、执法理念、执法依据等，这些都在宪法法律的范围内，针对综合行政执法体制改革的突出问题作出了系统性解决和回应。

三、司法管理体制改革

党的十八大以来，随着全面深化改革战略在国家治理领域的深入实施，司法改革从司法责任制改革迈入司法体制综合配套改革，涉及司法责任制改革、司法管理体制改革、司法权运行机制改革、以审判为中心的刑事诉讼制度改革、认罪认罚从宽制度改革、司法职业保障制度改革、多元化纠纷解决机制改革等重大问题，经历了向纵深发展、向精细化要绩效的发展历程。新时代司法改革的基本原则之一是坚持宪法法律至上。司法是法治实施的重要环节之一，是全面依法治国系统工程的关键抓手，当然也应当是宪法实施的重要方面。司法改革必须坚持法治与改革的辩证法。在过去十余年的司法改革进程中，改革的不断深入推进就是为了实现司法公正、维护社会公平正义，而坚持于宪有据、于法有据则保障司法

① 参见周尚君：《地方政府的价值治理及其制度效能》，载《中国社会科学》2021 年第 5 期。

改革走在正确轨道之上。其中,司法管理体制改革在新时代司法改革中具有“全局性、统领性、基础性地位”。过去十年的司法管理体制改革深刻地改变了我国司法权运行的组织运行方式,这也是司法改革在坚持重大改革于法有据中最靠前、最鲜明地贯彻实施宪法的部分。

(一)新时代司法管理体制改革“于宪有据”“于法有据”的基本情况

党的十八大以来,司法管理体制改革的重大措施主要包括省以下地方法院、检察院人财物统一管理,最高人民法院设立巡回法庭,设立跨行政区划的人民法院和人民检察院,增设互联网、知识产权、金融等专门法院,国家监察体制改革中涉及司法改革的部分等。其中涉及宪法和法律修改、全国人大常委会专门决定的情况,主要有以下几种。

1. 2018 年《宪法修正案》。2018 年《宪法修正案》“就国家监察委员会和地方各级监察委员会的性质、地位、名称、人员组成、任期任届、领导体制、工作机制等作出规定”,[①]为成立监察委员会、深化国家监察体制改革提供了宪法依据。

2. 法律修改。2017 年 6 月 27 日,第十二届全国人民代表大会常务委员会第二十八次会议作出决定,对《民事诉讼法》和《行政诉讼法》作出修改。其中,《民事诉讼法》修改所增加的内容,主要包括以下方面:其一,主体是人民检察院;其二,对象是“破坏生态环境和资源保护、食品药品安全领域侵害众多消费者合法权益等损害社会公共利益的行为”;其三,提起检察公益诉讼的条件是民事诉讼法规定的机关和组织不存在或者没有提起诉讼;其四,人民检察院可以支持起诉的情形,即民事诉讼法规定的机关和组织提起诉讼的情况下,人民检察院仍可以支持起诉。《行政诉讼法》修改所增加的内容主要包括以下方面:其一,主体是人民检察院;其二,对象是“生态环境和资源保护、食品药品安全、国有财产保护、国有土地使用权出让等领域负有监督管理职责的行政机关违法行使职权或者不作为,致使国家利益或者社会公共利益受到侵害的”行为;其三,提出检察建议的责任,即发现上述情形的人民检察院应当向有关行政机关提出检察建议;其四,提起检察公益诉讼的职责,即行政机关没有依法履责的,人民检察院依法提起诉讼。上述修改完善之处,明确了人民检察院提起检察公益诉讼的对象、权限和程序,标志着检察公益诉讼制度在

---

① 王晨:《关于〈中华人民共和国宪法修正案(草案)〉的说明——2018 年 3 月 5 日在第十三届全国人民代表大会第一次会议上》,载《中华人民共和国全国人民代表大会常务委员会公报》2018 年第 S1 期。

我国得以正式确立。

2018年10月26日，第十三届全国人民代表大会常务委员会第六次会议作出决定，对《刑事诉讼法》作出修改。这次修改，主要涉及三个方面的内容，“一是为保障国家监察体制改革顺利进行，需要完善监察与刑事诉讼的衔接机制；二是为加强境外追逃工作力度和手段，需要建立刑事缺席审判制度；三是总结认罪认罚从宽制度、速裁程序试点工作经验，需要将可复制、可推广的行之有效的做法上升为法律规范，在全国范围内实行”。①

2018年10月26日，第十三届全国人民代表大会常务委员会第六次会议还审议通过了《人民法院组织法》和《人民检察院组织法》的修订草案。2019年4月23日，第十三届全国人民代表大会常务委员会第十次会议审议通过了《法官法》和《检察官法》的修订草案。《法官法》《检察官法》《人民法院组织法》《人民检察院组织法》的修改，均是为了巩固司法体制改革成果，使之上升为法律制度，这也是适应司法实践需求、完善中国特色社会主义法律体系的重要法律修改。

3. 全国人大常委会专门决定。一是设立最高人民法院巡回法庭。2014年12月28日，第十二届全国人民代表大会常务委员会第十二次会议表决通过任免名单，任命刘贵祥为最高人民法院第一巡回法庭庭长、胡云腾为最高人民法院第二巡回法庭庭长。其后，又陆续设置了第三、第四、第五、第六巡回法庭。

二是设立知识产权法院。决定主要有全国人民代表大会常务委员会《关于在北京、上海、广州设立知识产权法院的决定》（2014年8月31日第十二届全国人民代表大会常务委员会第十次会议通过）、全国人民代表大会常务委员会《关于设立海南自由贸易港知识产权法院的决定》（2020年12月26日第十三届全国人民代表大会常务委员会第二十四次会议通过）等。

三是设立金融法院。决定主要有全国人民代表大会常务委员会《关于设立上海金融法院的决定》（2018年4月27日第十三届全国人民代表大会常务委员会第二次会议通过）、全国人民代表大会常务委员会《关于设立北京金融法院的决定》（2021年1月22日第十三届全国人民代表大

---

① 沈春耀：《关于〈中华人民共和国刑事诉讼法（修正草案）〉的说明——2018年4月25日在第十三届全国人民代表大会常务委员会第二次会议上》，载《中华人民共和国全国人民代表大会常务委员会公报》2018年第6期。

会常务委员会第二十五次会议通过)、全国人民代表大会常务委员会《关于设立成渝金融法院的决定》(2022 年 2 月 28 日第十三届全国人民代表大会常务委员会第三十三次会议通过)等。

(二)新时代司法管理体制改革“于宪有据”的特点

1. 坚持党中央统筹谋划、顶层设计。重大改革于法有据的特点之一,就是坚持党的全面领导、坚持党中央统筹谋划和顶层设计。根据党中央的决策部署,总结改革中的实践经验,后续对于司法管理体制改革中涉及修改宪法和法律的,依照法定程序推动宪法修改和法律修改。2018 年《宪法修正案》对国家监察制度的规定,正是在党中央对国家监察制度做出顶层设计并逐步深入推进基础上作出的。2016 年 1 月 12 日,习近平总书记在中共十八届中央纪委六次全会上强调:“要坚持党对党风廉政建设和反腐败工作的统一领导,扩大监察范围,整合监察力量,健全国家监察组织架构,形成全面覆盖国家机关及其公务员的国家监察体系。”① 2016 年 11 月,国家监察体制改革试点工作在北京等地开展,开启了我国国家监察体制改革的进程。2016 年 12 月,全国人大常委会通过了关于在北京等地开展国家监察体制改革试点工作的授权决定,体现了重大改革于法有据的法治原则。② 又如,检察公益诉讼制度的确立,首先是党的十八届四中全会的决策部署,提出最高人民法院设立巡回法院、探索建立检察机关提起公益诉讼制度等重要改革措施;在中央统一决策部署之后,全国人大常务委员会依宪依法作出授权决定,最高人民检察院在部分地区开展了为期两年的试点工作;在公益诉讼改革取得明显成效的基础上,如前所述,由第十二届全国人大常委会第二十八次会议审议修改的《民事诉讼法》和《行政诉讼法》于 2017 年 7 月 1 日起正式实施,吸纳改革成果,在法律层面确立了由检察机关提起公益诉讼的制度。通过司法管理体制改革的实践经验和宪法法律修改过程来看,对于重大改革于法有据的具体运作实施,已经形成了规范化、程序化的制度模式,为其他领域的法治改革和制度创新提供了重要经验和可遵循的模式。

2. 坚持贯彻落实宪法确立的基本原则和基本制度。我国宪法所确立

① 习近平:《形成全面覆盖国家机关及其公务员的国家监察体系》(2016 年 1 月 12 日),载《习近平谈治国理政》(第二卷),外文出版社 2017 年版,第 169 页。

② 2016 年 11 月 7 日,中共中央办公厅印发《关于在北京市、山西省、浙江省开展国家监察体制改革试点方案》,开启国家监察体制改革。2016 年 12 月 25 日,第十二届全国人大常委会第二十五次会议通过了《关于在北京市、山西省、浙江省开展国家监察体制改革试点工作的决定》。2017 年 10 月 23 日,中共中央办公厅印发《关于在全国各地推开国家监察体制改革试点方案》。

的基本原则和基本制度，是司法权运行的宪法依据，也是司法管理体制改革必须遵循的宪法依据，其中包括坚持党的领导，国家的一切权力属于人民，尊重和保障人权，法院、检察院依法独立行使审判权、检察权，司法机关分工负责、互相配合、互相制约等。同时，我国宪法还确立了依法立法的基本原则，包括对全国人大与全国人大常委会各自立法权限的规定。在前文所述的《人民法院组织法》和《人民检察院组织法》修法过程中，该两部法律均面临由全国人大常委会审议通过是否符合宪法所规定的全国人大常委会“对全国人民代表大会制定的法律进行部分补充和修改，但是不得同该法律的基本原则相抵触”。全国人民代表大会宪法和法律委员会在关于这两部法律修订草案审议结果的报告中，对此情况进行了说明，指出两部法律本次的修订草案“补充修改的内容比较多、幅度比较大”，在审议中有的意见提出该两部法律修订须符合宪法上述规定，因此两部法律的修订草案“由常委会审议通过还是由代表大会审议通过，需要研究、妥善处理”。该两份报告进一步论证，对该两部法律的修改，“主要是适应司法体制改革的要求和司法实践发展的需要，对现行法律补充修改的内容较多，体例结构上需要有相应的安排，适宜采取修订的方式”；两部法律的修订草案没有改变人民法院和人民检察院的“性质、地位、职权、基本组织体系、基本活动准则等，修改的内容都是属于补充、完善、调整、优化性质的”，与该两部法律的基本原则不存在相抵触的情形，因此，两部修订草案“由全国人大常委会审议通过是可行的，符合宪法的有关规定”。[①] 全国人民代表大会宪法和法律委员会的上述说明，就是在立法阶段的宪法实施，即全面实施宪法贯穿法治改革的重大举措、改革试点中的经验总结和完善中国特色社会主义法律体系的始终。

本章小结

宪法实施是全面依法治国的重要一环，宪法所确立的法制统一原则是国家治理体系和治理能力现代化的内在要求。宪法实施是宪法的生命力所在，这也体现为我国宪法制度在实践中不断发展完善，且在法治改革

① 沈春耀：《全国人民代表大会宪法和法律委员会关于〈中华人民共和国人民法院组织法（修订草案）〉审议结果的报告——2018 年 10 月 22 日在第十三届全国人民代表大会常务委员会第六次会议上》、《全国人民代表大会宪法和法律委员会关于〈中华人民共和国人民检察院组织法（修订草案）〉审议结果的报告——2018 年 10 月 22 日在第十三届全国人民代表大会常务委员会第六次会议上》，载《中华人民共和国全国人民代表大会常务委员会公报》2018 年第 6 期。

中把宪法贯彻落实到全面依法治国各领域、各环节、各部门。通过分析“重大改革于法有据”所呈现的包括宪法实施在内的法治实施的守正与创新的辩证统一,有助于避免出现法治改革中把宪法实施与地方制度创新、中央与地方相对立的情形,强化按照法治的规范性要求推动国家治理现代化的方向和举措。党的十八大以来,地方立法体制改革、综合行政执法体制改革、司法管理体制改革等,生动展现了重大改革于法有据、于宪有据的重大意义和实践效果。“于宪有据”是“重大改革于法有据”的应有之义,也是在宪法实施中把握好宪法的权威性与适应性的必然要求。

第四章 “放管服”改革中的行政许可：功能定位与制度衔接

行政许可领域的审批制度改革是“放管服”改革的重点和关键，2021年8月，中共中央、国务院印发《法治政府建设实施纲要（2021－2025年）》，提出深入推进“放管服”改革，分级分类推进行政审批制度改革。2022年1月10日，国务院办公厅《关于全面实行行政许可事项清单管理的通知》（国办发〔2022〕2号）提出全面实行行政许可事项清单管理，公布了《法律、行政法规、国务院决定设定的行政许可事项清单》及996项行政许可事项。“放管服”改革是当下行政许可领域审批改革的上位概念和制度语境，因此，行政许可领域审批改革中存在已久或者争论不休的一些重要问题，[①]应当置于“放管服”改革框架下思考。行政许可的功能定位是什么，为什么当前仍然保留了相当数量的行政许可事项？行政许可在“放管服”全链条、全领域监管中处于什么样的位置，与其他政府监管措施和改革要求如何衔接？上述问题，需要以推进国家治理体系和治理能力现代化为宏观视野，把法治的核心价值和全面依法治国的目标要求转化为行政许可领域具体的规范要求和法理根据，进而加以剖析和回答。

第一节 “放管服”改革中行政许可的功能定位

中国特色社会主义步入新时代，政府与市场关系的历史转型进入了新的阶段。计划经济下的审批制与市场经济下的行政许可，在合法性、合理性和治理效能上有着根本区别，尤其是在政府与市场关系的重新界定、市场的有效性与政府的有为性有机结合等方面。行政许可是政府行使监管职能的具体措施之一，其根本目的是保障和实现人民群众的权利需求。

① 参见练育强：《行政审批制度改革困境之原因》，载《学术月刊》2016年第12期；王克稳：《我国行政审批制度的改革及其法律规制》，载《法学研究》2014年第2期。

一、政府与市场关系的历史转型

回顾改革开放以来中国行政审批改革实践,其时代背景与政策表达既有延续性也有差异性。2001 年 10 月,《关于行政审批制度改革工作的实施意见》提出,“以充分发挥市场在资源配置中的基础性作用为基点”,积极推行行政审批制度改革,深化行政管理体制改革,促进政府职能转变。[①] 2013 年 3 月,第十二届全国人大一次会议审议批准的《国务院机构改革和职能转变方案》指出:“政府职能转变是深化行政体制改革的核心……深化行政审批制度改革,减少微观事务管理,该取消的取消、该下放的下放、该整合的整合,以充分发挥市场在资源配置中的基础性作用、更好发挥社会力量在管理社会事务中的作用、充分发挥中央和地方两个积极性”。取消下放行政许可事项,是这一阶段大力简政放权的重要抓手和突破口。[②]

2013 年 11 月,党的十八届三中全会通过的《中共中央关于全面深化改革若干重大问题的决定》提出,“使市场在资源配置中起决定性作用和更好发挥政府作用”。从历史脉络来看,改革开放之前我国实行政府“全面支配”的计划经济,[③]改革开放之后逐步建立了中国特色社会主义市场经济体制,并在 2013 年对市场与政府的关系有了更为科学准确的论述,由此对政府与市场关系的认识实现了根本性的变革。政府与市场的关系涉及方方面面,但行政许可制度是一种具有标志性意义的载体,体现了从计划指标到行政许可的关键性转变,标志着市场主体地位的确立。随着对政府与市场之边界这一重点问题的认识不断深化,在这个过程中经济社会发展模式、市场主体活力和法律制度建设都取得了重大进展。从“市场在资源配置中的基础性作用”到“使市场在资源配置中起决定性作

① 2001 年 9 月 24 日,国务院办公厅下发《关于成立国务院行政审批制度改革工作领导小组的通知》(国办发〔2001〕71 号),标志着行政审批改革工作全面启动;2001 年 10 月 9 日,原监察部、原国务院法制办公室、原国家经济体制改革委员会、中央机构编制委员会办公室提交《关于行政审批制度改革工作的实施意见》;2001 年 10 月 18 日,国务院下发《国务院批转关于行政审批制度改革工作实施意见的通知》(国发〔2001〕33 号)。相关总结性的文章,参见唐亚林、朱春:《2001 年以来中央政府行政审批制度改革的基本经验与优化路径》,载《理论探讨》2014 年第 5 期。

② 《国务院关于深化行政审批制度改革加快政府职能转变工作情况的报告——2014 年 8 月 27 日在第十二届全国人民代表大会常务委员会第十次会议上》,载《中华人民共和国全国人民代表大会常务委员会公报》2014 年第 5 期。

③ 渠敬东、周飞舟、应星:《从总体支配到技术治理——基于中国 30 年改革经验的社会学分析》,载《中国社会科学》2009 年第 6 期。

用和更好发挥政府作用”,是对社会主义市场经济认识的重要理论深化,[①]对深入理解行政许可与更好发挥政府作用的内在关联具有重要意义。

展望改革深化和法治建设推进,需要完整准确地理解市场的有效性和政府的有为性,从而避免出现只看市场、不看政府等错误理解。需要指出的是,正确认识政府与市场的关系必须符合历史逻辑、实践逻辑和理论逻辑,即必须考察政府与市场关系在中国改革开放中的演进历程、不同理论范式在政府与市场关系上的理论出发点等因素。

首先,“市场在资源配置中起决定性作用和更好发挥政府作用”[②]是当代中国社会的共识。从历史脉络看,邓小平南方谈话提出的“计划多一点还是市场多一点,不是社会主义与资本主义的本质区别”的表述,党的十五大、十六大和十七大对市场在资源配置中的基础性作用的表述,党的十八届三中全会提出的“市场在资源配置中起决定性作用和更好发挥政府作用”的表述,在不同历史条件下都发挥了凝聚社会共识的作用。党的十八届三中全会关于政府与市场关系的相关表述,表达了政府与市场之间是一种辩证关系,即在市场对资源配置起决定性作用的同时,政府的作用不仅是必要的,而且应当是积极的。

其次,更好地发挥政府的作用、实施更好的政府监管,是为了保障和实现市场在资源配置中的决定性作用。如果把政府监管视为一种约束机制,那么基于法治、符合法治要求的政府监管能为市场化资源配置提供制度性保障。[③] 包括行政许可在内的各种政府监管措施,[④]在具备合理性和合法性的基础上,都能够有效发挥政府积极作用和法治重要保障作用。“如果全面地理解政府的规制职能,则可发现放松规制仅仅是规制改革的一个面向,此外还需要认真对待政府规制在解决市场失灵、实现社会公平正义等方面的积极作用。”[⑤]

---

① 参见顾钰民:《市场在资源配置中从基础性作用到决定性作用的理论深化》,载《思想理论教育导刊》2014 年第 4 期。

② 《中共中央关于全面深化改革若干重大问题的决定》(2013 年 11 月 12 日中国共产党第十八届中央委员会第三次全体会议通过)。

③ 基于市场与法治的辩证关系,钱颖一认为,市场的决定性作用所依赖的制度性条件是“法治的决定性作用”。参见钱颖一:《法治的决定性作用》,载钱颖一:《现代经济学与中国经济》,中信出版集团股份有限公司 2017 年版,第 320 页。

④ 参见[爱尔兰]Colin Scott:《作为规制与治理工具的行政许可》,载《法学研究》2014 年第 2 期。

⑤ 李洪雷:《面向新时代的行政法基本原理》,载《安徽大学学报(哲学社会科学版)》2020 年第 3 期。

二、行政许可的功能定位

“法律的生命力在于实施,法律的权威也在于实施。”[①]行政许可审批是执法的一环。在当代中国,执法又是法律实施的一环。法律实施的直接目标是捍卫法治权威,根本目的是坚持人民主体地位、保障和实现人民权利。在笔者看来,对行政许可之本质的讨论,[②]最终都指向权利的实现和保障,也就是指向人民群众权利需求的实现。把人民群众的权利需求置于首要位置,是行政审批实现“良法善治”的要求,更是包括行政审批在内的法治建设回应当下中国人民群众对更加美好生活向往的必然要求。权利问题是社会主义核心价值观融入法治建设、真正有效地转换为内在于法治政府建设和司法体制现代化的制度化、规则化、学理化价值的关键。

在关于行政许可性质的讨论中,无论是“赋权说”还是“解禁说”,都看到了立法所规定的潜在的行政相对人——公民和社会组织——需经过行政许可审批后才能获得相关权利。也就是说,从法定权利的意义上,具备相关法律所规定资格的主体具有相应的行政许可法定权利,但需要通过行政机关的审批并获得许可,方能够实际享有这种权利。行政许可审批是法定权利转化为现实权利的制度性机制。行政许可与行政许可审批是两个事物。行政许可是一个涉及立法机关、行政机关、司法机关以及其他国家权力机关的概念,而行政许可审批则是行政机关的履职行为,是行政机关对主体之自由和权利的干预。

我们应当把问题聚焦于行政许可审批干预的法理证成。在政府与行政相对人的关系中,行政相对人的权利应处于优先地位;这种以“权利本位”为核心的优先性,也应当是行政许可审批制度及其治理逻辑的起点。“产权制度是社会主义市场经济的基石”[③]所表达的正是这样的理念。因

---

① 《中共中央关于全面推进依法治国若干重大问题的决定》(2014 年 10 月 23 日中国共产党第十八届中央委员会第四次全体会议通过)。

② 关于行政许可之性质的讨论,江必新总结认为主要有赋权说、解禁说、折中说、控权与赋权双重性质说、解禁与确权双重性质说、形成说、证权说、限制规范与赋权说、审查核实说、多重性质说。参见江必新:《论行政许可的性质》,载《行政法学研究》2004 年第 2 期;周汉华:《行政许可法:观念创新与实践挑战》,载《法学研究》2005 年第 2 期;许安标:《〈行政许可法〉的调整对象》,载《行政法学研究》2004 年第 2 期;肖海军:《论营业行政许可的法律属性与合理边界》,载《行政法学研究》2008 年第 4 期等。

③ 中共中央、国务院《关于完善产权保护制度依法保护产权的意见》,载中华人民共和国中央人民政府网,http://www.gov.cn/zhengce/2016-11/27/content_5138533.htm。

此，本书认为行政审批应当以权利为逻辑起点，亦即在行政许可审批中应当以实现和保障权利为起点和优位，对行政相对人权利的限制应具备建立在充分理由基础上的正当性证成。

从理解权利的两种主要理论进路即"选择说"（资格说）和"利益说"来看，[1]在行政审批中常见的话语是"合法权益"，更多地强调利益方面，而对"选择"权利这一方面却没有充分重视。公民、法人和社会组织通过行政许可所获得的不只是某种利益甚至主要不是利益，而是选择，即公民、法人和社会组织可以选择通过行政许可获得从事特定活动的资格；至于获得行政许可之后的活动，其结果则是不确定的，即对公共利益、他人和行政相对人自身利益既可能是有利的，也可能是有害的。因此，针对前文所指内容应仔细研判采取何种政府干预技术。在这种意义上，行政许可因此意味着一种资格、一种可能意义上的"选择"权利，需要通过行政许可审批来加以确认和保护。正是在这样的前提下，我们讨论的问题可以转化成，行政审批对行政相对人自主权和意思自治的干预如何证成？

如果说"解禁说"或者"赋权说"看到了行政许可审批以保障和实现权利为目的，那么进一步看，行政审批是一种干预手段，其是对行政相对人自主权的一种行政干预，因此应当从法律与自主权、权利的关系对其加以思考。例如"解禁说"，它主要以权利为目的，把权利放在更优的位置，但又没有看到作为干预手段的行政审批并不仅仅是解禁和复权，或者说不仅仅是权利实施和自由保障的消极方面；因此，我们还应当看到行政干预的积极一面，即促进当事人作出对自己更有利的选择、增进其自身利益的一面。

"解禁说"和"赋权说"强调的是消极干预，而公益干预也可以被视为一种消极干预的扩大，其是消极干预所基于的伤害原则的变型。消极干预没有把行政审批积极干预的一面包括进来。只看到消极干预的一面，对于解释当下中国行政审批"放管服"改革实践是不够的。"放管服"中的"服"，并不必然以规范、标准的行政指导来实现，而更多体现为与行政审批内在地结合在一起的协商、讨论、反馈。推行"放管服"改革，也是对全球范围内行政规制强调合作型治理、回应性治理这一重要趋势的回应。就当下中国行政审批改革而言，对于那些已经确有法律依据加以保留的

---

① 关于权利概念释义的理论，主要有资格说、主张说、自由说、利益说、法力说、可能说、规范说、选择说，其中最主要的是利益说和选择说。参见张文显：《法哲学范畴研究》，中国政法大学出版社 2001 年版，第 300－309 页；［英］Leif Wenar：《权利（Rights）》，瞿郑龙、张梦婉译，载《研究生法学》2013 年第 2 期。

行政审批事项，行政机关加强政策解读或行政指导，不仅符合国家发展的长远利益，也符合行政相对人自身的利益。

因此，还应当正确看待“权益”和“权利”的关系。《行政许可法》第1条规定该法的目的之一是“保护公民、法人和其他组织的合法权益”，行政许可实践中的常用表述也是“合法权益”。“合法权益”并不只是强调行政许可与“利益”相关的内容，其“权利”方面的内容同样重要。“如果政府不认真地对待权利，那么它也不能够认真地对待法律。”①权利的概念主要有两种理解，即“选择说”和“利益说”。② 获得行政许可，对公民、法人和社会组织而言，其获得的不只是某种利益，还包括基于其自主权作出选择的权利。公民、法人和社会组织可以选择通过行政许可获得从事特定活动的资格，也可以选择不去获得这种资格。并且，获得行政许可之后，主体是否实际开展该项行政许可的具体活动也是不确定的。以教育领域的学位授予权和中外合作办学等行政许可为例，在实践中，存在部分高等学校根据自身定位没有申请获准成为博士或硕士学位授予单位甚至本科学位授予单位的情形，或者没有申请举办中外合作办学机构或项目的情形，同时也存在获得中外合作办学机构或项目的行政许可后多年没有实际开展办学活动导致行政许可到期后自动退出的情形，以及高等学校主动停止高职阶段办学或停办、取消部分学科专业的情形。

法律实施的直接目标是捍卫法治权威，根本目的是坚持人民主体地位、保障和实现人民权利。因此，行政许可意味着一种可能意义上的“选择”权利或者期待利益，其需要通过行政许可制度加以确认、保护和实现。行政许可审批作为一种政府监管手段，从法律与自主权、权利的关系来理解，应当将其视为对行政相对人自主权的行政干预。在我国，行政许可是执法中的一环，行政审批改革是我国行政体制改革的重要内容，其有利于提升国家治理现代化水平。国家治理的整体逻辑决定了行政许可审批改革的直接目标是行政许可审批权力运行体制机制的改革，最终目标是人民权利的实现和保障。在政府与市场的关系中，保障和实现行政相对人的权利应当是整个行政许可制度和治理逻辑的起点。“产权制度是社会主义市场经济的基石”③所表达的正是这样的理念。对行政许可本

① ［美］罗纳德·德沃金：《认真对待权利》，信春鹰、吴玉章译，中国大百科全书出版社1998年版，第270页。

② 参见张文显：《法哲学范畴研究》，中国政法大学出版社2001年版，第300－309页。

③ 《中共中央 国务院关于完善产权保护制度依法保护产权的意见》，载中华人民共和国中央人民政府网，http://www.gov.cn/zhengce/2016－11/27/content_5138533.htm。

质和功能定位的讨论，最终都将指向权利的实现和保障，也就是指向人民群众权利需求的实现。

第二节　衔接行政许可与政府监管框架

推进法治政府建设，构建科学合理的政府监管框架，意味着“放管服”改革与各种具体政府监管措施之间应当内在融贯。发挥行政许可的积极作用，应当深入研究监管对象的本质和发展规律，不断完善政府监管框架，有效衔接行政许可和其他政府监管措施，实现精准治理和协同治理。

一、行政许可与“放管服”改革之间的融贯性

在“放管服”改革所意图构建的事前事中事后全链条全领域监管中，行政许可只是诸多政府监管措施之一。那么，行政许可与其他政府监管措施应如何衔接？讨论行政许可与其他政府监管措施之间的衔接，要在坚持以人民为中心、保障和实现权利的基础上，遵循融贯性的原则。这意味着应区分以下情形：如果对行政相对人的自由不加以限制，则对这种不加限制无须充分理由来进行论证，即所谓的“法不禁止即自由”；但如果需要以行政许可的方式对行政相对人自由进行干预和限制，则应当提供充足正当理由来进行论证。① 这些干预理由有以下几种：狭义上的伤害原则，即消极干预；公益干预原则，特别是基于社会公共利益的干预；法律家长主义，即积极干预的原则。②

行政许可的“解禁说”和“赋权说”强调的是消极干预，主要考量行政许可对第三方和社会公共利益是否造成影响甚至伤害。因此，公益干预也可以被视为消极干预所基于的伤害原则的变种形式。消极干预的缺点在于没有囊括行政许可积极干预的正面意义，其只看到消极干预的一面，不足以解释当下中国“放管服”改革实践。如上文所述，在“放管服”改革中，行政机关对行政许可事项加强政策解读、实施行政指导，不仅符合服务国家经济社会发展的要求，也有利于促进当事人作出对自己更有利的

① 参见王轶：《民法价值判断问题的实体性论证规则——以中国民法学的学术实践为背景》，载《中国社会科学》2004年第6期。

② 关于消极干预、积极干预和公益干预，参见张文显主编：《法理学》（第5版），高等教育出版社2018年版，第331页。关于法律家长主义，参见张文显：《二十世纪西方法哲学思潮研究》，法律出版社1996年版，第549－553页。

选择、增进其自身利益。①

上述讨论,为理解“放管服”改革提供了更为完整的框架。首先,“放管服”中的“放”,指简政放权,即取消和放松对于公民、法人和社会组织的干预和限制。“放”的目的在于减少制度性交易成本、提升市场活力,最终保障和实现人民群众的权利需求。其次,“放管服”中的“管”,从时间逻辑上看涉及事前监管、事中监管、事后监管。就此而言,“管”应当按照消极干预的思路,侧重于行政相对人行为结果是否会对公共利益和社会其他主体造成损害,在此基础上设计和选择具体的规制手段。在“放管服”改革中,“管”涉及行政相对人所获得的行政许可是否可以延期、是否应当撤销或者终止等。最后,“放管服”中的“服”,除涉及争议较多的产业政策等干预手段之外,更重要的是行政机关的指导行为、协商反馈行为等举措应当发挥积极作用。要理解“服”,关键是把握行政机关干预行政相对人意思自治的正当性论证。在全面深化改革的大背景下,要明确“服”是在依法行政的基础上,通过行政机关的主动作为,引导和推动当事人作出更优决策、提升自身竞争力,促进经济社会发展,而不是包办和代替当事人的决策。

二、完善政府监管的框架结构

一般来说,行政许可中的“设立”许可事项属于事前监管,但是行政许可中的“分立”“合并”“中止”“撤销”等许可事项则属于事中事后监管。行政许可贯穿事前事中事后监管的全链条,不能只将其视为事前监管。进一步而言,从行政许可审批的改革可以看到,对政府监管的考察不能局限于“该管什么、不该管什么”,而是要全面、系统、完整地考察政府监管对象及其活动范围、业务层次,从而符合法律规制应当系统考察“事物性质”的要求。国务院办公厅《关于全面实行行政许可事项清单管理的通知》(已被修改)列出了行政许可事项清单,依据该通知的要求,要在该清单的基础上明确政府监管的重点和主体,进而完善政府监管的具体规则标准。在开展这项工作的过程中,一个突出的问题就是要详细考察监管对象,这不是只把注意力投向政府监管的对象,特别是初级监管对象,而应当关注更为丰富的层次和类别,细化和完善政府监管的总体结构框架。本书认为,这种考察至少包括以下方面。

---

① 参见[美]理查德·H. 泰勒、卡斯·H. 桑斯坦:《助推:事关健康、财富与快乐的最佳选择》,刘宁译,中信出版社 2009 年版,第 265 - 268 页。

一是要明确政府监管的执行主体。党的十八届三中全会对政府和市场的辩证关系作了更为清晰明确的界定。这里所说的“政府”，是处于市场和政府关系之中的“政府”。从行政许可的角度看，还要把对“政府”的关注点聚焦于行使行政许可审批权力的具体行政机关及其内设部门。因此，不仅要使行政机关区分于立法机关、司法机关、监察机关等，也要在行政机关中区分主办部门和协办部门、窗口部门和内部部门、准入审批部门和过程监管部门、政策法规部门和专责业务部门等。《法治政府建设实施纲要(2021－2025年)》提出要“推进政府机构职能优化协同高效”。在讨论政府监管主体的时候，重点要理顺不同行政机关之间及其内设部门之间职能划分、分工合作的关系，还要思考包括中央与地方关系、审批权下放后地方和基层承受能力①等诸多问题。《法治政府建设实施纲要(2021－2025年)》在论述深化综合行政执法体制改革部分，还提出“在行政许可权、行政处罚权改革中，健全审批、监管、处罚衔接机制，防止相互脱节”等要求，其目的正是针对行政主体碎片化这一问题，②力图在综合行政执法体制改革中从主体维度对行政许可与其他政府监管措施予以衔接和整合。

二是逐层厘清政府监管的次级对象。当前的政府监管研究更多注重初级监管对象，即哪些领域应当放开、哪些应当收紧，但对这些监管对象之次一级对象的厘清还需逐层加强。所谓“初级对象”和“次级对象”，并非一个固定层次的概念，而是一种分析方法和视角。例如，在国家行政许可事项的总体框架中，教育、矿产、卫生等属于初级监管对象。对教育行政机关而言，高等教育、基础教育、学前教育、职业教育、非学历教育等具体领域属于初级监管对象，高等教育之下的本科专业、学位授权构成次级监管对象，学位授权之下的本科、硕士、博士层次学位授权属于再次一级的监管对象，办学方向、办学经费、师资队伍、培养质量、科研能力、管理制度等则属于更次一级的监管对象。不断对“次级对象”进行考察，意味着在推进行政许可领域审批改革的过程中，应该把目光投向初级监管对象衍生出来的次一级监管对象并逐层细致分析，找准政府监管的着力点、发力点，实现精准治理。国务院办公厅《关于全面实行行政许可事项清单管理的通知》(已被修改)提出，“对直接涉及公共安全、公众健康，以及潜

---

① 参见叶必丰：《执法权下沉到底的法律回应》，载《法学评论》2021年第3期。

② 参见王敬波：《面向整体政府的改革与行政主体理论的重塑》，载《中国社会科学》2020年第7期。

在风险大、社会风险高的重点领域,要依法依规重点监管”。如何判断是否直接涉及公共安全、公众健康或者潜在风险大、社会风险高,这就需要对某项初级监管对象的次一级监管对象不断作深入分析和调查研究,如此方能确定其是否应当作为重点监管对象,或者在何时何地作为重点监管对象。对某一具体对象领域做更细致的划分,除了涉及在事物类型上的逐层次划分,还涉及是侧重结果为主还是侧重预防为主、是侧重监管内容还是侧重监管行动等类型划分。[①] 譬如,对于不同类型的药品(如处方药与非处方药、不同类型的疫苗等)是以结果为主还是以预防为主,所采取的监管措施就会存在差别;对于互联网平台,是侧重监管其提供的内容,还是侧重监管其可能导致市场支配地位滥用的行为,监管措施也会存在明显差别。从民法学的角度看,政府通过行政许可方式实施监管,还可以区分为准予实施事实行为和准予实施民事法律行为,法律、行政法规确立行政许可的规定可相应区分为简单规范中的强制性规定和复杂规范中的强制性规定。[②]

三是把握政府监管的时机。与政府监管的次级对象相关,政府监管还存在恰当时机、恰当分寸的问题。按照事情产生发展的一般过程,政府监管被区分为事前监管、事中监管和事后监管。对于以预防为主的政府次级监管对象,行政许可是一种主要的监管技术,应当扮演“把好入口关”的实质性角色;对于以行动为主的政府次级监管对象,行政许可只是多种监管技术中的备选之一,备案制、登记注册制、评估制度能够提供具有同样竞争力甚至更具竞争力的方案;对于以内容为主、侧重考量行动结果的政府次级监管对象,行政处罚制度、评估制度是相对更优的政府监管技术。政府监管介入的时机选择和分寸把握,要根据政府监管次级对象目标加以考虑,实施恰到好处的精准治理。

四是科学选择政府监管的具体手段。行政许可是否采用、如何运用,要考虑政府监管在各种具体监管技术、手段和方法之间如何选择。在行

---

① 有的学者按照“减量式”改革、“内生式”改革和“试验式”改革来划分行政审批事项改革。参见李明超:《行政审批事项改革的基本类型与法理阐释》,载《广东社会科学》2021 年第 2 期。

② 参见王轶:《行政许可的民法意义》,载《中国社会科学》2020 年第 5 期。

政审批中,有行政许可、非行政许可审批、①内部审批、投资审批等诸多类型。② 其中,行政许可以《行政许可法》为法律依据,在程序合法性、公开透明性等方面相对较为完备,在论证政府监管的程度与限度方面有更为清晰的线索和依据。内部审批在正当程序、透明度原则等方面具有较为明显的缺陷,投资审批在解决行政机关的监管者与投资参与者之间的角色冲突、促进国有经济与民营经济平等保护等方面还有较长的路要走。或者说,内部审批和投资审批的计划经济色彩相对更加浓厚,政府与市场边界还需要进一步划清。

五是明晰政府监管的程度与限度。政府监管的限度,不仅关系权利实现和权利保障,也关系实施政府监管是否意味着政府提供公信力无限担保或公信力刚性兑付。在当下关于行政许可改革的讨论中,某些行政许可事项被取消后,市场反而出现了要求重新设立行政许可的诉求,原因之一是市场主体需要行政许可背后的政府信誉为其提供公信力背书。如果我们混淆了行政许可与政府公信力之间的关系,就会异化市场主体的这种公信力需求,使之成为行政机关基于其部门利益而要求保留、恢复这些行政许可事项的理由。在公信力供给或者公信力兑付的问题上,政府和国家没有办法作严格区分,各类国家权力机关作为国家政权体系的组成部分,共同提供公信力来源。实施行政许可领域审批改革,既不能无视社会主体的公信力需求,也不能透支国家/政府的公信力。行政机关的每一个执法决定背后都有国家的总体公信力为其提供支撑,因此,只有把行政许可权力运用好,才能有利于提升国家的总体公信力;同时,并非只有行政许可才能解决公信力供给问题,其他政府监管措施、市场治理机制、社会自治和个人自治都能够作为公信力来源。

---

① 2015 年 5 月 10 日,国务院下发《关于取消非行政许可审批事项的决定》(国发〔2015〕27 号),在大幅减少部门非行政许可审批事项的基础上,决定再取消 49 项非行政许可审批事项,将 84 项非行政许可审批事项调整为政府内部审批事项,且今后不再保留"非行政许可审批"这一审批类别。

② 目前尚须进一步深化改革的审批事项有:(1)内部审批事项;(2)政府投资项目审批;(3)行政机关对没有隶属关系的其他国家机关、国有企业、国家出资设立的事业单位所作的审批事项;(4)国家授权的行政机关以出资人身份对处置国有资产、权益所作的审批;(5)减免相对人法定义务的审批事项。参见王克稳:《论行政审批的分类改革与替代性制度建设》,载《中国法学》2015 年第 2 期。

第三节 规范行政许可权力运行

有权不可任性、权力不可滥用、权力必须在法治轨道上运行等表述，表达了权力应当受到监督和制约的基本法理。在行政许可具体实施过程中，核心问题是行政许可权力的自由裁量如何控制。“把权力关进制度的笼子”的要义在于权力的法治化、规范化运行，构建权责一致的行政许可权力运行体制机制。

一、权责一致与行政许可权力运行

按照“法无授权不可为，法定职责必须为”的原则，行政机关行使行政许可权力，必须依照其法定职权来行使并承担责任。对此，《法治中国建设规划（2020—2025年）》提出“构建权责清晰的执法司法责任体系”，《法治政府建设实施纲要（2021－2025年）》提出要“基本形成边界清晰、分工合理、权责一致、运行高效、法治保障的政府机构职能体系”。如何推动行政许可权力运行的规范化、制度化、法治化，如何体现权责一致的法治要求，其核心在于可问责性。本书重点讨论其中的两个问题，一是可问责性的法律基础，二是可问责性的法律主体，①并对实践中关涉可问责性的若干具体制度进行评论。

（一）行政许可权力行使应当具备权威的法律基础

在当下的“放管服”改革中，尤其是在行政审批改革中，有句话常被提及，即“法无授权不可为，法定职责必须为”。这句话强调了行政机关行使行政审批权，必须依照其法定职权行使及承担责任。行政审批有无合法性依据，其性质截然不同，正是这种合法/非法的二元划分，区分了公权力机关的“应为”和“不应为（不可为）”，那么，这种二元划分所依据的法律规范又是什么呢？

对行政许可而言，其直接的法律依据是《行政许可法》。根据该法规定，行政许可的设定有以下情形：其一，法律可以设定行政许可；其二，对该法第12条的法定事项，在尚未制定法律的情况下，可以由行政法规设定行政许可；其三，对该法第12条的法定事项，在尚未制定法律、行政法规的情况下，可以由地方性法规来设定行政许可；其四，关于临时性行政

---

① 关于我国行政问责的法治化，参见钱小平：《中国特色“分层式”行政问责模式：创新、不足与完善》，载《东南大学学报（哲学社会科学版）》2021年第5期。

许可,在上述三种情况都不能覆盖的情况下,政府规章设定的临时性行政许可具有期限上的限制,即实施满一年之后应当通过制定地方性法规来固化行政许可。应当说,通过上述规定,我国《行政许可法》对其制定之后的行政许可设定提供了明确的、具有限定性的法律规定。[①]

但在实践中,在推行行政机关权力清单,尤其是在重点推行行政许可事项清单的背景下,并不是现有的所有行政许可审批事项的法定依据都是充分且严格符合行政许可法的规定的。仅以国务院各部委的行政许可事项为例,主要情形有:法律、行政法规、地方性法规的表述,在原则上还有漏洞,有待更加明确和细化;[②]法律依据来自国务院关于保留部分行政审批事项的决定,具有行政法规的形式,但却缺乏严密的法理逻辑;[③]行政法规将行政许可的具体设定授权给部门规章[④]等。因此,一方面,现有的很多行政许可审批事项,其合法性、正当性基础均需要从法理上作进一步充分论证。追问行政审批设定的法律依据,只是行政审批的法理分析的第一步。另一方面,在行政许可设定之外,行政许可审批运行过程中涉及裁量标准、审批程序、过程监管、权利保障、法律责任等方面,其具体法律依据涉及范围更加宽泛,包含更多深层次的理论和实践,这也要求我们在法理的维度作思考研究。

因此,受曾经"宜粗不宜细"的立法政策影响和立法条件限制,法律和行政法规在具体规定上常存在较大政策空间。实践中,以"红头文件"形式存在的行政规范性文件曾成为行政许可权力的实际权威依据。[⑤]"法律规定是'硬杠杠'"的这类话语,虽然表达了法律或行政法规所明确规定的审批标准是一个强理由,构成了行政自由裁量权不能违反和超越法律规定的硬性标准,但是,这类话语也有可能是审批机关与其他行政机

---

① 参见李援:《减少和规范行政审批:〈行政许可法〉的亮点》,载《法学》2003 年第 10 期。

② 参见杨解君:《〈行政许可法〉的创举与局限》,载《法学》2003 年第 10 期。

③ 2004 年 6 月 29 日,国务院发布《国务院对确需保留的行政审批项目设定行政许可的决定》(中华人民共和国国务院令第 412 号),对法律、行政法规以外的规范性文件设定,但确需保留且符合 2003 年《行政许可法》第 12 条规定事项的行政审批项目,依据 2003 年《行政许可法》第 14 条第 2 款的规定,予以保留并设定为行政许可,共 500 项。对此的分析和反思,参见沈福俊:《国务院决定行政许可设定权:问题与规制》,载《社会科学》2012 年第 5 期;徐继敏:《国务院设定行政许可实践研究》,载《行政法学研究》2015 年第 1 期。

④ 如行政法规将某一项行政许可审批的具体制度规定授权给部委制定具体实施办法,但是否能起到以行政法规约束部委权力的目的还值得追问。

⑤ 参见刘松山:《"红头文件"冲突法律的责任归属——兼评福州王凯锋案》,载《法学》2002 年第 3 期。

关和行政相对人之间进行利益博弈的现实策略。在“维稳淘汰赛模式”[①]下,审批机关可以“法律硬杠杠”为强理由来维护和论证其立场,规避审批风险。但在政绩“锦标赛”模式下,[②]官员也能以政策变通等方式,在法律、行政法规所提供的空间中支持行政许可申请。因此,一方面,党的十八大以来我国法律的立改废释纂工作大为加强,法律修订的频率进一步加快,增加了法律供给,为行政许可权力规范行使提供了更完备的法律依据;另一方面,在法律、行政法规不能过于频繁修改,而经济社会发展又快速变迁的情况下,行政规范性文件备案审查、行政程序规定、专家委员会等制度将发挥重要作用。

(二)明确行政许可权力的具体行使主体及其职权职责

区分科层体制内的集体责任、领导责任和官员个体责任,有助于帮助我们理解当下行政执法领域的某些现象。在安全生产事故责任倒查追究制中,自上而下的链条式的追责方式既涉及对高级别行政官员作为“第一责任人”的追责,也包括对这一链条内个体化的各行政官员追究责任;在行政诉讼案件中情况却有所不同,其强调行政机关负责人出庭应诉,其中既包含符号性功能的考虑,又包含对下级部门独立决策权和独立责任能力的否定,更多侧重于行政机关负责人的权威和责任。因此,“把权力关进制度的笼子”必然涉及如何依法界定官员的个人决策权和责任,亦即“法无授权不可为,法定职责必须为”的边界究竟是什么。对行政许可权力而言,应依法确定官员个体化的独立决策权和相应责任。[③] 法定授权应当清晰明确,使官员在授权范围之内行使职权、承担责任,而不是用集体责任、领导责任代替个体责任。

二、规范行政许可权力运行的典型制度性举措

在“放管服”改革中,权力清单制度、行政程序规定、告知承诺制、相对集中行使审批权、信用惩戒与信用修复等制度措施,均涉及行政许可权力的规范运行。这些制度措施可分两类:一类主要涉及行政相对人的权

---

① 李国强:《地方政府维稳绩效的前期考核——以T县“矛盾纠纷排查调处”机制为例》,载《经济社会体制比较》2012年第1期。

② 参见周飞舟:《锦标赛体制》,载《社会学研究》2009年第3期。

③ Kevin Stack, *An Administrative Jurisprudence: The Rule of Law in the Administrative State*, Columbia Law Review, Vol. 115, No. 7, p. 1985 – 2018 (2015).

利义务，如告知承诺制、信用惩戒与信用修复等；①另一类主要涉及行政机关如何规范行使权力。对应上文关于可问责性两方面问题的分析，后者又可分为两类：一是依据行政规范性文件确立行政许可事项清单和行政程序规定等制度措施。其中，《法律、行政法规、国务院决定设定的行政许可事项清单（2023 年版）》及 991 项行政许可事项，已于 2023 年 2 月公布。在行政程序法或者行政法典尚未制定的情况下，②行政许可权力行使的程序依据是《行政许可法》和各部委、各地方的行政审批程序规定，具体行政许可事项的审批依据因而在很大程度上依赖于行政性规范文件中的细节性规定。二是如何确定参与行政审批的具体主体。上文对明确政府监管的实践主体作了相应阐述。其中，相对集中行使行政审批权涉及行政机关各部门的权力配置，③具体操作中存在审批与监管分属行政机关不同内设部门、不能完全落实“谁审批、谁监管”原则等问题。同时，行政许可的审批过程中专家委员会意见发挥着重要功能，但其权责并不明确。因此，本书主要聚焦行政规范性文件治理和专家委员会制度，以此说明在可问责性的基础上，行政许可权力运行与上述制度如何衔接和协同。

（一）治理行政规范性文件、优化政策供给

提升行政规范性文件的质量，能够为行政许可权力运行提供良好规范基础。自行政审批改革启动伊始，治理行政规范性文件就是一项重点工作。在二十多年的改革实践中，行政规范性文件发文过多、超越法律规定限缩权利或增加义务等情况屡见不鲜，行政许可权力行使中仍然存在“红头文件”主导、合法性不强、透明度不高等问题。

对行政规范性文件进行治理，主要有两种方式。第一种方式是外部途径。例如，现行《行政诉讼法》第 53 条第 1 款规定：“公民、法人或者其他组织认为行政行为所依据的国务院部门和地方人民政府及其部门制定的规范性文件不合法，在对行政行为提起诉讼时，可以一并请求对该规范性文件进行审查。”按照制度设计的预期，法院对规章以下规范性文件进行附带性审查，是制约行政权力的一项重要制度。但该制度在实践中成

---

① 参见林鸿潮、张涛、李昱音：《公共安全领域告知承诺制的实施困境及其调适》，载《中国行政管理》2021 年第 3 期；沈岿：《社会信用体系建设的法治之道》，载《中国法学》2019 年第 5 期。

② 参见王万华：《我国行政法法典编纂的程序主义进路选择》，载《中国法学》2021 年第 4 期。

③ 参见袁雪石：《相对集中行政许可权改革的挑战与发展方向》，载《中国行政管理》2020 年第 1 期。

效并不明显。[①] 并且,对行政机关而言,法院司法建议的对象是制定规范性文件的行政机关,尚需层层流转到该行政机关的具体经办部门。司法建议能否得到落实,最终有赖于行政机关内部对此是否有良好的执行和监督体制。

第二种方式是行政机关的自我治理机制。这种方式主要体现在规范性文件的合法性审查、备案审查和清理工作等方面。《法治中国建设规划(2020—2025年)》《法治政府建设实施纲要(2021－2025年)》对此均提出了相应要求。近年来,国务院先后多次出台相关文件,如国务院办公厅《关于进一步做好“放管服”改革涉及的规章、规范性文件清理工作的通知》(国办发〔2017〕40号)、国务院办公厅《关于加强行政规范性文件制定和监督管理工作的通知》(国办发〔2018〕37号)等,各地也相应出台了行政规范性文件备案审查规定。对行政规范性文件进行治理的同时,应当重视优化和发挥行政规范性文件作为政策供给渠道的作用,防止政策供给的停滞乃至中断。从制度变迁的角度看,规范性文件所承载的政策属于快速变迁的制度,[②]为行政权力运行提供较为灵活快捷的制度供给,是贯彻落实党中央大政方针、推动经济社会发展、保障和实现人民群众权利的重要途径。在依法决策、依法制定行政规范性文件的前提下,治理行政规范性文件与优化政策供给是辩证统一的关系。[③] 政策供给的停滞或中断,可能导致行政许可不得不以过时的规范性文件为依据开展具体活动,或者面对新情况、新问题时出现既没有法律依据也没有政策依据的情形,从而会放纵行政许可权力的自由裁量,不利于行政许可权力的规范运行。

(二)明确专家委员会权责

对行政许可权力的外部制约,除了来自行政机关之外的其他国家权力机关的制约,如立法机关、监察机关和司法机关的制约,还有一类值得讨论的现象,即专家委员会在行政许可程序中的角色和作用。[④] 首先是专家委员会在什么问题上发挥作用,其次是专家委员会与行使行政许可权力的行政机关之间的职责应如何划分。

---

① 参见何海波:《论法院对规范性文件的附带审查》,载《中国法学》2021年第3期。

② 参见[比]热诺尔·罗兰:《理解制度变迁:迅捷变革的制度与缓慢演进的制度》,胡凯译,载《南大商学评论》2005年第2期。

③ 参见钱焰青:《论新时代行政规范性文件的正当性及其界限》,载《中国法律评论》2021年第3期。

④ 参见宋华琳:《风险规制中的专家咨询——以药品审评为例证》,载《行政法论丛》第12卷,法律出版社2008年版,第141－164页。

如何把握行政许可事项的形式性标准和实质性标准，是实践中的一大难题。一方面，“形式合理性优于实质合理性”①，法律所确立的形式标准是依法行政的前提。另一方面，行政许可具体事项分布在诸多专业领域，需要在专家研判该行政许可事项实质性内涵的基础上给出专家咨询建议，但专家研判不能突破法律所划定的形式化乃至强制性标准。在行政许可实践中，存在将法律法规明确规定的强制性标准归入红线指标（否定性指标），将法律法规明确规定的具体要求、政策文件规定的具体指标列入专家评议指标，将法规和政策所规定的鼓励性事项列入加分指标的做法，从而既区分又综合了形式合法性和实质合理性，有利于专家在评议工作中把握法律、政策和专业知识之间的关系。

关于行政机关与专家委员会之间的关系，重点是区分作决策的主体是谁、责任如何分配。“法定职责必须为”强调了行使行政许可权力的主体非经法定程序或没有法律依据，不得授权其他主体行使行政许可权力。专家委员会的职责是为行政许可事项的实质合理性提供咨询意见。在强化专家参与行政许可程序的同时，②要明确专家委员会的咨询意见如何确定法律效力、承担何种法律责任。在不同行政许可事项之间，上述问题虽然会有所不同，但应考虑遵循以下基本原则：一是责任法定原则，即根据法律法规的规定来划分、确定专家委员会的责任；二是责任自负原则，即专家委员会和行政机关各自承担相应责任，不能以专家委员会责任代替行政机关责任。

三、规范行政许可权力运行具体举措的制度逻辑意涵

上文从行政规范性文件和专家委员会两种典型举措，讨论了规范行政许可权力运行的制度衔接问题。涉及规范行政许可权力运行的具体举措或者制度为数不少，体现了一段时间以来我国法治政府建设在制度建设及其法制化上的努力。不过，有疑问者可能认为，规范行政权力的运行本就是法治政府建设的应有之义。改革开放以来的行政法治建设，也一直重视行政权力运行的规范化、制度化、法治化，进行了很多重要的探索，建立了很多重要的法律制度，如行政诉讼法、行政处罚法、行政复议法、行政许可法等。2008 年发表的一篇总结改革开放 30 年行政法治建设的文章曾介绍，我国现行的法律、行政法规和地方性法规、规章，其中 80% 以

① 郑成良：《论法治理念与法律思维》，载《吉林大学社会科学学报》2000 年第 4 期。

② 参见成协中：《“放管服”改革的行政法意义及其完善》，载《行政管理改革》2020 年第 1 期。

上涉及调整行政关系或者以调整行政关系为重点。[①] 因此,有必要进一步讨论上文所述现象的制度逻辑。

其一,应当从长时段和多维度来看待制度转型。从计划经济向市场经济的转型是一个历史过程,也是人们认识不断深化的过程。随着党的十八届三中全会对政府与市场关系提出了更为科学的论断,我国经济社会发展的转型进入了更加深刻的阶段。相应地,国家治理制度、治理机构的转型也进入新的阶段。就行政许可而言,行政机关对行政许可权力的认识需要更新和深化,行政相对人对其相应权利的认识也需要更新和转变,参与行政许可程序的相关主体如专家委员会、行业机构等也需要转变。在多方参与的互动过程中,就需要以公共政策、法律法规等方式来进行制度供给,规范各方行为。

其二,在改革开放过程中所建立的法律制度和法律机构,也面临改革创新的任务。改革开放的特点之一是增量改革,对法律机构和法律制度来说也是如此。随着改革开放的历史性积累,曾经作为“增量”的法律机构和法律制度变成了“存量”,成为改革的对象。一方面,需要以新的增量性制度改革来推动经济社会发展;另一方面,新时代的全面深化改革必然意味着对存量制度进行改革,并且是一场“触及灵魂”的改革。行政许可权力的改革也是如此。对 2001 年行政审批改革以来设立和保留的行政许可事项,经过 2013 年以来十余年的改革,从 1800 多项减少到了国务院所颁布清单中的 991 项。同时,还需要对过去一个阶段行政许可审批改革中所发现的更深层次问题和出现的新问题进行有针对性的改革,而这也需要进一步的制度供给,其中包括制度衔接和制度创新等方面。

本章小结

随着现代社会发展,政府监管所覆盖的范围越来越广泛,政府监管的具体措施也越来越多、越来越复杂。法治政府建设是全面依法治国系统工程的骨干工程。积极发挥政府在国家治理中的作用和对权力实施有效监督制约,是一体两面的关系,应当在理论逻辑、历史逻辑和实践逻辑相统一的基础上,准确定位和充分论证包括行政许可权力在内的政府监管权力。

从理论逻辑来看,市场治理机制和政府监管机制都是欠完善的。当

---

① 参见袁曙宏:《30 年行政法治建设回顾与前瞻》,载中国人大网,http://www.npc.gov.cn/zgrdw/npc/xinwen/rdlt/fzjs/2008-12/10/content_1461432.htm。

市场失灵或者市场治理机制的社会成本过高时，需要政府实施有效监管。[①] 政府干预市场是为了促进和实现市场在资源配置中的决定性作用，法治是发挥市场在资源配置中决定性作用的最重要制度保障。因此，行政许可领域审批改革的理论基础是：遵循市场经济规律，当市场需要以行政许可的方式实施政府干预时，在法治轨道上发挥积极作用。

从历史逻辑来看，改革开放以来，中国从计划经济走向市场经济的历史转型各阶段中，政府监管扮演着不同角色。[②] 中国经济已经步入高质量发展新阶段，越来越重视人力资本和技术创新。张军和王永钦曾分析指出："政府政策干预的形式和幅度应该取决于经济体具体的发展阶段。"[③]新形势下，政府监管应当加强制度创新和制度供给。技术创新需要法律发挥制度创设功能，构建具有法律依据的新的市场主体形式或者市场行为类型。未来需要以行政许可方式实现此类制度供给的，应当按照"于法有据"的要求，依法设定行政许可，推动经济社会发展。

从实践逻辑来看，在行政审批改革的实践中，既要进一步简政放权、防止行政机关违法设立和实施行政许可，也要推动"有效市场"和"有为政府"[④]更好结合，防止政府监管空缺失位、行政机关怠政懒政。行政许可事项关系国民经济和社会发展的重要领域，其设立、取消、下放均需要慎重对待，需要厘清不同行政许可的性质和功能，做好改革前后的制度衔接，设立、取消和下放行政许可事项均应以保障和实现权利为目标，避免出现制度供给空白和政府监管空白。因此，对于行政许可领域审批改革而言，厘清法定依据、校准权力定位、明晰监管边界、保障权利实现，是"放管服"改革和法治政府建设的必然要求。不断深入推进行政许可领域审批改革，正是为了实现"良法善治"的规范性目标，以保障和实现人民权利、推动经济社会良好发展。

① 施莱弗对市场竞争秩序、私人诉讼、监管式的公共强制、国家所有制四种社会控制秩序作了比较，分析了在四者之间进行有效选择的具体条件。参见［美］安德烈·施莱弗：《理解监管》，余江译，载吴敬琏主编：《比较》第16辑，中信出版社2005年版，第103页。

② 参见王永钦：《发展的政治经济学：一个东亚模式的理论框架》，载《学术月刊》2015年第4期。

③ 张军、王永钦主编：《大转型：中国经济改革的过去、现在与未来》，格致出版社2019年版，"序"第6页。

④ 陈云贤、李宜达、王方方：《"有为政府+有效市场"运行模式研究——中观经济学的逻辑与框架》，载《广东财经大学学报》2023年第4期。

第五章　行政机关负责人出庭应诉制度的功能分析

在中国法治发展的历程中，行政诉讼制度具有特殊的重要地位，表征了公权力与私权利、政府与公民和社会组织、“官”与“民”等之间关系的深刻变革。行政诉讼制度的确立，是我国法治建设的一项标志性事件。[①]从1990年我国《行政诉讼法》施行，到全国人大常委会于2014年、2017年两次对《行政诉讼法》进行修正，其针对我国法治政府实践中的一些问题进行了修改，也对我国法治建设实践起到了重要推动作用。《行政诉讼法》两次修改中确立的一些重要制度值得进行深入研究，其中就包括行政机关负责人出庭应诉制度。

行政机关负责人出庭应诉制度的确立，一如本书所述守正创新之制度逻辑所揭示的，经历了从局部试点到固化为法律制度的过程。在20世纪90年代，一些地方在司法实践活动中就开始探索行政机关负责人出庭应诉制度，[②]部分地方政府和人民法院还就此出台了具体规定。[③] 经历过一段时间的局部性实践探索后，伴随着我国法治政府建设进入新的阶段，2014年修改的《行政诉讼法》对这一制度进行明确规定，并在此后的实践

---

① 参见马怀德、孙祥稳：《改革开放四十年行政诉讼的成就与展望》，载《中外法学》2018年第5期。

② 例如，1999年陕西省合阳县人民政府和合阳县人民法院联合下发的《关于贯彻行政首长出庭应诉制度的实施意见》，将行政首长是否出庭应诉作为政府各部门和乡镇政府年终考核的一项重要内容。

③ 例如，2004年青岛市政府办公厅下发了《关于建立行政机关负责人行政诉讼出庭应诉制度的通知》，对行政负责人出庭应诉的案件范围、案件数量、监督检查等作出了具体规定；2011年江苏省高级人民法院《关于深入推进行政机关负责人行政诉讼出庭应诉工作的若干意见》对行政机关负责人出庭应诉的案件范围和类型作出了具体规定。

和理论研究中受到高度关注。[①]

行政机关负责人出庭应诉制度经法律确立后，其主要的争议点和存在问题大致可概括为以下方面。其一，目标设定方面。2014 年《行政诉讼法》修改，在该法第 1 条中增加“解决行政争议”作为立法目的之一。基于此，应当从有效解决行政争议来看待行政机关负责人出庭应诉制度。一方面，“解决行政争议”是众多立法目的之一，例如也要考虑该制度与另一立法目的“监督行政机关依法行使职权”之间的关系；另一方面，还需考虑实践中不同层级政府、不同类型案件等情形下，该制度在实现“解决行政争议”上的差别。其二，权力监督方面。“监督行政机关依法行使职权”意味着要依法对权力进行制约，就《行政诉讼法》而言是人民法院通过依法行使审判权，实现对行政权的监督。从更为宏观的角度来看，人民法院的监督是权力相互制约监督[②]的一种具体形态。但在以权力制约权力即审判权制约行政权之外，行政机关负责人出庭应诉制度还是以制度制约权力，并且这种监督制约机制不仅是外部性的，也是内部性的，原因在于行政机关负责人出庭应诉，要通过行政机关内部运转流程决定行政机关负责人是否应诉以及如何应诉。其三，行政机关组织运作方面。就中国的行政机关组织运作特点而言，行政机关负责人出庭应诉制度还需考虑两个问题：一是中央与地方间的关系，即结合司法改革中“去地方化”相关举措，分析该项制度在中央与地方关系中发挥何种功能作用？行政机关负责人出庭应诉制度是否也是一种基层动员机制？[③] 二是中央与部委间的关系，即宏观政策制定与具体政策制定执行之间的关系，如果呈现为行政机关执法实践所引发的行政争议，行政机关负责人出庭应诉

① 从新闻报道看，到 2023 年，行政机关负责人出庭应诉率已经成为一个描述法治发展的重要侧面，参见张晨：《行政诉讼“告官见官”成常态》，载《法治日报》2023 年 2 月 23 日，第 6 版；王闲乐：《去年全市审结一审行政案件中机关负责人出庭应诉率 65.67%》，载《解放日报》2023 年 8 月 17 日，第 2 版；何金燕、陈佳婧、李果：《2022 年湖南行政首长出庭应诉率 96.5%》，载《湖南法治报》2023 年 8 月 5 日，第 1 版；章宁旦、林晔晗、邓丽华：《广东行政机关负责人出庭应诉增长 59.7%》，载《法治日报》2023 年 7 月 18 日，第 3 版；闫继勇、朱丽君：《山东高院发布行政案件司法审查报告　行政机关负责人出庭应诉率以 99.6% 再创历史新高》，载《人民法院报》2023 年 7 月 17 日，第 1 版。学界的研究，参见覃慧、陈俊霆：《行政机关负责人出庭应诉的实施情况考察——基于广东省 22471 份行政判决书的实证分析》，载《苏州大学学报(法学版)》2023 年第 3 期；章志远：《法治一体建设视域中的行政机关负责人出庭应诉》，载《浙江工商大学学报》2022 年第 3 期；李淮：《行政机关负责人出庭应诉制度运行省思》，载《北京行政学院学报》2019 年第 5 期。

② 参见黄文艺：《权力监督哲学与执法司法制约监督体系建设》，载《法律科学(西北政法大学学报)》2021 年第 2 期。

③ 参见曹正汉：《中国上下分治的治理体制及其稳定机制》，载《社会学研究》2011 年第 1 期。

具有何种象征意义？本章拟结合政策文件、实践做法、裁判文书等，从功能分析的角度对上述问题进行讨论。

本书绪论中讨论了法治实施中守正、权变和创新的关系。自然科学讨论演化问题时所提出的静态持久性、动态持久性和新颖创造性，[①]与之具有一定的共通性。自然科学家还提出，在演化过程中会出现功能叠加的规律性现象。类似地，在人类社会制度演化的过程中，制度的产生发展不仅是功能指向的，而且制度所承载的功能将不断叠加，呈现复杂化、多样化的趋势，也就是说某一制度的功能并非单一的，而是多层次、复杂的。制度的功能叠加体现在制度设计和制度实施之中，这意味着必须坚持系统思维，而不能只顾一点、不及其余。对于全面深化改革和全面依法治国中的制度创新或者法治实施中的具体举措，其功能设定应该采用立体、多元和复合的立场，从而有助于我们全面理解法治实施中有争议性的制度。

对行政机关负责人出庭应诉制度的功能分析，旨在更为具体深入地揭示制度功能叠加的内在逻辑。关于行政机关负责人出庭应诉制度，一种直观的思考是：行政诉讼制度的建立，正是为了克服“官本位”并对行政权力进行监督制约；但以“民告官”为象征的行政诉讼制度，在其实施过程中，为什么又强调行政机关负责人出庭应诉，这是否意味着肯定和强化了“官本位”？按照马克斯·韦伯的理论，金字塔式科层体制是一种等级控制，其缺点在于该体制具有僵化性，但如果按照阿伦特对该制度的分析，行政机关负责人参与出庭应诉存在非亲历性和集体承担责任的缺陷。[②] 行政决策是基于科层体制依法作出的，且在具体行政诉讼中行政机关负责人出庭应诉仍然依赖下属共同参与并准备诉讼所需材料。如果不是由行政机关负责人出庭，而是该行政机关工作人员作为代表出庭，也需要具有相应权限的行政机关负责人批准应诉方案。尤其对于更具有媒体效应和标志意义的省部级官员应诉而言，非亲历性问题则更加明显。如果仅从纠纷解决、权利救济或其他单一功能解释行政机关负责人出庭应诉制度，难以有效解释这一制度的实施及其重要性。

基于上述思考，应当基于制度的功能叠加或制度功能的复合性，考察

① 自然界演化中的守正与创新，也是一个重要的研究课题。See Wong, Michael L., Carol E. Cleland, et al., *On the Roles of Function and Selection in Evolving Systems*, Proceedings of the National Academy of Sciences of the United States of America 120 (2023).

② 参见［美］欧文·费斯：《司法的官僚化》，载［美］欧文·费斯：《如法所能》，师帅译，中国政法大学出版社2008年版，第94－114页。

行政机关负责人出庭应诉制度。本章主要讨论行政机关负责人出庭应诉制度的三项功能:其一,权利救济与纠纷解决功能。这是行政机关负责人出庭应诉制度的首要功能,也是行政相对人最需要的功能,但是通过观察司法实践,发现无论是行政机关负责人的实际出庭率还是在争议解决的有效性方面,行政机关负责人出庭应诉对于行政争议的解决作用都是有限的,职位更高的行政机关负责人出庭应诉,不是有效解决行政争议的必要条件。其二,权力监督制约与政治动员功能。如果说权利救济与纠纷解决功能是从行政相对人角度进行分析,那么权力监督制约与政治动员功能则是将行政机关负责人出庭应诉制度放在整个国家治理系统中加以分析,即从一个更加宏观的角度挖掘这一制度背后中央与地方之间的关系。其三,符号性功能。与前两个功能有所不同,符号性功能更多的是一种象征性功能,虽然并非对所有的"新制度"都强调其符号性功能,但行政机关负责人出庭应诉制度不仅是国家治理的一种调整性制度,还是法治政府和法治社会建设中一种具有引导性、倡导性的法律制度。需要说明的是,正是基于制度功能的叠加性、复合性,笔者认为不能将符号性、象征性的功能视为对一项法律制度的规范性、调整性功能的贬损。符号性、象征性功能具有正当化、权威化的作用。宪法宣誓、法庭仪式等制度也具有符号性、正当化功能。从制度变迁的逻辑看,这些符号性功能是法治共同信念的体现;如果把行政诉讼制度理解为一类法治教育或普法事件,其意义就在于行政机关负责人出庭应诉制度是更强烈的符号象征、更深入的动员机制,其把行政机关更紧密地纳入法治的结构性约束之中,并不是对法治轨道和法治信念的违背。因此,行政机关负责人出庭应诉制度是延续、发展和强化法治信念和法治权威的一种方式。

第一节　权利救济与纠纷解决功能

一、权利救济与纠纷解决作为目标设定

如前所述,2014 年《行政诉讼法》修改,在该法第 1 条中增加"解决行政争议"作为立法目的之一,其后则是"保护公民、法人和其他组织的合法权益"。由此可见,解决行政争议类纠纷和保护合法权益、实现权利救济是一体的,其是《行政诉讼法》的立法目的。之所以增加"解决行政争议"的规定,其原因之一是进一步明确行政诉讼具有区别于刑事诉讼、民事诉讼的特殊性。章志远认为正是由于行政诉讼法的特有目的,使行政

诉讼法制度表现出其特有的、区别于其他诉讼制度的规定性；换言之，目的是行政诉讼制度的灵魂，它直接决定着行政诉讼微观诉讼规则的设计。[①] 2014 年《行政诉讼法》修改，在第 3 条增加了“被诉行政机关负责人应当出庭应诉”的规定，确立了行政机关负责人出庭应诉制度。由此可以看到，“解决行政争议”和“行政机关负责人出庭应诉”之间功能是关联的。那么，又应该从何种视角看待这种关联？

结合政府组织运行性质、我国法治国情和治理传统，以下首先从“官本位”和“行政机关科层体制”这两个概念切入进行分析。

（一）“官本位”和“行政机关科层体制”

本章对“官本位”这一概念的讨论，首先侧重其描述性意涵。“官本位”或者“官本位”意识，指向把是否身处官员职位、官职位阶高低、官职权力大小、官职职权范围等作为衡量社会地位乃至社会价值之标准的一种社会现象、组织模式和价值观念。[②] 论者认为，中国的“官本位”最早萌芽于春秋之末“士”阶层的崛起，科举制推行意味着“官本位”趋于成熟，两千多年封建制度使“官本位”意识在中国文化中根深蒂固：虽然封建帝制早已瓦解，然而“官本位”对当代中国人的内心仍然有深刻影响。[③] 就当代中国而言，对“官本位”现象或者“官本位”意识的批判，体现为对党员干部“官僚主义作风”的批判和对人民群众仍然持有“官本位”意识的反思。因而，有论者认为当代中国社会尚未彻底摆脱“官本位”。[④]

与作为社会组织模式的“官本位”不同，现代学术史上的“科层体制”又称“官僚制”或“理性官僚制”。马克斯·韦伯对“科层体制”的分析是该领域研究的经典范式。[⑤] 马克斯·韦伯笔下的“科层体制”，具有专门化、等级制、规范化、非人格化、可计算性、制度化的薪酬体系、纪律化等特点。之所以说马克斯·韦伯的分析是一种经典范式，就在于其对“科层体制”的分析揭示了现代社会组织模式的理性化特征，以及“科层体制”在其中的代表性作用和功能。换言之，“科层体制”是现代社会理性化的组织形式。需要指出的是，“科层体制”同样具有马克斯·韦伯所采用的理想类型方法的特点，它是对现代社会组织形式的抽象概括。在实践中，

---

① 参见章志远：《行政诉讼法修改第三题》，载《山西省政法管理干部学院学报》2006 年第 1 期。

② 参见李太淼：《当代中国官本位意识表现分析》，载《中州学刊》2014 年第 2 期。

③ 参见陈宝良：《中国官本位意识的历史成因》，载《中州学刊》2014 年第 2 期。

④ 参见李太淼：《当代中国官本位意识表现分析》，载《中州学刊》2014 年第 2 期。

⑤ 参见［德］马克斯·韦伯：《经济与社会》（上卷），林荣远译，商务印书馆 1997 年版，第 248 页。

各种实际存在的组织并不必然完全具备马克斯·韦伯所指出的“科层体制”的所有特征，但其理论意义在于，“科层体制”由于其具备理性化、非人格化、职业化、技术化等符合现代社会治理需要的特点，而成为最普遍、最典型的组织形式。“科层体制”也就成为各国在治理国家时所采用的行政组织模式。

“官本位”和“科层体制”都可以被视为理想类型意义上的分析性概念。前者的侧重点不在于后者所承载的理性化等特征，而是重视乃至崇尚行政机关负责人的职权、责任和权威。以“官本位”和“科层体制”分析行政机关负责人出庭应诉制度，需要兼顾该制度的形式合理性维度和实质合理性维度。我们需要思考：“科层体制”作为现代社会理性化的表征，与行政机关负责人出庭应诉制度的哪种功能目的是契合的？又或者是，行政机关负责人出庭应诉制度在什么地方悖反了“科层体制”，走向了更为强调实质合理性的“官本位”？

(二)行政机关负责人出庭应诉制度与权利救济、纠纷解决

行政机关的“科层体制”和法院依法独立行使审判权，均是现代社会理性化的重要表征。行政机关负责人出庭应诉制度虽然把行政机关与法院两个场域联系在一起，但却存在过于强调行政机关负责人的个人作用和权威的可能。于是，值得探讨的是，行政机关负责人出庭应诉真的有利于纠纷解决(行政争议解决)和权利救济吗？

第一，行政机关负责人出庭应诉应当有助于行政争议的实质性解决。行政争议的实质性解决包括案件已经审理终结、行政争议得到实质性解决、该案件对以后相似案件的审理和社会公众有指导作用三个要素。[①]行政机关负责人亲自出庭参与诉讼，体现了行政机关努力并全力配合解决行政争议的态度，对于行政相对人和社会公众来说，这一行为有助于缓解行政机关与行政相对人之间可能存在的紧张关系，从而推动行政争议得到实质性解决。在行政诉讼中，行政相对人的合理担忧在于出庭的官员是否能作出有效决定，这与诉讼结果能否得到有效执行的预期关联在一起。无论是“科层体制”的等级制特征，还是“官本位”的位阶高低特征，都影响或者造就了上述这种预期。

第二，行政机关负责人出庭应诉制度应当有助于诉讼程序顺利进行。我国《行政诉讼法》确立了当事人在诉讼中法律地位平等的原则，这意味

---

① 参见章志远：《行政机关负责人出庭应诉制度的法治意义解读》，载《中国法律评论》2014 年第 4 期。

着行政机关及其工作人员与公民、法人和其他社会组织，在作为行政诉讼当事人的意义上法律地位平等。然而，从《行政诉讼法》文本的规定到行政诉讼实践，还有一些问题需要考察。行政诉讼的特殊性就在于，在行政争议的前置事件中，也就是在行政机关的执法活动中，行政机关具有主动性、主导性、单方性的特点，这意味着在很多行政执法活动中，行政机关单方作出的决定引起了行政法律关系的产生、消灭或变更。作为“民告官”的行政诉讼程序，强调的是“诉讼中”当事人法律地位平等。但对于参与行政诉讼程序的公民、法人和社会组织来说，并不能要求其严格清晰地区分行政执法活动和行政诉讼活动中各主体法律地位的差异，反而延续“行政相对人”（“民”）的身份认同更符合其心理认知。因此，行政诉讼程序是从形式层面保障当事人法律地位平等，而难以从实质的、心理认知的层面实现当事人法律地位平等。但这也影响了行政机关出庭应诉的策略，即行政机关负责人出庭应诉制度未施行以前，庭审中较难见到行政机关负责人的身影。在2014年《行政诉讼法》修改前，诉讼实践中对行政机关负责人不出庭的质疑，在缺乏法律规定支撑的情况下，就可能成为拖累和影响诉讼程序效率的因素，也容易导致诉讼双方矛盾的激化。从制度设计的角度看，行政机关负责人出庭对双方当事人法律地位平等给予了最大印证，首先从态度上对行政相对人进行了宽慰。行政相对人从内心认为自己的诉求得到了高度关注和重视，使接下来双方当事人之间的沟通氛围可能变得更加和谐，诉讼程序进行也可能更加顺利。同时，因为其身份的权威性，行政机关负责人在庭审中的言论被认为是“说了算的”，其在庭审上所作出的解释是“官方”的解释；相对地，行政机关负责人在庭审中所作的承诺也相对更具有公信力，被认为不会存在“案结事没结”的状况，这也使法庭调查、辩论等庭审工作得以顺利、高效进行，一定程度上节省了司法资源。

二、行政机关负责人出庭应诉制度争议解决功能的局限性

行政执法领域的纠纷，或者说“行政争议”，总是涉及人民权利的实现和保障。争议解决，还意味着社会秩序得到维持或者恢复。行政机关负责人出庭应诉制度的设计和确定不能偏离上述立法目的，但又不能只具备这一项功能；仅以争议解决或者权利救济、纠纷解决来分析该项制度，仍存在一定的局限性。

第一，行政机关负责人出庭应诉制度与行政机关运作逻辑。2014年我国《行政诉讼法》修改之后，各级人民法院受理的行政诉讼案件产生了

较为明显的增长，其结果是产生了是否要调整《行政诉讼法》管辖权规定的观点。[①] 在2014年《行政诉讼法》修改过程中，全国人大法律委员会关于该法修改情况的报告就对行政机关负责人出庭应诉制度设置的目的进行了明确论述，即有利于解决行政争议、有利于增强负责人依法行政意识。[②] 那么，行政机关负责人出庭应诉与“科层体制”化的行政机关运作逻辑是否一致呢？对此需要考虑的是：其一，推行行政机关负责人出庭应诉制度，是否会使行政机关面临更大的工作压力；其二，行政机关负责人是否有足够的时间和精力参与诉讼准备工作和出庭应诉；其三，也是最重要的，按照行政机关运作逻辑，无论是行政机关负责人出庭应诉，还是有关工作人员出庭应诉，其都是作为该行政机关的代表，也都需按照行政机关内部运转流程获得批准，这种运作流程包括诉讼材料、诉讼策略的准备等。因此，行政机关负责人虽然拥有更高位阶的职权，但这种职权是依法依规拥有的，其应诉并不意味着行政机关参与诉讼在性质上有根本不同，也不意味着因行政机关负责人出庭应诉而无须受行政机关自身制度规定的约束。

第二，行政机关负责人是否为参与庭审活动的最佳人选。行政机关负责人出庭应诉制度在设计时，将权利救济与纠纷解决作为首要目标，那么对于行政争议的实质性解决而言，行政机关负责人是否为参与庭审活动的最佳人选？实践中，大部分行政机关负责人不是行政诉讼案件所涉事项的具体经办人，而是位阶更高的决策者和审批人，与行政相对人没有直接接触或接触较少，其对行政行为事实的了解大多源于具体经办人员的汇报和书面材料，因此其并非行政行为事实的亲历者。在此情况下，行政机关负责人出庭应诉，能否对诉讼争议的焦点作出深入细致的解释，就将引发疑问。[③] 因此，由行政机关负责人和相关工作人员共同出庭就成为一种选择。

第三，案件类型与行政机关负责人出庭应诉制度。在2014年《行政诉讼法》修改之前，各地方在实践中就根据案件类型差别对行政机关负

---

① 但这种调整在立法上最后没有实现。2023年8月21日，第十四届全国人大常委会第十次委员长会议审议通过了全国人大宪法和法律委员会关于终止审议行政诉讼法修正草案的报告。

② 《全国人民代表大会法律委员会关于〈中华人民共和国行政诉讼法修正案（草案）〉修改情况的汇报》，载中国人大网2014年8月3日，http://www.npc.gov.cn/zgrdw/npc/lfzt/2014/2014-08/31/content_1876868.htm。

③ 参见李淮：《行政机关负责人出庭应诉：现状与展望——兼对新〈行政诉讼法〉第3条第3款之检讨》，载《甘肃行政学院学报》2016年第4期。

责人出庭应诉进行了分类。[①] 2020 年最高人民法院《关于行政机关负责人出庭应诉若干问题的规定》规定了人民法院“应当”和“可以”通知行政机关负责人出庭应诉的两大类案件。前文已经介绍了人民法院“应当”通知的案件类型。在“可以”通知的情形中,除涉及重大人身财产权益、行政公益诉讼和上级行政机关规范性文件对下级行政机关负责人出庭应诉有明确规定的情形外,人民法院还享有一定的裁量权。由此可见,在法律实施和制度完善的过程中,行政机关负责人出庭的案件类型呈现越发明确的态势。在这其中,行政机关负责人出庭应诉制度面临多层次的功能考量:既要服务于行政争议解决的立法目的,[②]也要服务于权力监督制约的立法目的,同时还要遵循行政机关性质和地位所决定的内在运作逻辑和规定。那么,通过案件类型的划分来确定行政机关负责人出庭应诉的范围,就有利于实现上述多重目的之间的协调。而在实际工作中,在最高人民法院上述规定所列“应当”和“可以”通知的案件类型之外,行政机关负责人出庭应诉并非实质性解决行政争议的必要条件,更非充分条件。原因在于,“科层体制”下,行政机关负责人和具体工作人员都有相应的工作权限和工作流程,依据权限作出的行政决定和代表行为对行政机关发生效力,也能够对行政诉讼具体案件所涉及的有争议事项给出合理解决方案。从保障公民、法人和社会组织的合法权益的角度看,或者说从结果导向看,行政机关负责人直接参与庭审还是间接参与庭审,并不必然是行政争议通过诉讼得到实质性解决的关键。权利救济和纠纷解决只是行政机关负责人出庭应诉制度众多功能之一。以最高人民法院《关于行政机关负责人出庭应诉若干问题的规定》为代表的相关制度建设,体现了《行政诉讼法》所确立的该项制度在实践中的创新发展和功能叠加。

---

① 例如,东莞市人民政府办公室《关于加强全市行政机关行政首长出庭应诉工作的通知》(东府办〔2013〕141 号)规定:“具有下列情形之一的,行政机关首长应当出庭应诉(特殊情况委托本机关分管领导作为诉讼代理人参加诉讼的,需说明原因):(一)本机关当年发生的第一宗行政诉讼案件;(二)案件复杂,可能对本机关行政执法活动产生重大影响的案件;(三)在本市范围内有重大影响、可能影响社会稳定的群体性案件……”《荆门市行政首长出庭应诉暂行规定》第 6 条规定:“下列行政诉讼案件,行政首长应当出庭应诉:……(三)二十人以上集团诉讼、以及新闻媒体或者互联网关注等社会影响重大的行政诉讼案件;(四)涉及土地或者房屋征收、重大安全责任事故、资源环境保护等行政诉讼案件……”

② 参见喻少如:《功能主义视阈下的行政机关负责人出庭应诉制度》,载《法学评论》2016 年第 5 期。

第二节　权力制约与政治动员功能

与权利救济、纠纷解决功能相比，行政机关负责人出庭应诉制度的权力制约与政治动员功能的区别在于：如果说权利救济、纠纷解决功能在我国《行政诉讼法》第 1 条中有明确依据，那么"权力制约与政治动员功能"的前半部分在《行政诉讼法》第 1 条中也有相应依据，但其更为丰富的内容和后半部分需要结合其他条款进行论证和阐述。故此，行政机关负责人出庭应诉制度的权力制约与政治动员功能，就和我国国家治理制度和法治实践中所存在的多维度权力关系和政治目标联系在一起。

一、行政机关负责人出庭应诉制度中的中央与地方关系

对于行政机关负责人出庭应诉制度具有权力监督制约功能这一观点，学界具有一定共识，而具体展开的路径却可能有所不同，分歧在于如何看待人民法院与行政机关的关系。也就是说，从审判权监督和制约行政执法权的视角看，人民法院在行政诉讼中履行权力监督和制约功能，是合乎逻辑的。但是，如果将人民法院置于更广阔的国家权力体系之中来看待，由于论者的立场不同，其对人民法院应当扮演何种角色的主张也存在差别。如果强调人民法院自身作用功能的发挥，那么有可能希望赋予法院分量更重的权力监督和制约功能，但这种期望有可能偏离我国宪法对人民法院性质和地位的定位。而依照我国宪法确立的权力分工配合、相互制约的原则，在国家权力体系中应当既看到人民法院的重要作用，又看到它是对行政执法权进行监督制约和分工配合的一种力量。

从实践来看，司法机关是否能充分履行对行政机关权力的监督呢？《宪法》和《人民法院组织法》均明确规定，人民法院作为国家审判机关，依法独立行使审判权，不受任何行政机关、社会团体和个人的干扰。我国不采取设立专门行政法院的模式，各级法院机构设置与地方政府管辖范围重合，尤其是在省以下法院人财物统管的改革之前，[①]"司法地方化"现象引发疑问，地方法院人财物及相关的社会保障受制于地方党政部门是否影响司法公正也广受关注。在行政诉讼案件中，人民法院的权力监督制约与地方行政机关对地方法院的干预压力并存，易引发社会对行政诉讼案件裁判结果的疑问。也有媒体报道指出，行政机关对法院作出的不

① 参见本书第六章的讨论。

利于自己的判决结果，拒不改正、拒不履行等现象曾大量出现。[①] 人民法院及其法官要想履行好对行政机关的权力监督制约职能，首要前提是司法改革所采取的措施让人民法院在行政诉讼中能够依法独立行使审判权，如跨行政区划法院的设置、省以下法院人财物省级统管、最高人民法院设立巡回法庭等，以因应“司法地方化”问题。行政机关负责人出庭应诉制度的确立，应当视为对现有行政诉讼现状的一种回应。法律通过明确规定行政机关负责人必须出庭应诉的情形，明确其在诉讼中的身份、地位及与法院之间的关系，在参与庭审过程中遵从平等原则，行政机关和行政相对人不再是管理与被管理的关系，而是法律地位平等的双方当事人。行政机关负责人出庭应诉制度强调了法院和法官的重要性。法官作为审理者和裁判者，在诉讼过程的证据采纳、对事实依法调查等方面依法享有审判权。法律通过明确规定行政机关负责人出庭应诉，在增加行政机关义务的同时强化了人民法院的审判权。另外，人民法院是权力监督制约体系的一环，在肯定其重要性的同时，还要考虑各项制度和各个机构之间的衔接配合问题，其背景离不开对中央与地方关系的思考。

我国的国家治理具有大国治理的特点，这也是我国的基本法治国情。在中国历史发展中，以及新时期改革开放经济迅速增长的进程中，保障中国的国家治理和文明传统延续传承的治理理念和治理方式是什么？对此，论者多有不同看法。其中，曹正汉提出“上下分治”的分析框架，其认为，中国的治理体制之所以能够保持长期稳定运行，是因为其基本特征是治官权与治民权分设，形成“上下分治的治理体制”；中央政府拥有选拔、监督和奖惩官员的权力，即“治官权”；而具体管理各地区民众的权力则被中央政府交由地方官员，即“治民权”；中央政府负责制定原则性治国策略，在不违反大政方针的前提下，地方官员可以根据各地区情况，灵活地处理自己辖区内的事务。为了进一步解释这种治理体制，曹正汉将其比喻为“分散烧锅炉”，认为“上下分治”的治理体制包含降低执政风险的两种机制——分散执政风险的机制和自发调节集权程度的机制，[②]其对中国治理体制的长期稳定运行具有重要意义。

“上下分治”的分析框架，有助于理解行政机关负责人出庭应诉制度背后中央与地方之间的关系。

第一，“治官权”与“治民权”分设。通过引入 2013 年以来司法改革

---

① 参见张智全：《让行政审判远离地方干预》，载《法制日报》2015 年 6 月 16 日，第 7 版。

② 参见曹正汉：《中国上下分治的治理体制及其稳定机制》，载《社会学研究》2011 年第 1 期。

相关措施并与之衔接,行政机关负责人出庭应诉制度在一定意义上体现了中央行使"治官权"的特点。行政机关负责人出庭应诉制度,既是审判权对行政权的监督制约,也可以视为中央政府对地方政府的监督制约。行政诉讼中,人民法院对被诉行政行为进行合法性审查,该合法性审查也在2014年《行政诉讼法》修改时增加了可以对规章以下的规范性文件进行审查的规定,这体现了审判权对行政权的监督制约。如果结合行政诉讼的审级制度来考察行政机关负责人出庭应诉制度,可更进一步发现中央政府通过行政机关负责人出庭应诉制度实现了对地方政府行为的监督和干预,并且是一种制度化的监督和干预方式。

第二,行政机关负责人出庭应诉中的政治动员。《行政诉讼法》通过修改确立了行政机关负责人出庭应诉制度,使行政诉讼对行政相对人的政治动员能够进一步强化,从而深化了中央对地方的监督制约。"政治动员"描述和解释了包括行政诉讼、信访等制度中动员人民群众参与政治生活、监督公权力运行的现象。陈柏峰认为,信访制度始终存在政治动员和社会治理两种取向,国家通过信访制度了解到人民群众利益诉求的同时,鼓励人民群众积极参与政治生活,也能够实现对党员干部的有效约束。[①] 在行政诉讼尤其是行政机关负责人出庭应诉的研究中,可以引入政治动员功能作为分析工具,对权力监督制约进行更为深入的阐释。也就是说,人民法院在行政诉讼案件中,通知行政机关负责人出庭应诉,首先是对行政相对人的一次动员,这有利于推动和促使行政相对人更加充分、全面地表达其法律诉求。其次是对行政机关的一次动员,有利于促使行政机关更加慎重和认真地对待行政诉讼案件。最后是对人民群众的一次动员,有利于宣传行政诉讼代表着权力受人民监督、人民通过诉讼行使监督权的法治理念和原则。在这些动员功能中,更为深入的意涵是,人民法院在行政诉讼中的权力监督制约功能,是对行政机关内部权力的监督制约和对人民群众监督的动员,而不局限于人民法院这一机构自身。中央通过立法也就是《行政诉讼法》修改,实现了对地方监督制约的法治化、制度化。

因此,行政机关负责人出庭应诉制度不仅是审判权对行政权的制约,从整个国家治理的制度逻辑看,还是中央对地方的权力监督制约,其中包括中央政府对作为行政相对人的人民群众和作为诉讼参与人的行政机关的政治动员。

---

① 参见陈柏峰:《信访制度的功能及其法治化改革》,载《中外法学》2016年第5期。

二、行政机关负责人出庭应诉制度中的中央与部委关系

行政机关负责人出庭应诉制度体现了中央对地方政府的权力监督制约,那么对于同样作为行政机关的国家部委来说,行政机关负责人出庭应诉制度又意味着什么?行政机关负责人出庭应诉制度在享有领导权和宏观政策制定权的中央与负责具体政策设计和执行的部委之间,是否同样发挥着权力制约与政治动员的功能?

北京市第一中级人民法院行政庭于2016年公布了一组相关数据:2015年5月1日至2016年4月30日,该院共接收一审行政诉讼案件945件,其中有912件被诉行政机关为部委。《光明日报》对此曾报道:"以内部信息为由不予公开,国土资源部败诉;超法定期限作出行政复议决定,国家能源局败诉;违反程序审批水土保持方案,水利部败诉……"① 该报道还披露了过去一年间,走上被告席的部委有34个;该院2015年涉及各部委的行政诉讼案件,实体败诉率为33.5%。这是2014年修改《行政诉讼法》之后,对部委涉及行政诉讼案件情况的一次重要披露。结合调研和查阅裁判文书所发现的情况,部委作为被告被判败诉或者在法院调解中被"建议"纠正相关行为、履行行政机关义务甚至作出某种"让步"的情形,都不罕见。实践中,国家部委是否也将受到行政机关负责人出庭应诉制度的影响;若是,其体现了何种治理逻辑?

观察中央政府部委级行政机关负责人出庭应诉的几起典型事例,我们可以总结出一些特点。典型事例之一,2017年12月19日,北京市高级人民法院公开开庭审理了欣泰电气欺诈发行、虚假披露证券处罚上诉案。本案中,中国证监会主席助理黄某出庭应诉。据报道,此案是中央政府部级行政机关负责人首次出庭应诉。② 典型事例之二,2017年5月8日原国土资源部公布《国土资源行政应诉规定》,2019年7月19日自然资源部公布《自然资源行政应诉规定》。《自然资源行政应诉规定》对自然资源主管部门负责人应当出庭应诉的情形进行了规定,包括"涉及重大公共利益、社会高度关注或者可能引发群体性事件,负责人出庭更有利于化解争议的案件;上级自然资源主管部门建议或者同级人民政府要求负责人出庭应诉的案件;人民法院书面建议负责人出庭应诉的案件;其他

① 王逸吟、曾巧艺:《民告官,这些部委缘何败诉》,载《光明日报》2016年5月25日,第5版。

② 参见周芬棉:《部级单位负责人首次出庭应诉》,载《法制日报》2017年12月20日,第1版。

对自然资源管理可能产生重大影响的案件”。[①] 典型事例之三，2013 年《国家卫生计生委行政复议与行政应诉管理办法》规定，各司局负责其主管业务范围内的行政复议和行政应诉工作，并明确一位司局领导分管，其主要职责是：……负责由本司局以国家卫生计生委名义作出的具体行政行为而发生的行政诉讼案件的应诉工作，并确定人员作为委托诉讼代理人出庭应诉。

上述事例以及相关调研分析所呈现的特点是：其一，中央政府部级行政机关负责人出庭应诉并不多见。原因在于，如 2013 年原国家卫生和计划生育委员会的规定（实际上沿袭了原卫生部此前的相关规定）所呈现的，各部委已经就本单位行政应诉建立了相应的管理办法或者工作制度。从主管业务和有利于行政争议解决的角度看，部委各司局在其业务范围内负责行政应诉工作，与科层体制的专业化分工是一致的。其二，中央政府部级行政机关负责人出庭应诉与案件类型及其社会影响关联。无论是中国证监会相关负责人出庭应诉，还是自然资源部相关规定所设定的出庭应诉类型，都把案件的重大程度和社会影响度作为重要衡量指标。其三，各项制度间存在互动。如果按时间顺序，把上述三个事例与 2014 年《行政诉讼法》修改和 2020 年最高人民法院颁布关于行政机关负责人出庭应诉的相关规定进行关联比较，可以看到其彼此间可能存在互动关系，更为确定和重要的是，行政机关负责人出庭应诉制度必然不只是对地方政府产生影响。

还需要分析的是，仅以中央政府部级行政机关负责人出庭应诉的案件数量来看待这一问题并不充分。从各部委制定行政应诉规定可以看到其对行政机关负责人出庭应诉有相应的裁量权。这为我们引入“控制权”的分析框架提供了契机。

周雪光在分析中国政府内部关系的研究中，将组织内部运行过程的“控制权”重新概念化，提出控制权的三个维度：目标设定权、检查验收权和激励分配权。[②] 研究行政机关负责人出庭应诉制度，可以将“控制权”的三个维度经过限定后适用于中央与部委之间的关系。但与周雪光之分析有所不同的是：周雪光所述的“控制权”中包含委托方、管理方和代理方，研究的是政府内部的组织关系；而在讨论行政机关负责人出庭应诉的

① 上文已经对“负责人出庭更有利于化解争议”的问题作了讨论，在此不赘述。

② 参见周雪光：《中国国家治理的制度逻辑》，生活·读书·新知三联书店 2017 年版，第 95－96 页。

时候，“控制权”一方面涉及中央作为宏观政策制定者，其拥有目标设定权，该目标包含法治政府建设的目标和司法权运行的目标，另一方面涉及对目标进行检查和监督之权力的分配，人民法院作为司法机关享有对目标进行检查和监督的权力，但并非独有。进而，行政机关负责人出庭应诉制度相当于一种制度激励，即通过修改《行政诉讼法》明确规定行政机关负责人出庭应诉制度，以督促和激励行政机关做到严格规范公正文明执法，或者说促使行政行为更加合法、更为合理，符合为法治政府建设所设定的目标任务。在这个过程中，行政机关负责人出庭应诉制度通过以“控制权”理论为视角的分析得以展现，即部委享有具体政策的制定和执行方面的权力，其中也包括在《行政诉讼法》中对行政机关负责人出庭应诉制度作一般性规定的前提下，部委制定本行政机关行政应诉规定，以及决定是否由行政机关负责人出庭应诉。但同时，通过行政机关负责人出庭应诉制度，中央表达了权力监督制约和制度性动员的要求。行政机关负责人应出庭应诉那些更有利于行政争议解决的特定类型案件，也即更能体现权力监督制约和政治动员功能的案件。

三、权力制约与政治动员功能的局限性

从局部试点到上升为《行政诉讼法》的明确规定，再到后续最高人民法院及各部委出台应诉规定，行政机关负责人出庭应诉的制度建设和具体实践一直在推进和不断完善。从前述分析看，该项制度的目的非常明确，即力图对法治政府建设和司法改革、提升政府公信力和司法公信力都有所帮助。从实践情况来看，无论是行政机关负责人出庭应诉率的高低，还是各部委出庭应诉官员级别的高低，置于制度逻辑的视角来审视，会发现：上文所述两种功能的预期和现实之间的差距之所以引人关注，就在于从我国改革开放、重建社会主义法制以来，特别是制定《行政诉讼法》以来，法治政府建设在总的法治建设目标中是骨干工程，政府与市场的关系尤其重要；行政机关负责人出庭应诉是法治政府建设过程中的一项具体制度，法治政府建设水平高低与否、进展状况如何决定了行政机关负责人出庭应诉制度的表现，行政机关负责人出庭应诉情况的变化也反映了在国家治理体系中行政机关角色功能和影响力的变化。因此，对行政机关负责人出庭应诉制度在权力制约和政治动员功能上的贡献和局限，应该在此背景下思考和分析。

第一，行政机关负责人出庭应诉制度的实施和改善，应当置于法治政府建设的总体设计和实践推进中来看待。《法治政府建设实施纲要

(2021－2025年)》已于2021年公布和实施。就行政应诉工作而言,该纲要第二十三部分从五个方面进行了阐述:第一个方面即本章所讨论的行政机关负责人出庭应诉制度;第二个方面涉及行政争议实质性化解机制,呈现出通过其他纠纷解决机制以减少行政争议进入诉讼程序的政策取向;第三个、第四个方面对支持法院、检察院相关工作作出论述;第五个方面涉及司法建议和检察建议。同时,该纲要还涉及法治政府建设方方面面的工作,应当说都和行政应诉工作有关联。但仅从法治政府建设内部来看,就行政应诉工作而言,推进行政争议的实质性化解涉及行政裁决、行政复议等制度的改革完善,而法治政府建设的其他方面对于减少行政争议、促进行政机关与行政相对人之间的信赖也必不可少。《法治政府建设实施纲要(2021－2025年)》呈现出的系统化、协同化思路,对于重视和发挥行政机关负责人出庭应诉制度化解行政争议、权力监督制约的功能和后续制度完善,具有重要意义。

第二,行政机关负责人出庭应诉制度的良好实施和配套措施,应当与司法改革相衔接。《法治政府建设实施纲要(2021－2025年)》关于行政应诉工作有五个方面的论述,而由于行政应诉本身就是一种诉讼现象,因此这五个方面都与司法改革有密切关联。实践中,行政机关负责人出庭应诉受制于司法体制运行中的短板和不足,如果行政机关负责人出庭应诉率较低也会影响人民法院的权威性、公正性。发挥行政机关负责人出庭应诉制度的权力制约与政治动员功能,必须考虑相应的保障机制。行政机关负责人出庭应诉制度的实践和完善,应当与我国现行司法体制改革相呼应和衔接,配合省以下人财物统一管理、最高人民法院巡回法庭制度完善、跨行政区划法院改革等措施,也包括在该领域出台相应的司法政策,如最高人民法院关于行政机关负责人出庭应诉的规定。

第三,行政机关负责人出庭应诉制度在完善发展过程中出现功能叠加。2014年修改后的《行政诉讼法》第3条第3款规定:"被诉行政机关负责人应当出庭应诉。不能出庭的,应当委托行政机关相应的工作人员出庭。"但该法对不能出庭的情形和应当委托相应工作人员出庭的范围,未作出明确规定。法律条文的模糊性,使行政机关负责人出庭应诉制度得不到应有的重视,这将导致行政机关产生消极应对的心理和行为。完善该规定,是行政机关负责人出庭应诉制度能够切实发挥其作用的基础。从中国目前的法治国情来说,各地方法治建设进程存在差别、经济社会发展不均衡,想要出台一个完备又具体的规定存在现实困难。最高人民法院关于行政机关负责人出庭应诉的规定和发布的典型案例，[①]则是在此领域的重要制度建设和探索，旨在提升该项制度的社会影响力和标识度。这同时也表明，行政机关负责人出庭应诉制度出现了功能叠加和扩张，其不限于行政争议解决和权力监督制约，而将指向法治实施中更为丰富和深层次的制度性功能。

第三节　权力合法性与符号性功能

上文分析了行政机关负责人出庭应诉制度的两方面功能，即权利救济与纠纷解决功能和权力制约与政治动员功能。上述两种功能侧重于将行政应诉作为达成实质性社会目的之手段，体现了法律制度的规范性、工具性的功能。相较于此，一些法律制度所具有的合法化、符号性、象征性功能也值得注意。行政机关负责人出庭应诉制度也具有合法化、符号性功能。如本书绪论所讨论的，可以在三种意义上理解政治正当性，包括法律意义上的正当性、经验意义上的正当性和道德意义上的合法性。[②] 行政机关负责人出庭应诉制度的合法化、符号化意义，值得沿着本书所提出的框架作进一步研讨。

一、行政机关负责人出庭应诉制度的社会影响

行政机关负责人出庭应诉具有明显的传播效应，从而也放大了该制度的社会效果。例如，前述中国证监会负责人作为中央部级单位负责人第一次出庭参加行政诉讼，引起了媒体的广泛关注，肯定性声音和反思性思考兼而有之。在地方政府层面，对副省长在行政诉讼中出庭应诉的直播或报道成为新闻热点，引起了社会关注。中央和地方媒体纷纷在新闻标题中把行政机关负责人出庭应诉率“提升”乃至“100%”作为关键词，显示行政机关负责人出庭应诉制度的实施绩效，具有明显的标识度和传播性。为什么媒体和社会大众会如此关注行政机关负责人出庭应诉？又如，上文提及的最高人民法院在2021年所发布的行政机关负责人出庭应

---

① 参见《最高人民法院发布行政机关负责人出庭应诉典型案例》（2021年7月29日）。在发布该批典型案例时，最高人民法院指出，“《最高人民法院关于行政机关负责人出庭应诉若干问题的规定》实施一年来，各地法院深入贯彻司法解释规定，大力推动行政机关负责人出庭应诉工作，实质性化解了大量行政纠纷，积累了许多宝贵的经验，取得了良好的法律效果和社会效果”。

② 参见［美］艾伦·布坎南等：《全球治理机制的合法性》，载《南京大学学报（哲学·人文科学·社会科学版）》2011年第2期。

诉典型案例，虽然15个典型案例均仅涉县市级人民政府及其组成部门，但在案例的选择上把典型性和传播性相结合，在叙述这些案例出庭应诉情况时，重视介绍被诉行政机关负责人的职位（正职、副职情况）、参与庭审过程、庭审社会反响等情况。其中，较为典型的做法有：将庭审作为行政执法人员的一堂“法制公开课”；[①]进行音频和视频的网络直播；[②]组织省内一定范围和级别的行政机关负责人，邀请省人大代表、省政协委员，以现场或视频的方式进行旁听或观摩；[③]组织专项工作组推动行政争议化解。[④] 也就是说，除了行政机关负责人出庭应诉、“出庭发声”和亲自推动争议解决之外，上述传播行为和现象也是行政机关负责人出庭应诉制度在实践中的组成部分，更是提升其社会影响力的方式。

“民告官”的传播效应对法治建设具有推动作用。行政机关负责人出庭应诉率只是问题的一个方面，行政机关严肃认真对待行政诉讼案件的诉讼过程可能更加重要。相较于以往存在的“出庭不出声”，或是不参加庭审从而有损司法权威的情况，行政机关委托与案件所涉业务相关的工作人员或者法制部门工作人员出庭应诉，并在参与庭审活动过程中抱以更加认真的态度，更有助于提升政府公信力和法治认同感。“民告官”的传播效应，也可以在一定程度上缓解媒体压力和社会压力。媒体对行政机关负责人出庭应诉的宣传，至少在一定时间和一定范围内，使行政机关和社会公众之间因行政诉讼案件而对立的情绪有所缓和，行政机关“疏离感”减少、“亲民性”增加，行政相对人对行政争议能够得到有效解决的信心也会增加，有利于提升社会公众对司法机关能够作出公正审判的预期和信赖，推动社会整体法治观念和司法公信力提升。

二、行政机关负责人出庭应诉制度的礼仪性、教化性、感染性

从行政机关负责人出庭应诉制度的媒体效应和社会反响可以发现，行政机关负责人出庭应诉往往引发社会强烈关注，有强烈的礼仪性、教化性和感染性，与人民群众的心理期待形成呼应，从而能够获得或者增强政治权力的道德合法性，这也是本章所说的行政机关负责人出庭应诉制度

---

① 北京富宁经贸有限责任公司宁夏特产连锁超市诉北京市东城区市场监督管理局行政处罚决定及北京市东城区人民政府行政复议案。

② 江苏中厦集团有限公司诉黑龙江省大庆市让胡路区人民政府住房和城乡建设局行政处罚案。

③ 蔡某某诉山东省泗水县人民政府土地征收案。

④ 旬阳县润农房地产开发有限公司诉陕西省旬阳县住房和城乡建设局行政行为违法及行政赔偿系列案。

的符号性功能。

（一）行政机关负责人出庭应诉制度的礼仪性

周雪光指出："无论是正式官僚等级制度、行政发包制，还是各类的变通做法，对于维系一个辽阔多元的大国疆土来说是远远不够的。从国家的视角来看，这一组织治理机制的局限性加剧了强化观念整合的迫切感。如果不得不在组织治理机制上允许各地官员的执行灵活性和实际治理权，如何能够让他们在日常工作中按照中央权威的意志和理念行事则至关重要。"①周雪光的上述论述具有两方面的意义：一是在大国治理中，观念整合具有特别重要的意义，尤其是在中央和地方之间。观念整合对实际治理中的灵活性与国家治理中的制度统一性起到协同协调的作用。二是观念整合可能有很多方式，对于国家的复杂治理或者"务为治"②来说，其中的某些具体方式有自己独特的甚至不可取代的意义。行政机关负责人出庭应诉制度的礼仪性，就可以在以上讨论的基础上加以展开。

从政治仪式的角度看，行政机关负责人出庭应诉制度以法律形式确立，行政机关负责人依法依规出庭应诉，参与诉讼活动就成为行政机关负责人的日常工作，也成为行政机关负责人不得不参与的一种仪式。首先，这种仪式性确立了法治的权威性。出庭应诉是庭审活动的一个方面，庭审本身具有强烈的程序性和仪式感，庭审遵循正当程序是法治基本原则的体现，也有利于实现乃至提升法治的权威。其次，仪式性还体现在其可重复性上。行政机关负责人出庭应诉是反复进行而非一次性的行为。从上文所介绍的案例和事例还可以看到，行政机关负责人出庭应诉在重复、多次进行的过程中，还被附加了诉讼之外的程序环节和功能。这与那些一次性的法律仪式不同。如果说一次性的法律仪式是一次性地固化了正当性，或者说赋予某种法律制度以正当性，那么重复性的法律仪式，其功能和特点在于不断地、可重复地增强某种法律制度的正当性，持续地向社会和公众确认其法律效力。行政机关负责人出庭应诉这一仪式化活动，在出庭应诉过程中不断维系、强化了行政机关和人民群众对法治权威、政府公信力和司法权威的认同，而行政机关负责人出庭应诉制度也在这些周而复始的过程中不断确认其合法性、有效性。

---

① 参见周雪光：《中国国家治理的制度逻辑》，生活・读书・新知三联书店 2017 年版，第 34－35 页。

② 参见程燎原：《千古一"治"：中国古代法思想的一个"深层结构"》，载《政法论坛》2017 年第 3 期。

（二）行政机关负责人出庭应诉制度的教化性

在行政机关负责人出庭应诉这一活动中，还存有一种期待：每一次法庭审判，都是一次法治教育，行政机关负责人法治观念能够相应得到提升。这就是行政机关负责人出庭应诉制度的教化性。

对“教化”应当持中性的、学术的理解，而非贬义的、扭曲的理解。这也不同于本书第三章曾讨论的“教育的公民”与“实践的公民”的区分。原因在于，行政机关、行政机关负责人、行政机关工作人员是一种制度性身份，或者说是经由规则所建构的非人格化身份。在这种制度化建构的过程中，非人格化的身份是被规则所塑造、定型和改造的。“教化”也就意味着对这种非人格化身份的进一步塑造和改造，以使其符合制度实施和制度演进中对相应非人格化身份新的需求和定位。对于行政机关及其负责人、工作人员来说，“教化”是按照法治要求和法律制度规定对其进一步塑造和规范化。党的十八大以来，对领导干部的法治素养提出了更高要求，更为强调运用法治思维和法治方式治国理政、深化改革、发展经济和实施治理。提升领导干部的法治素养，包含多维度的工作，既包括本书已经提及的领导干部学法用法尊法制度、行政机关法律学习制度、应当学习的法律法规清单制度、公务员考试强化法律知识考查等，还包括在实践中的法治教育或者教化性。在行政诉讼的实践中，行政相对人和司法机关共同参与到作为法治教育的诉讼过程当中，就如同上文提及的实践做法中所说的，每一次行政诉讼就是一次法治教育课。更进一步，行政机关负责人每出庭参与一次行政诉讼，就相当于经历了一次法治宣传教育，对法治政府、司法制度和法治权威的理解就更加直接和真切。行政机关负责人出庭应诉制度的施行，其意义因而包括解决行政争议、处理“民官矛盾”，也包括抓住领导干部这个“关键少数”，促进和推动官员尊重法律、提高法治意识、带头尊法守法，更为切实地践行法治。

（三）行政机关负责人出庭应诉制度的感染性

除礼仪性、教化性外，行政机关负责人出庭应诉制度还具有感染性。如果礼仪性、教化性更多是从行政机关的角度出发，那么感染性是从整个社会出发的观察。行政机关负责人出庭应诉制度不仅有助于强化行政机关负责人的法治思维和法治工作方式，同时对增强整个社会法治信仰，建设法治政府、法治社会具有重大意义。

首先，行政机关负责人出庭参与诉讼活动，表达了其对法律、司法审判权威的尊重，向社会公众传递了其接受公众和司法机关监督的态度，以及建设亲民政府、法治政府的决心。[①] 从行政相对人角度看，行政机关的“特殊权力”即其作为“官”的身份，在诉讼过程中一定程度受到“冻结”。行政争议的解决建立在双方法律地位平等的基础之上，行政诉讼从而能够成为公正解决纠纷的重要渠道。其次，行政机关负责人出庭应诉制度体系的建立健全，本身就是对司法体制改革的积极响应，是构建法治国家、法治政府、法治社会的基本要求，将行政机关负责人出庭应诉制度纳入立法具有重要的法治进步意义。“法治政府主要指国家行政权行使的法治化”[②]，通过规定行政机关负责人应当出庭应诉，还可以让行政机关“一把手”发现行政权力运作过程所暴露的“非法治化”和“违法”现象，提高行政机关的内部监督和自我改进。基于上述讨论，不断完善行政机关负责人出庭应诉制度，在法治政府建设的意义上，其功能就在于推进政府更加诚信、更为负责、更加高效，从而实现法治政府建设中依法行政和执法行为规范化等内在目的，并通过包括行政机关负责人出庭应诉制度在内的具有传播性、公开性的制度，影响社会对法治政府建设的认知，提升全社会对法治的广泛认同和自觉践行。

需要指出的是，在所有对行政机关负责人出庭应诉的批评质疑中，对“表演化”这一质疑需有理性认识。上文已经指出，法庭活动具有仪式性。如果从积极的意义看待法庭活动的仪式性乃至“表演化”，那么对行政机关负责人出庭应诉过程中的认真准备、熟练应答和有组织的观摩、旁听活动，应给予客观描述和肯定评价。或者可以进一步深入讨论的是，当行政机关负责人出庭应诉或者行政机关工作人员对出庭应诉“习以为常”，那么也意味着行政诉讼的重要性和司法权威的重要性得到了提升。从法庭活动所感受的法律仪式性背后的法律权威性具有强烈的感染力，这正是法律诉讼程序的重要价值。

正义是一个颇具争议性的概念。其争议性之一，就在于个体视角的差异会影响每个个体看待社会结构、社会制度——包括法律制度、法律诉讼——是否保持公正的立场、视角和结论。个体的差异使人们在重视后果正义的同时，还必须重视程序正义。遵循正当程序或法定程序的要求，已经被证明是提升人们心中对法律公平正义之感受、接受和认同的重要途径，对于执法程序、司法程序来说都是如此。法律活动，特别是执法活

---

① 参见项坚民：《出庭小为，法治大为——行政机关负责人出庭应诉制度建设与应用刍议》，载《法制与经济》2015 年第 12 期。

② 姜明安：《论法治国家、法治政府、法治社会建设的相互关系》，载《法学杂志》2013 年第 6 期。

动和诉讼活动,具有过程性和互动性。在法律活动各方参与主体的互动过程中,那些影响人们对公平正义看法的因素必须得到重视。因此,执法活动是否文明规范、司法礼仪是否严格遵循,都会影响人们对法律权威的看法和对法律决定之公正性的判断。由此出发,审视行政机关负责人出庭应诉制度的感染性,关注点在于行政机关负责人出庭参与诉讼意味着行政机关及其工作人员、社会公众都参与到了这种重要的具有互动性、媒介性的活动中;对前述所说的仪式性和教化性之更进一步的要求,是把各类主体更加深刻地融入法律程序之中,使其更加深刻地感受法律程序通过程序正义所表达出来的感染力。

三、对符号性功能的反思

与前两个功能即争议解决和权力监督制约相比,符号性功能是从一种更为抽象的角度描述行政机关负责人出庭应诉制度。贯彻执行行政机关负责人出庭应诉制度,塑造政府"亲民"、愿意尽快解决群众诉求的良好形象,向人民群众表达了行政机关依法执政的决心和诚信,有助于增强人民群众对司法公正的信心,能够使政治权力的行使更具合法性,这是2014年《行政诉讼法》修改和同一阶段司法改革的进步意义。但同时,行政机关负责人出庭应诉制度的符号性功能,也存在一些局限性和让人有疑问的地方,典型的一种即行政机关负责人出庭应诉制度符号性功能的另一面是否隐藏着一种压力传导机制。这种压力传导机制有可能强化了科层体制中的等级性,从而加强了行政机关内部规避责任、集体决策、集体无责任的倾向。

行政机关负责人出庭应诉制度所"隐藏"的压力传导机制,可从以下三个方面展开讨论。

第一,被诉行政机关负责人的自身压力。行政机关负责人出于工作职责分配、工作时间繁忙、专业技能不足、具体情况不了解等原因,有可能在行政诉讼活动中表现不够出色,或者败诉。上述情况可能是行政机关负责人不愿看到的。从上文所讨论的行政机关负责人出庭应诉的典型案例来看,出于诉讼所传导的压力,行政机关负责人采取了多种措施来推动行政争议的化解,尤其是诉讼活动之外的化解。尽管这有利于实质性化解行政争议,但也不免引发思考:这是基于诉讼传导给行政机关负责人的压力,还是行政争议本身的是非曲直促使行政争议以某种方式得到更好解决。

第二,行政机关工作人员的压力。"科层体制"的等级化,本身就存在压力传导机制，尤其是自上而下的压力传导机制。从被诉行政机关负责人到与该行政机关直接相关的业务部门，压力传导可能会造成具体承办工作人员的诿责、躲避、消极怠工乃至不合法或不合规地“妥协”，而上述情形都是对依法行政的“异化”。行政机关工作人员在工作过程中有可能更加不愿意作出决策、更加不愿意承担责任。基于行政机关负责人出庭应诉所带来的压力，以及为了规避这种压力传导所带来的责任风险，行政工作人员在决策层面将更加依赖上级的决策指示，在具体实施层面有可能更加怠于执行，以集体决策、集体承担责任来规避个体所可能或者应当承担的责任。

第三，在行政诉讼活动中，行政机关可能采取“妥协”策略，或者将压力传达到案件关联方或者其他行政相对人。参加诉讼就有“败诉”的可能。“败诉”对行政机关来说并非不可接受，上文也介绍了即便是中央部委机关也有一定败诉率。但是，“败诉”并不符合诉讼当事人也包括行政机关的诉讼期待，避免“败诉”是诉讼当事人的理性选择。在此背景下，以调解或者行政诉讼原告撤诉的方式终止行政诉讼，就成为有吸引力的选择。[①] 然而，值得担忧的是，行政机关乃至法院、行政诉讼原告的策略选择，可能将压力传导给案件相关的公民、法人和社会组织。例如由行政机关施加压力，由相关公民、法人或社会组织采取行动，以满足行政诉讼原告的利益诉求。然而，这种“妥协”或者“压力转移”本身可能是不合理乃至不合法的。

无论是行政机关工作人员在集体决策中互相推诿的行为，还是在行政诉讼活动中作出妥协、转嫁压力的行为，都不利于建设法治政府、法治国家、法治社会。行政机关负责人出庭应诉制度旨在塑造一个守法亲民、“权力在阳光下运行”的良好政府形象，但也不能忽视其可能存在的“压力传导”并进而强化科层体制内对上级负责、集体无责任的情形。这种“压力传导”如果在科层体制内反复强化，将加剧行政机关工作人员“多一事不如少一事”的心理，使其在作出行政决策时更加小心翼翼、避免承担不利后果，由此导致行政相对人的请求可能得不到高效切实解决。

行政机关负责人出庭应诉制度是法治建设实践的产物，是行政机关、司法机关和理论工作者经验和智慧的结合，其确立对《行政诉讼法》不断完善、司法改革进程和法治中国建设，都具有积极推动作用。本章从行政机关负责人出庭应诉制度的功能叠加的视角，对行政机关负责人出庭应

---

① 此结论来自本书作者在某部委进行的调研。

诉制度做了分析研究，指出行政机关负责人出庭应诉制度具有权利救济与纠纷解决、权力制约与政治动员、合法化和符号性三大功能。这三大功能存在明显区别，实际上又有内在的联系：以权利救济与纠纷解决或者说解决行政争议为目的，设计和确立行政机关负责人出庭应诉制度，体现了中央对于地方和部委的权力监督制约、对人民群众的政治动员，该制度也是国家权力监督制约体系的一部分或者一环；不仅如此，该制度的合法化和符号性功能为前两个功能的合法性提供了支撑和保障。

从该制度的实践情况看，行政机关负责人出庭应诉制度的上述三种功能，或者说该制度的功能叠加，存在一定局限性：其一，行政机关负责人出庭应诉，并非行政争议得以实质性解决的充分条件，甚至也不是必要条件；其二，行政机关负责人出庭应诉制度作为法治政府建设和司法改革的一项具体措施，其在国家权力运行和权力监督制约体系中的作用依赖于其他法律制度的衔接配合，尤其是依赖于未来一个阶段法治政府建设中的改革措施和制度创新，以及司法体制综合配套改革中的相关制度措施；其三，符号性功能虽然是具有象征意义的功能，但其也可能实质性地强化行政机关科层体制的压力传导，从而产生行政机关推诿责任、集体无责任的问题。

本章小结

制度实施过程也是制度演进发展的过程，功能叠加是制度实施和制度演进过程中一种值得研究的现象。以行政机关负责人出庭应诉制度的多重功能为研究对象，本章对行政机关负责人出庭应诉制度进行了“是什么”“为什么”的分析，并对该制度如何改进、如何加以规范等问题进行了讨论。行政机关负责人出庭应诉制度在实践中仍存在很多问题，但也呈现出逐步发展完善的态势，社会各界特别是媒体对其亦非常关注，原因在于这一制度对建设法治政府、法治社会有重要积极意义。从行政机关负责人出庭应诉制度的实践发展历程来看，法治建设是一个逐步提升质量、在制度实施中不断推进制度完善创新的过程，从立法规定到司法解释再到具体行政诉讼案件中贯彻落实，“行政机关负责人出庭应诉”成为一种常态化的法治话语。这也意味着，一项制度的实施和完善必须结合一定时段的实践加以考察，从中总结经验，进而不断推进该项制度的进一步发展完善。

第六章　司法责任制改革

第一节　司法责任制改革的语境和脉络

步入新时代，在中国进行的司法改革中，司法责任制是核心概念和中心线索，被称为司法改革的“牛鼻子”。[①] 关于司法改革，官方表述有比较清晰的脉络。其脉络的起点可以定位于2013年11月，党的十八届三中全会通过的《中共中央关于全面深化改革若干重大问题的决定》，提出“……建设公正高效权威的社会主义司法制度……健全司法权力运行机制……完善主审法官、合议庭办案责任制，让审理者裁判、由裁判者负责”。2014年10月，党的十八届四中全会通过的《中共中央关于全面推进依法治国若干重大问题的决定》，进一步明确了司法改革的目标要求，提出要“完善主审法官、合议庭、主任检察官、主办侦查员办案责任制，落实谁办案谁负责……明确各类司法人员工作职责、工作流程、工作标准，实行办案质量终身负责制和错案责任倒查问责制，确保案件处理经得起法律和历史检验”。

自2014年1月22日起，中共中央全面深化改革领导小组持续审议通过或原则通过了一系列关于司法改革的文件，后续由相关部门予以发布并贯彻落实。[②] 这些司法改革文件以司法责任制为线索和核心，将改革予以细化和制度化，明确了司法责任制改革的具体方案。到2016年1月，我国除香港、澳门特别行政区和台湾地区之外，司法体制改革试点已经铺开到所有省、直辖市和自治区。这里所说的“司法体制改革试点”，包括四个方面的工作：司法人员分类管理制度、司法责任制、司法人员职业保障制度和省以下地方法院检察院人财物统一管理。[③] 对上述四项任

---

① 习近平总书记在中共中央政治局就深化司法体制改革、保证司法公正进行第二十一次集体学习时强调“要紧紧牵住司法责任制这个牛鼻子，凡是进入法官、检察官员额的，要在司法一线办案，对案件质量终身负责”。参见习近平：《以提高司法公信力为根本尺度　坚定不移深化司法体制改革》，载新华网，http://news.xinhuanet.com/politics/2015-03/25/c_1114763477.htm。

② 参见黄文艺：《中国司法改革基本理路解析》，载《法制与社会发展》2017年第2期。

③ 参见《全国所有省份均启动司法改革》，载《新京报》2016年1月22日，第21版。

务的内在逻辑进行分析，可知司法责任制在其中处于核心地位：司法人员分类管理制度的重心和主要任务是法官检察官员额制，其目的是确定承担司法责任的主体，为确立主审法官制和主任检察官制度提供人事制度的支撑，在此基础上实施办案质量终身责任制和错案倒查追究制等司法责任制的主要追责模式；提高进入员额制的法官、检察官的薪酬待遇水平，建立相关保障制度，以期提升司法人员的职业荣誉感和经济待遇，稳定人员队伍、增强一线办案力量；审判权、检察权依法独立行使是司法责任制的前提，省级以下法院检察院人财物统一管理是司法去地方化的重要举措，力图通过建立符合司法责任制要求的经费分配体系、收入分配格局，为司法责任制的落实提供人财物方面的保障条件。

司法体制改革是司法改革的主体，司法责任制改革又是司法体制改革的核心和轴心。司法责任制是司法改革的"牛鼻子"。对司法责任制改革进行深入分析，不仅是为了把握司法改革的内在理论，还在于由此把握法治实施的内在逻辑，这是因为司法责任制改革、司法改革、全面依法治国和国家治理之间，既是子系统与母系统、局部与整体的关系，也是法治实施的规范性功能与社会性功能在具体改革领域的直接体现。需要进一步说明的是，司法改革还是一个动态演进的过程。人们对司法改革效果的评价除了是基于各自立场的评价之外，总体上是一个阶段性的评价，这与期望建立一个稳定的司法体制的结构框架相矛盾，并且人们对建立一个符合中国国情的现代司法体制的认识又是不断深化的。因此，我们必须从解释性的立场分析司法责任制改革的逻辑。自 2013 年起的全面深化改革具有总目标和改革具体措施任务，其中就包括司法领域的改革，自 2014 年起的司法责任制改革对国家与法院、法院与法官之间的关系进行了调整。更具体地说，围绕法官对主办案件的裁量权，在松与紧、独立承担与连带承担之间发生了重要演变。如果把这两种关系视为委托代理关系，那么借用不完备契约理论的说法，法官的裁量权在委托代理关系中体现为一种"剩余控制权"。司法责任制改革突出了在"审理者裁判、裁判者负责"的制度设计中，对法官放权的同时赋予法官更大的责任，这也是权责一致的必然要求。在司法改革的实际进程中，从司法责任制试点改革到全面铺开司法责任制改革，从 2017 年司法体制综合配套改革试点到全面铺开司法体制综合改革，[①]再到 2023 年最高人民法院提出实行

① 参见陈卫东：《司法体制综合配套改革若干问题研究》，载《法学》2020 年第 5 期；蒋惠岭：《司法改革进入新时代　六大配套工程应当成为改革重点》，载《人民法治》2018 年第 1 期。

“阅核制”和新版法院绩效考核制度，[1]我们对司法改革的制度逻辑有了更全面深入的认识。回顾十年间改革的过程，可以视为在实践中对两种“权变”作出了回应：一种是个案意义的权变或裁量权行使空间，另一种是体制机制层面如何规范裁量权的行使空间。对这两种“权变”的回应，既包括最高人民法院提出的类案检索制度等旨在规范裁量权的制度设计，[2]也包括更值得注意的基层法院先行探索开展的裁判文书阅核制度。因此，尽管有批评者认为，阅核制是以“阅核”之名行“审批”之实，[3]但从实践来看，阅核制也是司法责任制改革中地方探索如何提升审判质效的制度性措施。

从上述讨论可见，从司法责任制到司法体制综合配套改革，再到“阅核制”，司法改革也引起不少反思、怀疑、追问，主要体现在以下几个方面。

首先，司法体制改革是国家治理体制改革的组成部分，也是全面深化改革和全面依法治国的“先行部分”，但司法改革又高度依赖于国家治理体制改革的其他重要方面，[4]例如党法关系改革、中央地方关系改革、国家人事制度改革等，而目前的司法责任制改革主要是司法体制内部人与人之间、人与司法机构之间关系的改革。人们的疑问是：是不是只有在推进国家治理体制改革的基础上，将司法责任制改革作为新办法，才能发挥顶层设计者期望的作用，而不是被尚未开始改革或者改革处于滞后状态的国家治理体制其他方面制约。

其次，司法责任制尚未建立起足够清晰的现代化问责体系，司法责任

---

① 参见孙航：《一堂课，把“审判管理现代化”讲明白》，载《人民法院报》2023 年 9 月 10 日，第 1 版。

② 主要有《最高人民法院统一法律适用工作实施办法》（2021 年），最高人民法院《关于建立法律适用分歧解决机制的实施办法》（2019 年），最高人民法院《关于统一法律适用加强类案检索的指导意见（试行）》（2020 年），最高人民法院《关于完善统一法律适用标准工作机制的意见》（2020 年），《关于完善人民法院专业法官会议工作机制的指导意见》（2021 年）等。在最高人民法院发布的《〈最高人民法院统一法律适用工作实施办法〉理解与适用》（2021 年）中，使用的是“规范裁量权”，与最高人民法院印发的《关于在审判执行工作中切实规范自由裁量权行使保障法律统一适用的指导意见》（2012 年）和最高人民法院《关于完善统一法律适用标准工作机制的意见》（2020 年）中使用的“规范自由裁量权”相比，发生了明确改变。

③ 参见傅郁林《“阅核制”冲撞司法责任制的风险评估》、冀祥德《“阅核”应如何恰如其分融入诉讼制度改革》、杨波《以“阅核制”提升案件质效之审思》，均载《上海法治报》2023 年 10 月 13 日，第 B7 版。

④ 参见龙宗智、常锋：《加强司法责任制：新一轮司法改革及检察改革的重心》，载《人民检察》2014 年第 12 期。

制改革的目标能否如愿实现面临挑战。其中比较突出的一点是，在赋予法官、检察官一定自主权的同时，司法责任制改革后的审判质量能否得到保证，司法职业保障体系是否有明显进展。由于司法责任制改革仍处于进行时，严格来说司法责任制改革还处于不断演进之中，因此司法责任制改革从规范意义上来说还是一种未完成状态，上述关于司法责任制与审判质量、职业保障之间的问题尚需要时间来回答，司法责任制改革的一系列制度还有待以立法和修改法律的方式法制化。但同时，司法责任制是现代司法权运行的题中应有之义，在当下司法改革中提出并如此强调司法责任制，除了回归司法权运行本身的内在要求之外，改革设计者是否还有别的治理体制变革上的考量?

最后，应当考虑司法责任制改革的"伦理责任"和公平性。本轮司法责任制改革在赋予法官与检察官更大自主权的同时，也加大了法官、检察官的职业风险，有学者认为司法责任制改革导致了法官"离职潮"和法律职业共同体内部的分裂（如资深司法机关工作人员与资浅司法机关工作人员之间、法官与律师之间）。[①] 这实际是一个改革的伦理责任问题，即司法改革能否有效地解决改革的伦理成本和职业发展机会方面的问题。尽管随着司法改革系列措施的逐步推进，在薪酬待遇等方面的改革正在推进和落地，部分关于上述问题的担心得到了初步回应，但正是这些逐步施行的改革措施更加促使我们思考，在司法责任制改革的实践进程中，责任与激励之间是一种什么样的关系，在司法责任制改革中处于何种位置，反映了决策者（顶层制度设计者）一种什么样的考虑?

上述反思和质疑的出现，所关联的问题是：司法责任制是一个规范性概念，可以借此牵引梳理司法改革的其他方面，厘清司法改革的主要逻辑和思路，落实司法责任制是司法改革的规范性目标。但是，司法责任制作为一个规范性框架，并不能完全体现和表达决策者关于司法改革的治理思路和改革逻辑。司法责任制虽然也已成为法律实务界和法学界描述司法改革方案和"路线图"的语汇，却并不能直接为司法改革实践进程及其出现的问题提供一种有效的解释分析框架。

更为重要的是，新时代司法体制改革是一种问题导向的改革，"问题导向"意味着要针对司法实践中存在的问题进行改革，例如司法腐败、司法公共产品供给不足等。从这个视角来看，司法改革不仅是要"改革司法"，也是要"治理司法"。而正是在"治理司法"的意义上，新时代司法体

---

① 参见姚建宗:《认真对待司法改革》，载《法制与社会发展》2014 年第 4 期。

制改革才从领导体制、配套措施、社会影响力等方面，突破了此前历次司法改革领导决策体制只限于司法系统内部的局限，上升成为全面深化改革的重要组成部分，因此，新时代司法体制改革也应当被视为1978年以来中国改革开放和治理变革脉络的组成部分之一。实际上，在2000年，龙宗智曾对主诉(主办)检察官办案责任制与改革开放整体治理逻辑的关系作了讨论，其要点就在于：其一，主诉检察官办案责任制的实践逻辑与改革开放的治理逻辑一致，它是“以人为本”、尊重个体自主性的社会改革进程的一部分，与联产承包责任制、现代企业制度所呈现的治理理念和思路一脉相承。其二，主诉检察官办案责任制，同样要面对“放权”与“限权”之间的关系处理问题。主诉检察官办案责任制改革，体现了对检察官的“放权”，旨在明确检察权行使的主体，调动具体办案的检察官的工作积极性，建立制度化的激励机制和人才遴选机制。①

关于如何审视司法责任制改革或“治理司法”的实践进程和具体做法，我们可能需要提出一个基于司法责任制的解释性概念，用以解释司法改革实践中的经验现象，特别是用以揭示司法改革从制度设计到经验实践的过程中需要具体把握的行动逻辑。下文拟提出“司法承包责任制”这一解释性的概念，分析检视司法改革中的相关问题和现象。

第二节　司法责任制与治理变革

在媒体和网民的讨论中，类似“办案承包责任制”“案件‘承包到户’”②的概念或话语时有出现。季卫东曾指出司法责任制改革受到了传统承包责任制的影响。他对传统承包责任制可能产生的消极影响进行了讨论，其侧重点在于：其一，承包责任制重视结果的考核，以结果责任为中心，但如何处理好法律效果、社会效果及其政治性考量需要基于法理标准；其二，应当更加重视改革在职业保障上的探索，而不是基于结果考核的惩罚威慑；其三，责任制改革如何在程序和制度上明确责任主体和说明义务，还需要进一步明确，特别是问责制所必然包括的自我辩解、说明义

① 参见龙宗智：《为什么要实行主诉检察官办案责任制——论主诉检察官办案责任制》，载《人民检察》2000年第1期。关于改革开放以来治理脉络的梳理，参见渠敬东、周飞舟、应星：《从总体支配到技术治理——基于中国30年改革经验的社会学分析》，载《中国社会科学》2009年第6期。

② 许聪、张贵：《内蒙古巴彦淖尔法院审判权运行机制改革　案件“承包到户”责任明确到人》，载中国法院网2016年8月14日，http://www.chinacourt.org/article/detail/2016/08/id/2056806.shtml。

务、因果关系、免责事由等因素应当得到足够重视。[①] 这意味着,通过“司法承包责任制”这个概念,我们更能看清治理逻辑。在笔者看来,要想阐发“司法承包责任制”这一概念,从上文指出的“治理司法”的视角出发,需要将其放置在改革开放以来的当代中国治理变革的话语脉络中加以考察,并通过下述两种参照性的概念了解其背景和解释力:一是家庭联产承包责任制和企业经营承包责任制;二是近年来社会学和经济学研究者关注的“行政发包制”。

一、家庭联产承包责任制和企业经营承包责任制

家庭联产承包责任制是中国人广为人知的概念。改革开放以来,从带有农民自发色彩的“包产到户”,发展到在中国执政党纲领性文件和中国法律体系中有牢固依据的“家庭联产承包责任制”,其中的概念变迁既反映了中国社会生产模式的变迁,也反映了中国社会治理模式和治理理念的变化。2002 年 8 月 29 日公布、2003 年 3 月 1 日起施行的《农村土地承包法》,对家庭联产承包责任制进行了清晰界定。该法的第二章对家庭承包所涉及的诸方面都作出规定,包括发包方和承包方的权利和义务、承包的原则和程序、承包期限和承包合同、土地承包经营权的保护、土地承包经营权的流转。其特征和内容主要体现在:依据土地的所有权性质和类型,农村集体经济组织、村民委员会或者村民小组等集体性组织,是发包方;承包方是相应集体经济组织的农户;发包方和承包方根据法定原则和程序进行承包,签订承包合同。家庭承包责任制明确了产权关系、变革了社会组织模式、调动了农民的积极性、解放了生产力。

在改革进程中,家庭承包责任制也是不断演进的,其同样是党的十八届三中全会以来“全面深化改革”的核心内容之一。《深化农村改革综合性实施方案》中提出,“稳定农户承包权,就是要依法公正地将集体土地的承包经营权落实到本集体组织的每个农户。放活土地经营权,就是允许承包农户将土地经营权依法自愿配置给有经营意愿和经营能力的主体,发展多种形式的适度规模经营”。这些规定是对家庭承包责任制语境下产权还不够明晰、农户分散经营不利于现代农业规模化发展等问题的政策因应。家庭承包责任制的出现和阶段性演进,反映了家庭承包责任制不仅在生产的层面具有改革意义,还是在社会组织和治理模式上的一种变革。

---

① 参见季卫东:《责任制改革应符合司法规律》,载《人民法院报》2016 年 4 月 17 日,第 8 版。

在农业生产实行家庭承包责任制、“包产到户”的过程中，农村集体企业也出现了承包经营的模式，并很快被引入全民所有制企业。与家庭承包责任制相比，企业生产经营承包责任制同样经历了一个从“地方试点”、形成实践经验到上升为法律制度规范的过程。需要指出的是，企业生产经营承包责任制所具有的阶段性色彩相对更浓。1988 年 2 月 27 日，国务院公布了《全民所有制工业企业承包经营责任制暂行条例》（2024 年 5 月 1 日起废止）①。该条例对该类企业承包经营责任制的基本性质、经营原则、内容形式、承包经营合同及合同双方权利义务、承包经营企业的管理方式和制度等作出了规定，明确了国家与企业之间的分配关系，并在 1990 年和 2011 年进行了两次修订。这部条例确立了所有权和经营权相分离的原则，规定了承包经营责任制以承包经营合同为基础和约束，要求该类企业建立“自主经营、自负盈亏的经营管理制度”，把企业的分配方式与企业经济效益相挂钩。但随着党的十五大以来国有企业改革、建立现代企业制度，企业承包经营责任制已经不再是国有企业的主要经营模式。

家庭承包责任制和企业承包经营责任制这两种形式，既是中国改革开放新时期的新的经济组织方式和运行方式，也是这一阶段新的社会组织方式和国家治理制度创新。改革意味着集体与农户（家庭）、国家与企业、所有权和经营权的关系发生变革，要求明确发包方和承包方各自的责任权利。这种改革既是生产性的、注重效率的，又是治理性、社会性的；既是开创性的，又是阶段性演进的；既是经验性的，又是通过政策化和法律化的方式成为规范性的。新时期改革开放以“承包制”所呈现出来的改革思路及其所取得的成功经验，包含重要的发展战略、改革思路和具体政策等方面的考量，且并不局限于农业、企业经营领域，而是具备借鉴、移植或者经过微调、改造后运用到国家治理其他领域的可能性和可行性。司法改革以提供更为高效优质便捷的诉讼服务或者法律公共产品为目的，司法责任制改革因而须从法律公共产品应当具有的“品质”或者“质量”入手思考其治理策略和改革方案，这就为借鉴“承包制改革”提供了基

① 1988 年 2 月 27 日，国务院批转国家体改委提出的《一九八八年深化经济体制改革的总体方案》，其中“落实和完善企业承包经营责任制，深化企业经营机制改革”是该方案的重点和主要任务。同日，国务院发布了《全民所有制工业企业承包经营责任制暂行条例》，其目的是，“发展和完善全民所有制工业企业（以下简称企业）承包经营责任制，转变企业经营机制，增强企业活力，提高经济效益”。1990 年和 2011 年国务院对该条例先后作了两次修订。参见《中国共产党一百年大事记（1921 年 7 月—2021 年 6 月）》，载中华人民共和国中央人民政府网，http://www.gov.cn/test/2007-09/04/content_736910.htm。

础。但同时,司法责任制又与家庭承包责任制和企业承包经营责任制相关的农业生产和企业经营有明显区别。一方面,在公共产品的生产性和国家治理改革举措方面,司法责任制改革与家庭承包责任制和企业承包经营责任制具有可比性;另一方面,在司法权的国家强制性、公权力属性等方面,司法责任制改革又不能与家庭承包责任制和企业承包经营责任等而视之。

二、行政发包制

司法改革、法治政府,均是党的十八届三中全会确立的"全面深化改革"的重要组成部分,而"全面深化改革"的总目标是"完善和发展中国特色社会主义制度,推进国家治理体系和治理能力现代化"。因此,如何把握中国国家治理的实践和制度逻辑成为一个重要的理论问题。[①] 在近年来关于中国国家治理的研究中,周黎安等人提出和发展的"行政发包制"是一个引人注意的研究进路。

行政发包制的理论研究,呈现出以下特点:其一,治理对象的项目化、指标化和层层发包,治理经费的包干化和高度依赖自筹经费,治理考核主要侧重结果责任。也就是说,治理实践中项目立项申请、治理经费配置、治理绩效考核等环节所构成的治理链条,以"行政发包制"这个概念进行了概括抽象。其二,"行政发包制"不同于科层体制。周黎安认为,行政发包制度"以层层整体性发包代替专业化分工和一体化协作,最小化总部协调功能。除了控制一些核心的权力(如人事权和干预权),发包人的常态治理是试图将跨地区的协调性和整合性功能维持到最低水平;它是以整体性问题代替各司其职,以承包人的无限责任代替代理人的有限责任,以结果考核代替过程控制和程序控制,以人格化问责代替职业主义要求"[②]。行政发包制是一种理想类型,其解释对象是中国国家治理体制特别是行政治理体制的实际运作,重点是官僚体制中的"委托—代理关系"。这种分析模式不能被视为对中国治理经验的简单归纳总结。在行政发包制的解释逻辑中,目标责任制、责任包干制是行政发包制的有效解

---

① 例如周雪光:《中国国家治理的制度逻辑:一个组织社会学研究》,生活·读书·新知三联书店2017年版;蔡禾:《国家治理的有效性与合法性——对周雪光、冯仕政二文的再思考》,载《开放时代》2012年第2期;林尚立:《在有效性中累积合法性:中国政治发展的路径选择》,载《复旦学报(社会科学版)》2009年第2期;渠敬东、周飞舟、应星:《从总体支配到技术治理——基于中国30年改革经验的社会学分析》,载《中国社会科学》2009年第6期。

② 周黎安:《行政发包制》,载《社会》2014年第6期。

释对象，此外其也能够用来解释“司法行政化”现象。

三、“司法发包制”

如果以“司法行政化”的话语来看待行政发包制，或者说以行政发包制解释司法机关的活动，那么可以合乎逻辑地提出一种行政化的“司法发包制”模式。行政化的“司法发包制”指向这样一些情况：在该模式下，地方司法机关除了履行司法职能这一“本职工作”之外，还将作为承包人，承担相应的应对金融危机、抗洪抢险、扶贫帮困、创建文明城市/卫生城市等各种行政化的任务。这种“司法发包制”本质上是行政发包制的一种变形和发展，因而也是司法行政化的一种体现。以司法机关为主体承包上述行政化的任务并承担相应责任，是司法机关工作绩效的重要组成部分，在表现形式和社会后果等方面也符合“锦标赛体制”和“维稳淘汰赛模式”①的解释框架，司法机关及其工作人员通过“司法发包制”参与到行政发包制体制下的绩效竞争之中。

司法责任制改革的主要目的之一，在于把聚焦点拉回司法机关的核心职能即司法裁判活动，强调核心职能的重要性，特别是要以实现司法公正、维护社会公平正义为目的，在履行好核心职能的过程中提升司法公信力。

进而，2013 年以来推进司法改革所采取的众多措施之中，就有一部分旨在回应和解决扭曲司法机关的核心职能、违背司法规律的现象和问题。② 地方司法机关与地方政府之间的那种行政化的“发包”关系，从表面上看是司法机关承担了司法职能之外的但对于地方经济社会具有重要意义的职能，从更深层次来看，地方司法机关参与绩效竞争，结果是在治理体制上形成并强化了地方政府对司法机关的实际控制权，或者说，在地方政府与司法机关之间形成了一种有悖于司法公正、妨碍司法机关依法独立行使职权的支配关系，而司法责任制改革将这种弊端称为“司法地

---

① 关于“锦标赛体制”的讨论，参见周黎安：《中国地方官员的晋升锦标赛模式研究》，载《经济研究》2007 年第 7 期；周飞舟：《锦标赛体制》，载《社会学研究》2009 年第 3 期。关于“淘汰赛模式”，参见李国强：《地方政府维稳绩效的前期考核——以 T 县“矛盾纠纷排查调处”机制为例》，载《经济社会体制比较》2012 年第 1 期。关于政绩合法性，参见赵鼎新等：《“天命观”及政绩合法性在古代和当代中国的体现》，载《经济社会体制比较》2012 年第 1 期。

② 例如，中共中央办公厅、国务院办公厅 2015 年 3 月 18 日印发《领导干部干预司法活动、插手具体案件处理的记录、通报和责任追究规定》，中共中央办公厅、国务院办公厅 2016 年 7 月 21 日印发《保护司法人员依法履行法定职责规定》；中央政法委 2015 年 3 月 29 日印发《司法机关内部人员过问案件的记录和责任追究规定》。

方化”。因而,“司法发包制”并不符合司法责任制改革将司法权界定为“中央事权”[①]所欲表达的目的和逻辑,[②]应当说“司法发包制”所关联的司法行政化和司法地方化,就是本轮司法责任制改革的改革对象。

尽管“司法发包制”在当代中国国家治理体制的脉络中具有强烈的行政发包制色彩,但笔者认为,司法责任制改革在把“司法发包制”作为改革和治理的对象、提出司法去行政化和司法去地方化的同时,也延续了家庭承包责任制、企业承包经营责任制、行政发包制所呈现的治理改革的某些思路和考量。对比家庭承包责任制和企业承包经营责任制、行政发包制这三类治理形式和责任体制,司法责任制与它们有相同的关注点,包括但不限于以下方面:(责任)主体的性质及塑造;权力分配的体制与方式;激励方式或激励制度;责任的考核方式;相应的治理风险。具体而言,在1978年改革开放以来当代中国治理改革的脉络中看司法改革,司法责任制改革与家庭承包责任制、企业承包经营责任制、行政发包制这三类概念相比,有一脉相承的方面,甚至其还结合了司法权的特性有所发展,从而构成了笔者提出和分析“司法承包责任制”概念的基本实践背景脉络。这些方面至少包括:(1)追求绩效合法性与意识形态合法性的统一,亦即改革要有实效与坚持完善和发展中国特色社会主义制度的辩证统一;(2)注重调整平衡中央与地方、集权与分权、“放”与“收”之间的关系,也就是通过改革权力/权利的配置、明确责任主体,从而调动“生产”主体的积极性;(3)人格化的激励方式,以及同样人格化的责任考核评估方式即“责任到人”,这两方面亦是辩证统一的;(4)注意治理风险的综合考量,为改革留有余地,维持社会稳定。

基于上述分析,下文将先从司法责任制改革与家庭承包责任制、企业承包经营责任制、行政发包制具有可比性的方面,根据司法权性质和司法

---

① “我国是单一制国家,司法权从根本上说是中央事权。各地法院不是地方的法院,而是国家设在地方代表国家行使审判权的法院。推动省以下法院、检察院人财物统一管理,探索与行政区划适当分离的司法管辖制度,对减少外部干扰、促进司法公正具有重要意义。”参见《加快深化司法体制改革——五论学习贯彻习近平同志在中央政法工作会议重要讲话》,载《人民日报》2014年1月22日,第2版。

② 司法责任制改革提出探索设立跨行政区划的人民法院和人民检察院,其原因在于:“随着社会主义市场经济深入发展和行政诉讼出现,跨行政区划乃至跨境案件越来越多,涉案金额越来越大,导致法院所在地有关部门和领导越来越关注案件处理,甚至利用职权和关系插手案件处理,造成相关诉讼出现‘主客场’现象,不利于平等保护外地当事人合法权益、保障法院独立审判、监督政府依法行政、维护法律公正实施。”参见习近平:《关于〈中共中央关于全面推进依法治国若干重大问题的决定〉的说明》,载《人民日报》2014年10月29日,第2版。

权运行特性，讨论司法承包责任制在司法权问题上的特点，进而总结司法承包责任制的主要特征，论证和阐释司法承包责任制这一概念的解释力；然后由此揭示司法承包责任制主要特征背后的更深层次问题，例如司法承包责任制的治理风险。

第三节　司法权运行的承包化

司法责任制关涉的是司法权的运作体制，因此还应当结合司法权作为国家权力之组成部分的特殊性质来加以考察。在冯仕政看来，引入经济学的方法和视角考察国家治理问题，包括引入前文提及的行政发包制分析框架，都是建立在对国家的“政治市场想象”之上的，而行政发包制的理论限度则在于对国家的政治性的分析仍嫌薄弱。[①] 司法权作为国家权力组成部分的特殊性质，决定了司法责任制改革的内在逻辑和具体改革措施既与家庭承包责任制、企业承包经营责任制、行政发包制具有可比性、相似性，但是也存在显著的甚至根本性的差异。从更深层次来看，司法责任制改革还涉及如何界定司法功能，并关系到司法权合法性的来源。

在笔者看来，正是司法权在中国国家权力体系中的地位、司法机关在中国国家权力结构中的位置，决定了司法责任制改革的治理思路为既要坚持我国《宪法》确立的根本原则和基本规定，又要以问题导向回应和解决司法实践中形成的诸多问题，还包括把司法实践中形成的有效做法和经验予以规范化。正是由于上述几个方面之间存在紧张、冲突，甚至矛盾，治理司法必须以改革的方式进行，司法改革又必须有理论创新和制度创新。

因此，司法责任制改革借鉴了改革开放以来中国治理变革的一些思路和经验，例如，如何承认甚至“合法化”基层司法中业已存在、具有生命力的实践做法，如何通过明晰权力/权利配置来调动主体积极性，如何在治理变革的过程中坚持中国特色社会主义制度的根本性政治原则，如何通过治理变革增强执政党的合法性和制度的活力，同时又能够有效地控制治理风险等。

具体而言，“治理司法”所必然面对的问题之一就是规范裁量权和控

---

① 参见冯仕政：《政治市场想象与中国国家治理分析——兼评周黎安的行政发包制理论》，载《社会》2014 年第 6 期。

制司法风险、维护司法公正。根据我国《宪法》的规定,“人民法院依照法律规定独立行使审判权,不受行政机关、社会团体和个人的干涉”。“人民检察院依照法律规定独立行使检察权,不受行政机关、社会团体和个人的干涉。”依此,审判权的主体是人民法院,检察权的主体是人民检察院。然而,司法行政化所导致的集体无责任、集体无意识,①以及由此所引发的司法不公、司法公信力下降,使回归司法规律、回归司法责任制成为必然。与家庭承包责任制区分了土地的所有权和经营权、行政发包制区分了行政管理权和行政工具所有权②相比,司法承包责任制区分了法定意义上司法机关对司法权的“所有权”和司法实践运行中法官、检察官对案件的“办案权”。相对于等级制、科层化的行政机关组织体制,司法权由于其裁量权范围和审判组织模式,似乎具有更明显的适合于承包化的特点,因此成为替代行政化的“司法科层制”的备选方案之一。张静在研究“行政包干的组织基础”时指出,科层体系一方面存在等级设置和等级界限,另一方面这一体系又是由不具有独立权属的组织所构成,因而“科层组织理论上是一个责任整体,其中的各个部门权限有别,但共享一致的利益、目标和使命”③。也就是说,在司法去行政化的过程中,承包化的制度设计模式作为区别于科层体制的一种模式,具备了被改革设计者采纳的可能性,特别是在独立性相对更强、上下隶属关系被认为将影响公正审判的法院系统中,似乎具有更广泛的可采性。

在司法责任制改革之前,在中国司法体制运行的实际过程中,承办法官、承办检察官在普通案件中依法独立行使职权,实际上已经具备了个人承包化的色彩,这也引发了对法官、检察官裁量权可能被滥用的担忧。而在司法责任制改革模式下,办案实践中原有的承办法官“个人承包”模式可以逐步明确界定为主审法官和合议庭“个体化承包”的模式,④承办法官所实际享有的“办案权模式”将被逐步制度化、规范化。当然,在这个

---

① 关于美国“司法官僚化”中所导致的集体无意识,参见[美]欧文·费斯:《司法的官僚化》,载[美]欧文·费斯:《如法所能》,师帅译,中国政法大学出版社2008年版;Owen Fiss, *The Bureaucratization of the Judiciary*, in 92 Yale Law Journal 1442 (1983)。

② 参见周黎安:《行政发包的组织边界——兼论“官吏分途”与“层级分流”现象》,载《社会》2016年第1期。

③ 张静:《行政包干的组织基础》,载《社会》2014年第6期。

④ 检察改革中也存在类似的思路,例如在司法责任制改革中,谢鹏程认为:“本轮检察改革就是要把‘检察长办案责任制’转变为‘检察官办案责任制’,如同把集体生产责任制转变为家庭联产承包责任制,要逐步地把检察长的权力下放给检察官,让检察官成为检察权的行使主体而不是检察长行使检察权的工具。”参见陈卫东等:《抓住改革的“牛鼻子”——检察院司法责任制改革的理论与实践》,载《中国法律评论》2016年第4期。

过程中，制度设计者同时也附加了严格的限制措施，如办案质量终身负责制等，希望以此促进严格公正司法。问题在于，这样一种转变使承办法官与所在法院之间的相互关系发生了改变，从非规范化的、实际做法中的“个人承包”并行于法官隶属于人民法院，变为在人民法院依法独立行使审判权、法院是独立行使审判权主体的宪法前提下，法官从法院那里“承包”了“办案权”的具体行使，这是一种新的“委托—代理”关系。

也就是说，类似于家庭联产承包责任制和企业经营承包责任制实现的产权改革、把所有权和使用权或者所有权和经营权进行分离的改革，司法承包责任制在司法职权宪法属性和政治属性坚持不变的基础上，对司法权特别是审判权做了至少是两个层次的二元化处理：一是审判权由人民法院独立行使，重大案件由人民法院审判委员会集体行使；二是大部分案件审判权由主审法官和合议庭具体行使，主审法官和合议庭法官以“个体化”的方式承担司法责任。尽管目前这种二元划分主要是依据案件类型来进行的，①但与家庭联产承包责任制和企业经营承包责任制改革初期相比，“承包”式改革也是从具体的、类型化的领域开始，进而逐步发展成为更为完善的、宏观的、规范化的概念。换言之，我们称之为“司法承包责任制”的这种转变，实际上是把司法权实际行使过程中法官的行使职权行为转化为一种司法权运行过程中的个体独立行为，并使之有了正式的制度化根据。

因此，司法承包责任制是在坚持中国特色社会主义司法权性质定位的前提下，将司法权的“所有权”与司法权的具体行使（“运用权”）部分地加以分离和改善配置方案的一种改革尝试。笔者所说的“司法承包责任制”，既不同于西方国家强调“司法独立”的司法组织体制，也不同于“司法独裁”。在司法权的“所有权”属于司法机关的基础上，司法机关作为发包方保留着随时收回其发包出去的司法权“运用权”的可能，并且司法机关通过人事权、审判监督管理权、考核权和纪律检查权等权力，对“承包方”构成了一种强约束。

第四节　司法承包责任制的主要特征

司法承包责任制作为一种理想类型，其主要特征有以下几种。

---

① 例如最高人民法院《关于完善人民法院司法责任制的若干意见》（法发〔2015〕13 号）规定，“审判委员会只讨论涉及国家外交、安全和社会稳定的重大复杂案件，以及重大、疑难、复杂案件的法律适用问题”。

一、责任主体的变化和权力分配

司法承包责任制有一套程序化、符号化的主体确定方式，即一整套单独设定的、具备仪式化特征的进入员额制的主体形塑方式。这一点体现在：整套遴选程序除了笔试、面试、考核、遴选委员会审议等各项程序，还有一个重要的符号性事件是进入员额制的法官检察官要身着法袍或检察制服，向宪法或国旗宣誓、签署相应的岗位承诺书。向宪法或国旗宣誓是为了明确使命和担当，签署承诺书是为了明确进入员额制之后的权责，这在一定意义上相当于岗位“承包责任书”或者说“承包合同”。通过这种仪式化的事件，进入员额制的法官检察官的主体身份将区分于员额制之外的司法机关工作人员，一种具有单独职务序列的、新的“司法活动”主体便产生了。

以“可问责性”为核心，通过实行主审法官制和主任检察官制，司法权行使主体由司法机关集体行使转向以主审法官和主任检察官为责任主体的“个体化”组织行使，“司法生产”的主体由“集体生产”转向“个体生产”，责任承担主体由集体负责转向个体负责（不等于个人，例如在合议庭中由合议庭成员共同负责），责任边界相应地也发生了变化。通过建立严格的案件质量终身负责制、违法审判责任追究机制等，实现了责任的“包干化”——虽然责任的“包干化”并不必然意味着没有责任豁免或者责任免除机制。

以法官责任制为例，在新时代司法改革中，审判组织虽然仍然为三类，即独任庭、合议庭和审判委员会，但突出了法官独任审理案件和合议庭审理案件时承办法官的责任。按照2015年最高人民法院《关于完善人民法院司法责任制的若干意见》（以下简称“2015年意见”）的规定，“审判委员会只讨论涉及国家外交、安全和社会稳定的重大复杂案件，以及重大、疑难、复杂案件的法律适用问题”。2020年最高人民法院发布的《关于深化司法责任制综合配套改革的实施意见》（以下简称“2020年意见”），进一步要求完善对该四类案件的识别和监管机制，包括对“四类案件”的审理，院庭长有权要求承担审判工作的独任庭或合议庭报告工作情况。观察重点应当在于合议庭。对合议庭承办法官，“2015年意见”赋予了更多的职责，实际上是赋予了承办法官在主持和组织审判活动方面以更大的办案权力。“2020年意见”进一步规范了合议庭运行和承办法官权力，要求设立权力清单和责任清单，对相对固定的合议庭应当定期调整人员组成，明确要求承办法官在合议庭评议中对应当作类案检索的案件进行情况说明等。从上述演进过程可以发现，改革的制度设计从"2015 年意见"对合议庭承办法官赋权到"2020 年意见"对合议庭承办法官的权力加强规范，体现了司法改革必然面临两方面的任务：一方面，依照司法改革的制度设计，"审者判、判者审"，个体化的审判组织特别是承办法官要独立承担办案责任，改变了此前案件层层审批、层层请示、权责不明、责任难定的情况。另一方面，赋予审判组织特别是承办法官以更为自主的权力之后，需要考虑权力运行的规范化。从"2020 年意见"中的举措到 2023 年的"阅核制"，都体现了追求实现"放"与"收"之间的平衡，其目的还是保障司法公平正义，通过提高案件审判质量提升司法公信力。

二、激励方式的人格化

随着责任承担由集体负责转向个体负责，与之相应的是绩效考核的对象也由以集体为主转向以个体为主，特别是与绩效考核相对应的激励措施也逐步趋向实现单独序列化、个体化。进入员额序列、实现责任"包干化"是落实激励措施的基础，单独职务序列的明确化、规范化、个体化是员额制法官与检察官保障措施和激励制度的前提性条件之一。

进入"员额"本身就是一种激励。"进入员额"一般意味着相应的职业待遇、职业保障乃至职业地位的提升，"进入员额"与否成为法官与检察官对自己的身份认同标准。正因如此，在司法责任制改革实践进程中，从司法员额制提出开始，员额制的比例就成为各界关注的焦点，其相关的问题包括 39% 的员额比例是否合理、是否应该考虑地区差异、领导干部入额问题、部分司法机关招聘的事业编制和聘用人员如何对待等。

在司法承包责任制的语境下，从事"司法生产活动"是以政治待遇的差别化处理和职业单独序列中的等级提升给予司法荣誉和职业声誉上的回报，通过提高薪酬待遇给予经济利益上的回报和激励，[①]通过建立健全司法免责制度给予职业责任方面的保障。例如，就经济待遇问题而言，2015 年人力资源和社会保障部、财政部出台了《法官、检察官工资制度改革试点方案》，据此确立了法官、检察官、司法行政人员、司法辅助人员享受的工资待遇水平以一定比例高于所在地其他类型公务员工资待遇水平的国家政策。就司法机关工作人员特别是法官、检察官的职业发展规划

---

① 尽管关于本轮司法责任制改革的讨论，相当多地集中于法官经济待遇和经济激励的改善，但是经济激励只是司法改革激励措施中的一种，其作用也有局限性。参见丰霏：《法官员额制的改革目标与策略》，载《当代法学》2015 年第 5 期。

而言，根据陆续出台的相关政策文件，确立了员额设置和高等级职务比例等向基层人民法院、基层人民检察院及一线办案岗位倾斜的原则，提高了高等级职务在市一级和县一级法院与检察院的比例。上述制度设计的目的是让法官与检察官在职业发展上有更大空间、减少职务晋升上限对职业规划的消极影响。

三、责任追究的人格化

随着"司法活动生产主体"也就是办案责任主体的明确，激励方式和责任追究的人格化也就有了确定的对象。相较于科层体制非人格化、"集体责任"的承担方式，司法责任制依旧意味着"责任到人"。司法责任制体系下的法官享有较高的裁量权，这是司法活动规律性特点的体现，例如司法亲历性原则要求法官亲自参与审理、对裁判结果负责，也就是"审理者裁判、裁判者负责"。但同时，法官享有较高裁量权，由此可能产生的司法风险使司法责任制改革高度强调"司法问责"、审判监督管理、绩效考核，重视结果导向、人格化的终身责任制、整体性的责任。

不同于一般的生产责任、经济责任，由于司法责任制所涉及的责任包括政治责任、法律责任、行政责任、经济责任和道德责任等，在司法责任制改革中也就出现了"司法责任包干化"的可能。在司法责任制改革启动初始，其所引发的"司法责任包干化"的担忧主要是指改革举措是否意味着在司法责任边界的规定和列举上采取了一种以"包干是基础、免责是例外（特定情形）"为原则的制度安排，而非"以司法免责原则为基础，严格追究法官的违法、违纪或犯罪行为"。[①] 随着司法改革进程的推进，2015 年 9 月最高人民法院、最高人民检察院分别制定了《关于完善人民法院司法责任制的若干意见》和《关于完善人民检察院司法责任制的若干意见》，两个文件均对问责范围和免责条件作了系统明确的规定，回应了社会对"司法责任包干化"的疑问和担忧。2016 年 7 月召开的全国司法体制改革推进会从以下方面进一步回应了上述问题：其一，需要考虑所处社会历史条件和科技发展水平对人的认知能力的限定和制约。其二，需要考虑司法职业特点，基于案件结论正确性看待办案瑕疵，对不影响案件结论正确性的办案瑕疵不宜追究司法责任；对于因为对法律的理解或者对案件事实的判断存在不一致而造成错案的，"也不宜轻易追究司法

① 参见郑成良：《司法改革四问》，载《法制与社会发展》2014 年第 6 期。

责任”[①]。上述回应具有非常明确的目的，就是避免因对司法责任制的理解不够准确、存在偏差，而影响司法机关工作人员的办案积极性。上述表述的目的正是回应对司法责任制改革强调办案质量终身责任制等要求的疑虑，也表明了责任追究方式在司法责任制改革中的重要性和关注度。

第五节　司法责任制的发展趋向

以司法承包责任制这个概念为线索，就司法责任制改革的后续发展和可能后果而言，至少有以下相互联系、值得重视的问题值得进一步观察和讨论。

一、司法公信力

司法责任制改革将会对提升司法公信力、巩固执政合法性发挥什么样的作用？司法责任制改革的目标是保证司法公正、提升司法公信力，从而赢得并增强人民群众对司法的高度信赖，巩固和加强执政合法性。通过明确司法个案裁判的责任主体，严格施行责任追究和承担机制，司法公信力问题有可能从一种影响执政合法性的整体性公共信任问题，转为具体的、个别性的、可问责的司法公信力个案，“让人民群众在每一个司法案件中感受到公平正义”，并通过纠正错案和追责司法个案责任来增强整体上的执政合法性。

司法承包责任制实际上是一种治理风险控制方式。通过司法承包责任制，改革设计者试图控制司法权行使中所存在的地方干预、领导干预、内部人员干预所带来的冤假错案、司法不公的风险及其对政权合法性的危害。在这种意义上，司法承包责任制的治理风险防范不仅在于司法产品自身的“质量”和“效率”问题，还在于与司法产品的质量和效益相关但不完全一一对应的司法公信力以及民众可能的抗议、反对和对抗。[②] 因此，在司法责任制改革的实践中，不同类型的案件适用不同的审判组织，改革设计者需要在案件的质量、效益和社会影响方面作出权衡。不同类型的案件在可能引发的社会风险上也有差异，司法公信力能否得到较为明显的提升也存在不确定因素。

---

① 孟建柱：《坚定不移推动司法责任制改革全面开展》，载《长安》2016 年第 10 期。

② 和“行政发包制”一样，这实际上是控制治理风险的问题。关于“行政发包制”与治理风险控制，参见曹正汉：《统治风险与地方分权——关于中国国家治理的三种理论及其比较》，载《社会》2014 年第 6 期。

从最高人民法院2023年提出的“阅核制”改革及其所引发的讨论来看,深化对司法责任制改革乃至对司法权运行规律、我国法治国情的认识是一个长期的、持续的过程。司法责任制改革旨在调整法官与法院、个案中司法权运行与整体上司法权运行之间的关系,因此在推进“审者判、判者审”的过程中不可避免地涉及如何规范裁量权的行使及其范围。从表面上看,是权力和责任在法官和法院、代表法院的院长或庭长之间如何分配;更深层次的内涵,则是法官与法院、法院与院长或庭长以及法院与法官之外的法院工作人员之间的“委托—代理关系”应当如何规范。其原因在于上文指出的“委托—代理关系”存在“剩余控制权”问题。“阅核制”是对法官裁量权的重新调整,也是回应司法实践中出现的问题的一种新的制度形式。而随着“阅核制”的施行和司法改革的进一步推进,还需要更为完善和精准的制度来调整、配置审判活动中各方主体的权力和职责。

二、司法供给与司法需求

司法责任制改革的目标之一是提升司法效益,回应日益增长的司法需求,①使司法更加高效、便捷和经济。司法责任制改革意味着“司法生产模式”的转变,“生产主体”承包化包含办案责任人准入门槛、司法辅助人员队伍建设、办案质量的监控考核追究机制等方面的变化。这种转变能否化解司法供需不平衡、司法公共产品质量不高的问题,需要通过较长时段的动态观测,②并在改革进程中总结经验、发现问题、调整相关制度设计。

经过2013年到2023年的发展,全国各级人民法院受理的各类案件数量有了较大幅度增长,从2014年的1560余万件增长到2023年的3370余万件,增加了1倍有余。对此,包括人民法院在内的司法机关的应对方式包括两方面的工作:一是提升司法效率、强化人员配置,从而也需要面对各种客观条件如人员编制、审理期限等的限制,人民法院的审判资源并不是无限的,同时还需要考虑诉讼成本对案件当事人和社会的影响;二是

① 关于司法需求,例如蒋惠岭:《司法改革须准确回应人民群众司法需求(上)》,载《人民法院报》2012年4月6日,第2版;蒋惠岭:《司法改革须准确回应人民群众司法需求(下)》,载《人民法院报》2012年4月7日,第2版。

② 刘忠对中国法院编制的研究指出,中国法院编制从1978年到2008年扩展了5.5倍,而导致法院规模扩大的实际原因是法院事权的扩大。参见刘忠:《规模与内部治理——中国法院编制变迁三十年(1978—2008)》,载《法制与社会发展》2012年第5期。

推进多元纠纷解决机制建设，在基层以更加灵活、便捷、低成本的纠纷解决机制从源头化解矛盾纠纷。

三、司法机关工作人员的职业保障与职业发展

研究制度，不仅不能忽略人的因素，还应该重视人的能动作用，避免只重视制度和社会结构，不重视能动行动者在制度实施和制度演进发展中不可或缺的角色。司法改革作为法治实施的重要环节，其也是国家治理制度创新发展的一项重要举措，因此司法改革过程中必须考虑司法机关工作人员作为制度的能动行动者，其所持有的法治信念和个体合理诉求。同时，这也是司法改革的一项重要的伦理责任，是司法责任制改革行稳致远的有效保障。尤其是不能仅仅把司法机关工作人员的经济待遇需求作为观察司法责任制改革的唯一变量，而应当更加立体、全面地看待职业保障和职业发展需求。这主要包括：其一，司法机关工作人员的声誉需求。司法机关工作人员对自身社会声誉，以及对其所在的司法机关在国家经济社会发展中发挥重要作用、增强自身合法性和话语权，有合理诉求。其二，司法机关工作人员的职业发展需求，也就是司法机关工作人员（无论是否进入员额）对更具前景的职业规划和发展机会的合理诉求。其三，司法机关工作人员对经济待遇和人身安全保障的合理诉求。上述合理诉求，应当通过司法责任制改革，得到积极有效的回应。以法官为例，在司法责任制改革中，司法承包责任制在建立法院与法官之间纵向管理的“发包方—承包方”关系之外，还在法官之间、法官与行政机关公务员之间建立了一种横向的竞争关系，因此，实行法官职务单独序列制，改革市、县级法院法官在职务晋升上限方面的制度性限制，就是对法官职业发展机会和空间的一种积极回应。同时也要注意，司法责任的结果导向、整体性和终身性责任的考核方式，又使法官、检察官有明显的风险规避倾向。因而不能只从法官的薪酬待遇思考，同时也要考虑法官可能面临的职业风险，以及法官是否会选择规避个人职业风险。

四、司法制度现代化

建设公正高效权威的中国特色社会主义司法制度，是中国式现代化进程中的司法制度现代化之体现。司法责任制是司法制度发展层面的一种改革尝试，司法责任制的“可问责性”是制度改革顶层设计的核心，而“可问责性”也被视为现代国家的国家建设和制度发展的核心内容。围绕“可问责性”所进行的诸项改革措施和制度设计，如何实现权责利相统

一、"可问责性"与激励机制相匹配、司法去行政化与完善司法机关管理体制相协调,仍有待司法改革措施的进一步完善、丰富和创新。

从司法责任制改革到司法体制综合配套改革,其意义在于从抓住司法体制改革的主线即司法责任制,逐步拓展到了更为全面、更加细致的司法体制综合配套改革,特别是综合配套改革各个方面都需要有具体措施。根据中共中央办公厅2020年印发的《关于深化司法责任制综合配套改革的意见》,最高人民法院于同年发布了《关于深化司法责任制综合配套改革的实施意见》,其中提出了贯彻落实中办文件的系列制度举措,具体涉及人民法院政治建设方面的配套改革、审判权力运行体系建设方面的配套改革、廉政风险防控机制建设方面的配套改革、人员分类管理制度方面的配套改革、司法资源配置机制方面的配套改革等,这些规定细化和深化了司法责任制改革的要求和举措。

从制度逻辑的视角看,建设公正高效权威的中国特色社会主义司法制度,是中国式现代化在司法领域的制度建设和制度演进。为了不断推动国家治理制度在司法领域的能力提升和体系完善,实践中从提出司法责任制改革到司法体制综合配套改革,遵循的基本制度逻辑是:首先,必须坚持中国特色社会主义司法制度的本质属性和宗旨目标,维护公平正义、捍卫司法公正;其次,在制度实施和制度建设的具体过程中,针对实践中、改革中取得的经验和发现的问题,进一步固化、定性或优化调整相关制度,在于法有据的基础上采取具有一定灵活性或者倡导性的规定,以推动具体制度创新,或预留制度创新空间。① 这正体现了本书所提出的法治实施中制度逻辑的基本框架,即守正与创新的统一。

本章小结

通过提出"司法承包责任制"概念,本章对中国司法责任制改革的治理理念和改革逻辑做了解读和阐述,重点讨论了"司法承包责任制"的主要特征,以及体现为司法权运行"承包化"的治理变革。司法责任制改革尚处于持续推进阶段,对司法责任制改革背后的制度逻辑和治理理念,还需要有更长时段观察和更深入思考,因此"司法承包责任制"的解释力还需要结合司法责任制改革的实践进程,做进一步检视和深入研究。

---

① 最高人民法院发布的《关于深化司法责任制综合配套改革的实施意见》的通知鲜明地体现了上述特点。

第七章　购买人民调解服务的制度逻辑

近年来,人民调解一直是法学研究的热点问题之一。回顾2011年特别是党的十八大以来人民调解制度的发展,有一些制度发展的重要历史节点:《人民调解法》在2011年1月1日正式施行,彰显了人民调解的重要性。2013年11月党的十八届三中全会通过的《中共中央关于全面深化改革若干重大问题的决定》提出,"完善人民调解、行政调解、司法调解联动工作体系,建立调处化解矛盾纠纷综合机制"。2014年10月党的十八届四中全会通过的《中共中央关于全面推进依法治国若干重大问题的决定》提出,"健全社会矛盾纠纷预防化解机制,完善调解、仲裁、行政裁决、行政复议、诉讼等有机衔接、相互协调的多元化纠纷解决机制。加强行业性、专业性人民调解组织建设,完善人民调解、行政调解、司法调解联动工作体系"。2020年12月,中共中央印发《法治社会建设实施纲要(2020－2025年)》,提出"充分发挥人民调解的第一道防线作用,完善人民调解、行政调解、司法调解联动工作体系"。

在倡导和推动人民调解的过程中,出现了一种值得注意的实践,即地方政府购买人民调解服务的现象。[①] 本章通过讨论政府购买人民调解服务的现象,检视人民调解服务为什么是一种公共产品以及这种公共产品的供求机制、运行方式和激励机制等问题,借此帮助人们获得对当下中国社会治理方式的一些更为深刻的认识。相对于当前的人民调解研究,地方政府购买人民调解服务这一现象可能有助于我们更为深入地看待人民调解得到重视的原因,并从中检视人民调解制度在法治实施中的制度定位。通过引入绩效合法性观念检视地方政府的制度创新,能够把社会治理创新、绩效合法性和地方法治建设相结合。政府购买人民调解服务的现象,体现了在绩效合法性观念的影响下,购买人民调解服务作为推进法

---

① 参见范愉:《纠纷解决的理论与实践》,清华大学出版社2007年版,第489－491页;胡洁人:《群体性纠纷的"救生艇"——新型城市社区人民调解工作室研究》,载《法治论坛》2009年第2期;静安区大调解课题组:《试论大调解工作格局的经费保障》,载吴志明主编:《大调解:应对社会矛盾凸显的东方经验》,法律出版社2010年版等。地方政府的规定,包括广东省人民政府办公厅《政府向社会组织购买服务暂行办法》(粤府办〔2012〕48号),相关的媒体报道有:《政府购买服务街道组建机构　本市人民调解走向专业化》,载新浪网,http://news.sina.com.cn/c/2004－11－28/14254371457s.shtml。

治建设的一部分,是地方政府制度创新的内容之一。针对上述判断,有三个问题需要加以讨论和说明,即人民调解在什么意义上是一种公共服务;政府购买人民调解服务的原因;政府购买人民调解服务的方式。通过上述问题,我们可以看到上述研究进路的解释力和必要性。

第一节　人民调解的主要特点

一、法律繁简视角下的人民调解

围绕人民调解,可以构建起两种相互对立的视角:一种是把人民调解视为化解司法诉讼复杂性、高成本性的更为简约高效的纠纷解决模式;另一种是把人民调解视为多元纠纷解决机制的一种,但又认为人民调解可能增加了纠纷解决机制的类型乃至复杂性。因此,思考这一问题的基础,是通过对法律繁简的剖析来解释人民调解的功能作用。

其一,诉讼繁简的视角。人民调解是纠纷治理的一部分,也是诉讼案件大幅增加后寻求替代性纠纷解决机制的一项重要工作。但是,必须理性、全面地看待诉讼之繁简。各级人民法院着力参与建设的多元纠纷解决机制、对接的"一站式"诉讼纠纷解决平台、有机融入的"枫桥经验",一方面力求减少进入诉讼程序的诉讼案件,另一方面也增加了其他纠纷解决机制的办案数量、机构设置和话语权。对诉讼繁简的判断,应当以实现社会公平正义、保障人民权利作为根本性判断标准,按照公正效率的要求进行分析,而不能仅看数量增减。从司法规律和司法机构增长的特点来看,经济社会发展过程中,尤其是在经济体量快速增加的过程中,对诉讼繁简的讨论不能仅限于数量,而应对司法机构的数量增加、社会司法需求和司法规律等进行综合分析,进而考察司法机构和诉讼的增长及复杂化是来自服务现实司法需求,还是来自科层体制自我繁殖抑或现代司法制度如审级制的要求。①

其二,法律服务机构繁简的视角。除了司法机构和诉讼的"过剩"或者烦琐化,还应当重视法律服务机构的繁简:一是律师和律师事务所的繁简;二是司法机构可能参与其中,但并非以诉讼方式解决纠纷的调解制度及调解机构的繁简。就后者而言,在国内维度和国际维度,调解都是纠纷解决的重要渠道和法律程序。与之相关,调解机构和调解制度的繁简问

① 参见[美]欧文·费斯:《司法的官僚化》,载[美]欧文·费斯:《如法所能》,师帅译,中国政法大学出版社2008年版。

题随之而来。在论证调解的正当性和必要性之时，论者常援引当下中国社会的复杂性、风险性、文化传统等要素，用以论证调解作为一种实质性的、民间性纠纷解决机制所蕴涵的价值。但是，疑问之处可能在于：调解是否能被视为法律的增殖和烦琐化，以及调解的运行、调解机构的运作也都需要一定社会成本，尽管其相对于诉讼程序可能具有一定的成本优势和效率优势，但调解如果是非终局性、非强制性的，则意味着调解的运行成本还存在不确定性，因此需要避免通过调解解决纠纷反而付出更大社会成本。调解——也包括人民调解——需要进行明确界定和制度化规范，才能符合实践中的法治需求，符合现代法治原则和调解运行规律。调解特别是调解机构的繁简，同样需要服从于社会公平正义的实现，以及调解的本质属性和运行规律。

二、人民调解研究的关注点

在本书看来，当前关于人民调解的研究，主要有三个关注点。

第一，如何看待国家与社会的关系。在人民调解的研究中，人民调解的性质及其附带的组织形式和运作模式的问题始终是热点，由此相关的是人民调解和人民调解组织是坚持民间性还是与国家治理一体化，或者说人民调解的自治性、群众性的性质与人民调解的规范化、制度化、正式化之间是否存在紧张关系。《人民调解法》将人民调解委员会定位为“依法设立的调解民间纠纷的群众性组织”。但无论在《人民调解法》制定过程中，[①]还是在《人民调解法》出台前后的学术讨论和法律实践中，[②]人们对于人民调解的性质始终有着不同的看法。关于人民调解应当走一种司法化、专业化的道路还是应当坚持和促进人民调解的民间性、群众性的讨论，以及人民调解的实践特别是“大调解”概念提出后的人民调解是否存在过度司法化和行政化的倾向，[③]从研究方法上来看，其基本的讨论框架是一种二元化的国家与社会的关系，即仅由国家负责提供纠纷解决的公共产品，还是应当重视基层社会治理中的带有地方性、灵活性的公共产品，抑或政府与社会合作共同提供纠纷解决的公共产品。熊易寒通过人

---

① 参见范愉：《〈中华人民共和国人民调解法〉评析》，载《法学家》2011 年第 2 期。

② 参见范愉：《〈人民调解法〉：让人民调解回归民间》，载《中国法律（中英文版）》2010 年第 6 期；周望：《转型中的人民调解：三个悖论——兼评〈人民调解法〉》，载《社会科学》2011 年第 10 期。

③ 参见王禄生：《审视与评析：人民调解的十年复兴——新制度主义视角》，载《时代法学》2012 年第 1 期。

民调解工作室的实证研究认为，人民调解工作室的运作是国家与社会互相渗透的过程，人民调解的民间性是国家创制和经营的结果，人民调解组织在运作中也在寻求与政府的合作并强化自身的权威。[①] 人民调解研究不能把国家与社会、中央与地方对立起来，而应将人民调解作为基层社会治理的一个方面，把国家治理的不同层次加以衔接，既看到基层治理中的政府因素，又看到地方政府治理创新中的国家因素。[②]

第二，人民调解是群众路线的合法性论述方式的组成部分。国家认可、支持和发展人民调解的原因，在于人民调解体现了群众路线的方针。“长期的实践已经有力地证明，大量社会矛盾纠纷的及时、有效化解，大调解是最佳方式，坚持群众路线、依靠人民群众是化解矛盾纠纷的钥匙和法宝。”[③]作为“大调解”的组成部分，人民调解的本质就是群众自治，人民调解代表群众、植根群众、服务群众，意味着群众自我管理、自我约束、自我服务。作为一种具有中国特色的纠纷解决方式，人民调解的中国特色之一就是人民调解与群众路线所体现的合法性论述方式密不可分。群众路线能够在国家与社会之间、执政党与人民群众之间架设起一种合法性的桥梁，克服官僚主义的弊端，因此是当代中国政治合法性论述不可缺少的部分。[④] 群众路线的合法性论述方式，对于讨论和解释地方政府购买人民调解服务这一具体现象或者说机制来说，并不具备充分的、直接的解释力，特别是由于地方政府购买人民调解服务实际上已经在很大程度上把人民调解的功能交由受过培训的人民调解员甚至是专业律师来承担，这表明其在一定程度上已经不限于群众自我管理、自我服务的特征。

第三，人民调解是解决纠纷的一种有效机制和方式。重视人民调解的一个重要理由，就是人民调解在解决纠纷、调节社会关系、维护人民群众合法权益等方面的确发挥了重要作用。按照《人民调解法》的规定，人民调解的对象是“民间纠纷”，人民调解所化解的大量纠纷，正好满足了建设法治社会目标所包含的将纠纷化解在第一线、建设基层法律服务体系、减轻群众纠纷解决成本等要求。

需要注意的是，对人民调解的重视，并不意味着人民调解的相关法律

---

① 熊易寒：《人民调解的社会化与再组织对上海市杨伯寿工作室的个案分析》，载《社会》2006年第6期。

② 王清：《将国家带回来：地方政府行为变化的新解释》，载《探索与争鸣》2023年第7期。

③ 参见詹菊生：《推进大调解，坚持群众路线是法宝》，载《人民法院报》2011年5月11日，第2版。

④ 参见郭为桂：《群众路线与现代中国的国家建构——纪念中国共产党成立九十周年》，载《东南学术》2011年第4期。

政策从一开始就是完备的。回顾人民调解的历史，在《人民调解法》出台之前，就已经有了《人民调解委员会组织条例》（1989 年 6 月 17 日发布施行），《人民调解工作若干规定》（司法部令第 75 号），最高人民法院、司法部《关于进一步加强新形势下人民调解工作的意见》（司发〔2007〕10 号）等制度文件，《人民调解法》出台之后，又制定了最高人民法院《关于人民调解协议司法确认程序的若干规定》（法释〔2011〕5 号）等配套文件。这些规定对人民调解之功能定位和制度设计，在坚持群众路线、重视多元纠纷解决机制的总体思路下，制度设计、制度实践和具体举措创新也一直在递进式的演进当中。

针对上述特点，笔者认为，把目光集中于人民调解所体现的国家与社会的关系、人民调解所体现的群众路线的合法性论证方式以及人民调解所发挥的纠纷解决的功能，对于重视人民调解乃至政府购买人民调解服务都具有一定的解释力，但我们还需要一种理论来解释政府特别是地方政府出资支持人民调解、承担（包括补贴）人民调解成本的动力问题，同时也揭示上述三个特点在购买人民调解服务这一具体实践中是否有所展现。我们也注意到，不同地方政府对人民调解进行支持的动力是存在差异的。合乎逻辑的是，很多财力不足的地方政府对于为人民调解提供经费支持缺乏足够动力和办法。不过，从经费问题出发，我们不只是考察和回答了人民调解的经费问题本身，而是以此为线索，进一步梳理地方政府看待人民调解的态度、地方政府与人民调解组织的关系以及通过地方政府购买人民调解服务所体现的社会治理方式的制度创新。

第二节　人民调解的公共产品属性

论者把人民调解视为多元化纠纷解决机制中的一种，或者也可以称为一种非诉讼纠纷解决机制。纠纷解决首先是一种活动，“是指在纠纷发生后，特定的解纷主体依据一定的规则和手段，消除冲突状态、对损害进行救济、恢复秩序的活动”。[①] 其次，我们也可以把纠纷解决视为一种公共产品，这是从纠纷解决的经济属性角度来考察问题。

按照公共产品和公共服务的理论，一种公共产品需要具备的基本属性在于：一些人对这一产品的消费不会影响另一些人对它的消费，具有非竞争性；某些人对这一产品的利用，不会排斥另一些人对它的利用，具有

---

① 范愉：《纠纷解决的理论与实践》，清华大学出版社 2007 年版，第 71 页。

非排他性。在《非诉讼纠纷解决机制(ADR)与诉讼互动的经济分析》[①]一文中,陈慰星论证了由于纠纷解决机构并不能排除其他人使用纠纷解决服务,满足了"非竞争性"的要求;但纠纷解决产品存在价格机制方面的因素,获取纠纷解决产品需要付费,因此纠纷解决产品并不是一种萨缪尔森意义上的纯公共产品(pure public good),而是一种非纯公共产品(non - pure public good)或者准公共产品。基于公共产品研究已经把研究的视域扩展到了非纯公共产品研究,并且这种扩展支持了我们对人民调解公共产品属性的论证,笔者认为上述论证已经为本书的讨论提供了基础。[②]

具体到人民调解之上,笔者认为,人民调解的以下特点决定了它的公共产品属性。

第一个特点是人民调解的基层性、社区性属性。社区性属性虽然与人民调解的人民性相关,强调了群众路线的方面,但同时其也与一定的社区和集体相关联,《人民调解法》第 8 条第 1 款规定:"村民委员会、居民委员会设立人民调解委员会。企业事业单位根据需要设立人民调解委员会。"而这一点正是布坎南对公共产品的界定的要点之一,亦即由社区和集体所提供的产品应当被认为是一种公共产品。[③]

第二个特点是公益性的特点,《人民调解法》第 4 条规定:"人民调解委员会调解民间纠纷,不收取任何费用。"这也就使人民调解在法律规定的层面排除了因为纠纷解决产品的价格机制所带来的排他性的问题。如果按照公共产品理论关于一种产品具备非排他性和非竞争性之一即可至少被称为准公共产品的观点,那么人民调解已经可以被视为一种公共产品。

上述讨论解决了政府购买人民调解服务的概念前提的问题。一如上文指出,焦点并不在于政府购买人民调解服务的合理性和完善途径。政府购买人民调解服务是解决人民调解服务的经费问题的一种方式,关于如何把这种方式规范化、制度化和可持续化,如何与《政府采购法》衔接,这些的确是值得进一步研究的问题。但一个同样重要的问题是,地方政

---

① 参见陈慰星:《非诉讼纠纷解决机制(ADR)与诉讼互动的经济分析》,载《制度经济学研究》2006 年第 3 期。

② 参见王爱学、赵定涛:《西方公共产品理论回顾与前瞻》,载《江淮论坛》2007 年第 4 期;沈满洪、谢慧明:《公共物品问题及其解决思路——公共物品理论文献综述》,载《浙江大学学报(人文社会科学版)》2009 年第 6 期。

③ 参见王爱学、赵定涛:《西方公共产品理论回顾与前瞻》,载《江淮论坛》2007 年第 4 期。

府购买人民调解服务为什么是一种社会治理方式的创新?《人民调解法》第6条规定:“国家鼓励和支持人民调解工作。县级以上地方人民政府对人民调解工作所需经费应当给予必要的支持和保障,对有突出贡献的人民调解委员会和人民调解员按照国家规定给予表彰奖励。”上述规定实际上已经明确了地方政府对于人民调解工作经费的责任和义务,① 所存在的问题似乎不过是地方政府因为观念上重视与否、人民调解在当地发挥作用大小和地方财力差异的原因,这些对人民调解的经费支持和保障力度存在差异。并且,在《人民调解法》颁布之前,2007年7月9日,财政部和司法部就下发了《关于进一步加强人民调解工作经费保障的意见》。②

如果从较为宽泛的角度来看,政府购买公共服务并不限于正式的合同式的购买方式,合同承包、凭单、政府补助、公私合作等都可以被视为政府购买的方式。③ 在笔者看来,地方政府购买人民调解服务因应了当下理顺国家与社会关系、政府与市场关系,建设服务型政府和社会治理创新的要求和趋势。服务型政府明确了政府为提供公共服务的责任和义务,政府是服务者,并且受公共服务体系改革思想的影响,政府所提供的某些公共服务可以转交给社会和私人机构来提供、并由政府买单。④ 社会治理创新则要求根据社会治理的新情况、新要求,改革传统的社会管理模式、方式和理念,创新社会治理的理念、知识、模式、技术和体制。

笔者认为,政府购买人民调解服务不仅在形式上,也在实际结果上,契合了建设服务型政府和社会治理创新的要求。通过建立人民调解工作室和人民调解组织网络,加强政府购买人民调解服务的制度建设,规范支付方式,提供支付标准,注重培训、引导和宣传,甚至聘请执业律师参与人民调解,以合同化为代表方式的政府购买人民调解服务,在处理案件数量、涉案金额、办案效果方面都取得了较好的效果,特别是既降低了老百

① 参见王禄生:《审视与评析:人民调解的十年复兴——新制度主义视角》,载《时代法学》2012年第1期。

② 该意见指出,“人民调解工作经费的开支范围包括司法行政机关指导人民调解工作经费、人民调解委员会工作补助经费、人民调解员补贴经费”。该意见要求:“1. 司法行政机关指导人民调解工作经费列入同级财政预算。2. 为支持人民调解委员会和人民调解员的工作,地方财政可根据当地经济社会发展水平和财力状况,适当安排人民调解委员会补助经费和人民调解员补贴经费。”

③ 参见王春婷:《政府购买公共服务研究综述》,载《社会主义研究》2012年第2期。

④ 参见齐海丽:《我国地方政府购买服务模式研究——以上海市政府购买岗位为例》,载《西北农林科技大学学报(社会科学版)》2013年第5期。

姓解决纠纷的成本,又逐步提高了办案的支付标准,对于改变人民调解员办案投入和获得报酬上的不协调具有积极意义。需要指出的是,提高了办案的支付标准也就意味着提高了案件的成本,但是这部分成本实际上是由政府来承担的,而不是由当事人来承担。

相对于这些积极意义,从理论上还有一些问题需要讨论。例如,人民调解组织(如人民调解工作室)与政府的关系是一种什么样的状态?政府购买人民调解服务在多元纠纷解决机制中处于什么样的位置?政府购买人民调解服务是否还有更深层次的原因?

第三节　购买人民调解服务与社会治理创新

人民调解作为一种社会治理方式,人民调解组织作为一种制度机构,必须考虑其治理的制度性成本问题。购买人民调解服务已经从一种局部性的制度创新,逐步发展成为全局性的制度创新。通过购买人民调解服务,政府所实现的治理绩效,既包括通过局部制度创新提升治理绩效,也包括把购买人民调解服务上升为一种全局性的治理创新,将其固化为可持续性的制度并在实践中严格执行和进一步探索新的制度创新。

一、人民调解与政府

提供公共服务的社会组织与政府的关系模式是购买公共服务研究的一个重要内容。公共管理学者从社会组织相对于政府是否具有独立性、购买程序是否具有竞争性来划分关系模式,[①]以此作为分析性概念,定位具体社会组织和政府在购买公共服务中的关系。但是值得注意的是,这种分析显然属于理想类型的方法,其是为了帮助研究者更好地认知和分析问题,并由此拓展深化对社会组织和关系模式的理论剖析。

就人民调解组织与政府的关系而言,尽管在《宪法》和《人民调解法》的规定的意义上,人民调解组织是一种群众性的组织,但在实践中,人民调解组织特别是作为被购买方的人民调解工作室,是由政府为“购买”人民调解服务而“建立”起来的。无论是设置在街道的人民调解工作室,还是设置在派出所和法院的人民调解工作室和人民调解窗口,均符合这个

---

① 参见王浦劬、[美]莱斯特·M. 萨拉蒙等:《政府向社会组织购买公共服务研究:中国与全球经验分析》,北京大学出版社2010年版,第19页以下。

特征。① 政府购买人民调解服务的程序并非十分规范，没有实现和《政府采购法》的有效衔接。政府通过司法行政部门，经由对人民调解员的资格要求、培训和监督指导机制实现对人民调解组织的管理。上述特征，满足了社会组织与政府的关系模式中依赖性非竞争性模式的特征。② 这种关系模式服务于人民调解的政治功能。

地方政府购买人民调解服务，并通过在法院和派出所设置人民调解窗口，把人民调解与行政调解、司法调解无缝连接等各种方式，将这种购买和支持纳入多元纠纷解决机制之中。这些做法既有针对社会治理状况的现实考虑，也有着重要的政治意义和考量。2014 年 10 月 23 日《中共中央关于全面推进依法治国若干重大问题的决定》提出要“健全社会矛盾纠纷预防化解机制，完善调解、仲裁、行政裁决、行政复议、诉讼等有机衔接、相互协调的多元化纠纷解决机制。加强行业性、专业性人民调解组织建设，完善人民调解、行政调解、司法调解联动工作体系”。在党中央的决议中专门讨论人民调解问题，将其作为法治国家、法治政府、法治社会一体建设中的一个重要方面，彰显了人民调解的政治功能和政治意义。

正如上文所指出的，人民调解在化解纠纷方面发挥了重要作用，建设法治社会也为人民调解提供了更为广阔的空间和更为有效的保障机制，但我们的目光不能止于人民调解解决纠纷的数量和承担的相关社会功能。人民调解有明确的政治目的和要求。人民调解是功能主义的，它不仅回应了社会转型期诉讼爆炸带来的社会需求方面的问题，又关系到前文所说的当代中国政治的合法性论述的方面，发挥着调整社会关系、平衡社会利益、密切联系群众、贯彻群众路线的政治功能。③ 问题在于，从党的路线方针转化为地方政府的贯彻实施，从党中央以及司法部等有关部委的文件通知转化为地方政府的具体措施和做法，该过程不仅受到地方政府治理能力特别是财政能力的影响，更为重要的是，地方政府购买人民调解服务的实践表明，这种现象的出现还与地方政府的观念有关，或者说与地方政府对大调解和人民调解的特定理解相关。

---

① 参见石先广：《司法新举措：法院里的人民调解工作室》，载《中国司法》2007 年第 3 期；毋爱斌：《法院附设型人民调解及其运作——以“人民调解工作室”为中心的考察》，载《当代法学》2012 年第 2 期；王全宝、唐璐、王雪：《上海的“大调解”实验》，载《中国新闻周刊》2010 年第 35 期。

② 参见王浦劬、[美]莱斯特·M. 萨拉蒙等：《政府向社会组织购买公共服务研究：中国与全球经验分析》，北京大学出版社 2010 年版，第 22 页。

③ 参见强世功：《文化、功能与治理》，载强世功：《法制与治理——国家转型中的法律》，中国政法大学出版社 2003 年版，第 248－252 页。

二、购买人民调解服务作为局部性制度创新激励

对于地方政府而言，包括人民调解在内的多元纠纷解决机制还是绩效“锦标赛”的重要组成部分。中央政府和地方政府对于健全纠纷化解机制、发展和创新纠纷解决具体方式的作用和理解是存在差异的。如果说中央政府有一个对于国内外局势的通盘的、更加全面的考虑，那么地方政府对于地方社会形势和地方间差异可能更加敏感，因此，中央政府和地方政府在看待社会治理具体方式及其政治意义上存在差异是合理的，也是必然的。

绩效“锦标赛”只考虑经济绩效显然是不够的。首先，在党的十七大之后，党中央反复提出要转变经济增长方式，加强社会建设与经济发展指标因而开始被紧密联系在一起，社会保障之类的社会发展指标占据了更加重要的位置。其次，我们还需要考虑强化人民调解工作所体现出来的政府绩效上的地方政府间竞争。尤其是对于地方司法行政机关而言，由于其承担着指导、推动人民调解发展的工作职能，人民调解工作做得好不好成为地方治理绩效的一个重要考核标准。

在笔者看来，绩效“锦标赛”模式能够说明地方政府重视人民调解的原因和动力。不独在经济发展领域，地方政府同样开始注重在社会治理、法治建设竞争中成为优异者，[①]纠纷解决领域注重执行率的提高、上访率的下降乃至人民调解率的上升等都成为地方治理绩效优异的指标之一。需要指出的是，上述现象出现的观念前提是绩效合法性。按照赵鼎新的观点，对于政府来说，所谓“绩效合法性”，是指“一个政权统治权利的合法性来自于该政权经济绩效和/或道德功绩以及捍卫领土的能力……一个政权的政绩合法性会促进实用理性（例如，由常识而非形式/理论思考所辅助的工具理性）的发展”。[②]

在笔者看来，绩效合法性的概念对于讨论人民调解以及政府购买人民调解服务的意义至少在于以下两个方面。第一，绩效合法性关注为人民带来切实的利益，关注保障人民权益。绩效合法性与群众路线的合法性同样注重人民群众的利益和感受，但又有所不同。政府、官员和人民群众对政府绩效的理解不仅在逻辑上而且实际上都存在差异。例如，作为

---

① 参见万江：《中国的地方法治建设竞争》，载《中外法学》2013 年第 4 期。

② 赵鼎新：《“天命观”及政绩合法性在古代和当代中国的体现》，载《经济社会体制比较》2012 年第 1 期。

一种“新”的治理方式、治理思想的政府购买人民调解服务，无论在形式上（如社会治理方式的创新）和实质上（如社会纠纷数量的下降）都满足了政府绩效的目标要求，对于人民调解员而言则可能解决了组织形式、身份和经费支持的问题，对于老百姓而言则可能获得了免费的（或者低成本的）、更加便利甚至更有效的纠纷解决方式。第二，地方政府间的竞争是在绩效合法性的基础上展开的，地方法治建设竞争也不例外。经济发展和化解纠纷、维护社会公平正义都是绩效的主要体现，是中央政府用来界定人民利益的重要方面，也是中央政府用来评估地方政府绩效的重要指标。重视人民调解，把政府购买人民调解服务作为一种社会治理方式的制度创新，一方面回应了调节社会关系、实现良好基层治理的要求，另一方面也被认为有利于降低纠纷解决成本、转变政府形象、提升政府能力，能够更好地帮助地方政府推动经济社会发展。但是，地方政府的制度创新，也面临如何提升其权威性、将局部性制度创新变为常态化、固定化、全局性的制度创新。

三、购买人民调解服务作为全局性创新激励

购买人民调解服务，不仅是回应基层治理需求的一项制度创新，更逐步转变成为国家法律、公共政策所规定的一项常规制度。上述转变的制度逻辑在于：对于具备支付能力的地方政府而言，购买人民调解服务存在着寻求更好地方治理表现和制度创新的动力；从更为宏大和根本的视野来看，购买人民调解服务，是重视社会调解、多渠道有效化解纠纷等社会治理重大举措中的一个环节，其更为根本的制度逻辑是降低社会治理成本、提升社会治理能效。这也就意味着，购买人民调解服务，对于人民调解的可持续性和质量效益提升，都具有重要意义，对此必须从对局部的制度绩效考虑上升为对整体性的制度绩效考虑，而立法层面和公共政策层面的制度规定的变化，体现了对购买人民调解服务的支持和规范。如果没有绩效合法性观念的支持，重视人民调解和政府购买人民调解服务都不可能获得稳定的、有效的和长期的支持。但是，如果不逐步转化为常规化的制度，购买人民调解服务乃至基层治理创新各项举措，都将面临成本如何得到可持续支撑、制度创新如何具备正当性等问题。相应地，对购买人民调解服务这类基层治理的制度创新，需要逐步将其纳入规范化、制度化、法治化的轨道之中。

回顾21世纪以来我国法治实践的历程，全国各级人民法院受理的案件总数快速增加，从2000年的约570万件、2011年的1220.4余万件到

2023 年的 4557.4 余万件。相对于诉讼“是程序更严密、对抗性更强、社会成本更高的解纷机制”,[①]包括人民调解在内的多元纠纷解决机制是化解社会矛盾、分流纠纷解决渠道、降低社会治理成本的重要途径。2022 年 10 月 8 日召开的全国调解工作会议介绍,“全国人民调解组织调解各类矛盾纠纷 1494 万件(含人民法院委派委托调解成功 675 万件)”,同时,全国“人民调解委员会已发展到 69.3 万个……现有人民调解员 317.6 万人,其中专职人民调解员 41.2 万人”。[②] 这意味着,随着社会纠纷的持续增多,基于诉讼的社会成本高于调解等民间纠纷解决机制的认知,以及社会治理成本的考量,人民调解的重要性持续得到重视。在鼓励地方在基层社会治理中探索制度创新的同时,也需要把在实践中摸索形成的制度创新纳入法治化、正式化并有持续保障的轨道,矫正和规范其中不够规范乃至有碍治理目标实现的探索举措。

梳理 2013 年以来把购买人民调解服务纳入规范化渠道的制度文件,主要有:2014 年,司法部提出“通过政府购买服务等方式,配备专职人民调解员。行业性、专业性人民调解委员会主任一般由专职人民调解员担任”。[③] 2016 年,司法部提出“要按照《财政部、民政部、工商总局关于印发政府购买服务管理办法(暂行)的通知》(财综〔2014〕96 号)要求,把人民调解作为社会管理性服务内容纳入政府购买服务指导性目录,并按照规定的购买方式和程序积极组织实施,提高行业性、专业性人民调解工作经费保障水平”。[④] 2018 年,中共中央政法委员会、最高人民法院、司法部、民政部、财政部、人力资源和社会保障部提出,“通过政府购买服务推进人民调解工作。司法行政部门应当会同有关部门做好政府购买人民调解服务工作,完善购买方式和程序,积极培育人民调解员协会、相关行业协会等社会组织,鼓励其聘请专职人民调解员,积极参与承接政府购买人民调解服务”。[⑤] 同年,司法部在《关于推进个人调解工作室建设的指导意见》中还提出,“支持个人调解工作室登记为民办非企业组织,或通过当地人民调解员协会承接政府购买服务项目,促进工作有效开展”。[⑥] 在

---

① 黄文艺:《“平安中国”的政法哲学阐释》,载《法制与社会发展》2022 年第 4 期。

② 赵颖:《2022 年全国人民调解组织调解各类矛盾纠纷 1494 万件》,载《法治日报》2023 年 10 月 9 日,第 2 版。

③ 司法部《关于进一步加强行业性、专业性人民调解工作的意见》(司发通〔2014〕109 号)。

④ 司法部等《关于推进行业性专业性人民调解工作的指导意见》(司发通〔2016〕1 号)。

⑤ 中共中央政法委员会、最高人民法院、司法部、民政部、财政部、人力资源和社会保障部《关于加强人民调解员队伍建设的意见》(司发〔2018〕2 号)。

⑥ 司法部《关于推进个人调解工作室建设的指导意见》(2018 年 11 月 13 日)。

地方，例如浙江省财政厅、浙江省司法厅于2018年印发《关于政府购买人民调解服务的指导意见》（浙财行〔2018〕32号），上海市司法局、上海市财政局于2019年印发《关于政府购买人民调解服务的实施细则》（沪司发〔2019〕119号）。[①]

回顾上述制度建设的历程，以及上文对于购买人民调解服务与绩效合法性的讨论，可以进一步归纳存在三种绩效合法性。第一种是既有制度严格实施和执行的治理绩效，第二种是局部制度创新的治理绩效，第三种是把局部制度创新上升、固化为全局性制度创新的治理绩效。购买人民调解服务这种制度创新，从局部的制度创新成为全国性的制度措施，并在中央国家机关颁布的政策文件中反复强调，则指向第二种、第三种的治理绩效。但是，需要指出的是，一旦购买人民调解服务成为全局性的制度措施，对业已颁布实施的政策文件中购买人民调解服务的相关规定的严格执行，也就是第一种治理绩效，就成为研究购买人民调解服务的新的关注对象。例如，在上海出台《关于政府购买人民调解服务的实施细则》之后，上海市杨浦区制定了《杨浦区关于规范政府购买人民调解服务的实施办法》，其中包含《杨浦区政府购买人民调解服务项目质量绩效评价指标体系》，提出对购买人民调解服务的项目进行了"全过程绩效跟踪"。[②]

购买人民调解服务、对人民调解进行补偿等制度措施，都是在探索人民调解如何具备可靠的、可持续的成本负担机制，并且其应当相对于诉讼具有较为明显的优势。当民间纠纷解决机制成为治理机制创新的一部分，就必须考虑如何实现有效解决纠纷、低成本解决纠纷和维护法治权威三者之间的辩证统一，相应地，就要做好制度之间的衔接，也包括制度创新、制度固化和制度执行之间统一。制度衔接和对制度成本的考量是一体化的：如果把诉讼视为最重要、最规范的解决方式，则制度创新或者实施中的权变就是民间的多元纠纷机制，但法治实施体系把人民调解等基层治理经验确立为正式的、予以倡导的解决机制，就需要在接下来的实践中进一步回应制度实施所需要的权变和制度创新，包括成本支付及其他方面的制度衔接。因此，正如本书绪论所讨论的，法治实施的制度逻辑就

① 除了《关于政府购买人民调解服务的实施细则》，上海还出台了《关于完善本市人民调解、行政调解、司法调解联动工作体系进一步加强人民调解工作的意见》（沪司规〔2015〕6号）；《关于加强人民调解员队伍建设的实施意见》（沪司发〔2018〕86号）；《关于促进本市调解组织发展的若干意见》（沪司发〔2019〕120号）；《关于规范本市调解组织发展的规定》（沪司规〔2019〕4号）等文件。

② 杨浦区《关于规范政府购买人民调解服务的实施办法》（沪杨司〔2020〕18号）。

在于守正创新，它不仅仅是一个宏观的理念，还是在全面深化改革、全面依法治国中展现的具体实践和制度发展历程。在这个过程中，购买人民调解服务，从基于局部制度创新的制度激励，发展到基于全局化、固定化的制度约束的具体实践，再在实践中探索更加符合基层治理需求和各地方实际情况、尤其是财力情况的实施细则，寻求更进一步的制度创新。

本章小结

本章对购买人民调解服务的制度逻辑进行了研究。在把人民调解服务作为一种公共产品的基础上，本章检视了人民调解研究的几种既有研究路径，指出从提升治理绩效、有效化解纠纷、保障人民权益的视角来看待购买人民调解服务，必须把社会治理过程中的局部制度创新、从局部到全局的制度创新、制度创新固化和全局化后的实施绩效、实践中更进一步和更新一轮的制度创新加以结合，从制度实施和制度演进的更全面、更长阶段的视角来看待其运行逻辑。购买人民调解服务是回应基层治理中多元纠纷解决机制的成本负担方式的制度创新实践，它来自实践、服务实践，也必将在实践中不断创新、完善和发展。

第八章　科技领域的公序良俗与科技治理

公序良俗是人类文明的重要成果，承载和体现了遵守规则的社会共识、善良守序的文化传承，在野蛮到文明、个体到共同体的人类文明演进中，公序良俗发挥了非常重要的作用，是国泰民安、社会繁荣发展的重要保障。正因为公序良俗与规则文化、尊法守法观念息息相关，党的十八届四中全会通过的《中共中央关于全面推进依法治国若干重大问题的决定》提出，要“加强公民道德建设，弘扬中华优秀传统文化，增强法治的道德底蕴，强化规则意识，倡导契约精神，弘扬公序良俗”。[①] 随着社会发展和人类活动边界拓展，人们对公序良俗的理解和运用，从传统上限定于日常生活和一般性社会领域，拓展到社会生活各个具体领域，形成了兼具自身特点和公序良俗普遍性的各领域公序良俗，其中就包括科技领域的公序良俗。

随着现代科技革命的加速深化，科技进步带来的机遇和挑战越发引人注目和影响深刻。习近平总书记指出：“科技是发展的利器，也可能成为风险的源头。要前瞻研判科技发展带来的规则冲突、社会风险、伦理挑战，完善相关法律法规、伦理审查规则及监管框架。”[②]在生命科学领域，“科技创新精度显著加强，对生物大分子和基因的研究进入精准调控阶段，从认识生命、改造生命走向合成生命、设计生命，在给人类带来福祉的同时，也带来生命伦理的挑战”。[③] 在信息科学领域，以人工智能为代表的新技术及其应用，对个人信息安全、人的自主性等方面产生明显威胁。[④] 科技的不当使用还有可能强化某些领域和社会组织的不透明度和

---

① 《中共中央关于全面推进依法治国若干重大问题的决定》(2014 年 10 月 23 日中国共产党第十八届中央委员会第四次全体会议通过)。

② 习近平：《加快建设科技强国，实现高水平科技自立自强》(2021 年 5 月 28 日)，载习近平：《论科技自立自强》，中央文献出版社 2023 年版，第 11 – 12 页。

③ 习近平：《加快建设科技强国，实现高水平科技自立自强》(2021 年 5 月 28 日)，载习近平：《论科技自立自强》，中央文献出版社 2023 年版，第 6 页。

④ 参见联合国教科文组织：《人工智能伦理问题建议书》(2021 年 11 月 23 日联合国教科文组织第 41 届大会通过)，载联合国教科文组织网 2021 年 11 月 23 日，https://unesdoc.unesco.org/ark:/48223/pf0000381137_chi。

权力优势，进而加剧社会不平等、激化社会矛盾，①一些技术手段的滥用还会对社会公共利益和国家安全产生威胁。②

面对科技革命的挑战和科技发展失序的风险，迫切需要形成科技领域公序良俗，以公序良俗支撑现代化科技治理体系、提升科技治理能力。在科技治理领域，相对于技术治理论、政府规制论和科技伦理论等路径，科技公序良俗具有整合性、贯通性的价值和优势。技术治理论主张采用更优化、更平等的技术回应科技治理难题；③政府规制论认为要强化政府法治化监管，现阶段应增加法律制度供给；④科技伦理论注重科技领域科技伦理规范的作用，趋向更为重视科技“失范”的因应性治理和责任伦理。⑤ 上述路径各有侧重，但均未把公序良俗上升为一种社会秩序原则和行为规范体系，科技公序良俗的重要性和独特功能尚未得到充分展现，科技公序良俗的作用机理尚待进一步剖析和明确。⑥

本书认为，科技公序良俗应当是构建我国科技治理体系的一项重要普遍原则，它不仅是科技治理法律规范体系不断完善和有效实施的重要依据，更蕴含着科技主体自律自治、科技活动向善求真、科技发展增进人类福祉的基本社会公理。科技发展所取得的成果，无论是人类预期寿命延长、健康水平提升，还是交通和沟通方式更加便捷、工作条件更为改善等，都是人类福祉增进的表现，也是公序良俗所承载并追求的目标。重视并发挥科技公序良俗的作用，把推动人类文明进步的科学精神与捍卫人的尊严及平等的现代文明精神相结合，有助于积极有力应对化解现代科技革命带来的挑战和风险。

---

① 参见段伟文：《面向人工智能时代的伦理策略》，载《当代美国评论》2019 年第 1 期。

② 王志刚：《完善科技伦理治理体系保障科技创新健康发展》，载《求是》2022 年第 20 期。

③ 科技至上论或者技术决定论持这种立场。对此的分析，参见陈慧平：《科技至上主义的新机遇和新转变》，载《人民论坛》2020 年第 36 期。

④ 参见石佳友、刘忠炫：《科技伦理治理的法治化路径——以基因编辑技术的规制为例》，载《学海》2022 年第 5 期；李店标：《我国科技伦理立法的理论逻辑与实践路径》，载《学习与探索》2023 年第 7 期。

⑤ 参见刘大椿：《科技伦理建构的新路径》，载《光明日报》2023 年 6 月 5 日，第 15 版；中国科学院上海营养与健康研究所、中国科学院上海生命科学信息中心：《趋势观察：生命科学领域伦理治理现状与趋势》，载《中国科学院院刊》2021 年第 11 期。

⑥ 这一点，也影响了实践中公序良俗的规范表达和作用发挥。例如，2023 年 4 月 11 日国家互联网信息办公室发布的《生成式人工智能服务管理办法（征求意见稿）》第 4 条规定：“提供生成式人工智能产品或服务应当遵守法律法规的要求，尊重社会公德、公序良俗……”在 2023 年 7 月 10 日正式公布施行的《生成式人工智能服务管理暂行办法》中，该条表述删去了“公序良俗”，改为“提供和使用生成式人工智能服务，应当遵守法律、行政法规，尊重社会公德和伦理道德”。

第一节　科技公序良俗与实践科技核心价值

在日常生活和一般性社会领域，公序良俗是指人类社会在长期公共生活中形成的行为应当符合一般性社会利益或社会秩序、一般性道德观念和良好风尚的规则性共识，[①]其承载着不同群体对社会生活价值观的最大公约数，[②]反映了人类社会善良守序的秩序形态。公序良俗是人类社会发展过程中历史合理性的体现，包含着社会对行为正当性、合理性的规范性要求，体现了人类实践活动中的事理、法理、情理、政理等理性因素。作为人们对人与人、人与家庭、人与社会、人与自然之关系的理性化认识成果，公序良俗在生活实践中具有广泛而深厚的基础。公序良俗以成文或者不成文方式传承，是实践中影响和规范人们行为的规范体系，其承载了社会在一定时空语境下的价值观念和文化传统，并作为一项普遍原则为不同类型的制度规范所承认。此外，公序良俗还可转化为法律法规、伦理道德、公共政策、行业规范、技术标准中的具体规定。

古代法治文明中存在很多从生活经验和社会风俗中总结形成的公序良俗，或者有关善良风俗的规定。中国古代不仅有关于善良风俗的认知，也有关于善良风俗的立法规定和司法实践。[③] 在国外，《汉谟拉比法典》对社会公共秩序、善良风俗及优良道德的维护，体现在对高利贷的严厉打击和对各种违背人伦行为的惩罚等多方面。罗马法的精神是体现善良风俗的“公正与善良”，在债法和其他法律领域中多有关于公序良俗的规定。[④] 在现代社会，公序良俗是各国法律尤其是“民法典”中的一项具有兜底性作用的法律原则。1804 年《法国民法典》第 6 条规定：“任何人均不得以特别约定违反涉及公共秩序和善良风俗的法律。”[⑤]1900 年《德国民法典》第 138 条第 1 款规定“违反善良风俗之法律行为，无效”。英美法中也有公序良俗的对应概念，即公共政策（public policy）。[⑥] 在我国，清末民初法律改革中，公序良俗曾扮演着重要角色，并从法律理念进入立

---

① 参见张文显：《法理：法理学的中心主题和法学的共同关注》，载《清华法学》2017 年第 4 期。

② See Reinhard Zimmermann, *The Law of Obligations: Roman Foundations of the Civilian Tradition*, Juta & Co. Ltd., 1990, p. 710.

③ 参见郑显文：《公序良俗原则在中国近代民法转型中的价值》，载《法学》2017 年第 11 期。

④ 参见何勤华、袁晨风：《“公序良俗”起源考》，载《南大法学》2022 年第 4 期。

⑤ 《法国民法典》，罗结珍译，北京大学出版社 2010 年版，第 1 页。

⑥ ［美］E. 艾伦・范斯沃思：《美国合同法》，葛云松、丁春艳译，中国政法大学出版社 2004 年版，第 320 – 325 页。

法和司法实践当中。[①] 公序良俗是当代中国法律的一项重要内容。1986年我国《民法通则》虽然没有明确表述"公序良俗",但是在第一部分即"基本原则"的第7条规定了相关内容,即社会公德、社会公共利益、社会经济秩序。1999年颁布实施的我国《合同法》沿袭《民法通则》的规定,在其第一章"一般规定"的第7条规定了相关内容。2020年5月28日正式通过的《民法典》,确立了公序良俗原则在我国法律体系中基本原则的重要位置。

科技公序良俗是公序良俗在科技领域的实践和发展,是指科技领域由科技工作者、科技管理组织和大众等广泛主体所共同认知并遵循的普遍原则和行为规范体系,反映了人类对科技活动应当遵循何种规则、尊重哪些价值、保障哪些主体的利益和福利、预防什么样的风险等的规则性共识,是科技活动主体自律自治的内在基础,也是大众和科技活动管理者评价科技活动正当性、合理性的知识基础和规范依据。

一、科技公序良俗的特点

作为一套行为规范体系,科技公序良俗由科技法律规范、科技伦理规范、科技公共政策、科技行业规范、科技技术标准等制度类型中的相关规则共同构成;作为一项普遍原则,科技公序良俗贯通和整合上述制度类型,并构成其内在精神和基本原则。

一般而言,科技领域的公序良俗具有以下特点。

1. 真理性。追求真理是科技活动的本质属性、科技革命的永恒动力。真理性原则是科技公序良俗的突出特点之一,其以真理为目标追求和行动宗旨、以直面和修正错误来不断解释真理。科学精神的核心之一就是真理精神,科技公序良俗必须坚持真理而不能违背真理。习近平总书记多次论述科学研究、科技活动以真理为本质使命的重要性,指出"科学以探究真理、发现新知为使命"[②]"要在全社会大力弘扬追求真理、勇攀高峰的科学精神"[③]。真理性意味着科技活动尤其是科学研究,应当追求真理、捍卫真理,坚持学术自由、遵循学术规范,保障学术权利、担当学术责任,抵制学术不端、反对学术腐败,尤其要反对扼杀原创性学术研究的学术不平等,大力支持和保障原创性学术研究,激励产出更多原创性科学

① 参见黄源盛:《民初大理院公序良俗原则的构建及其法理》,载《法学》2021年第5期。

② 习近平:《加快建设科技强国,实现高水平科技自立自强》(2021年5月28日),载习近平:《论科技自立自强》,中央文献出版社2023年版,第14页。

③ 习近平:《加强基础研究　实现高水平科技自立自强》,载《求是》2023年第15期。

贡献。

2. 良善性。从古至今、纵观各国，人类文明所具有的共同特点就是对幸福美好生活的追求，这驱动了人类社会的发展演进。增进人类福祉是科技活动的目的和追求。良善性意味着科技活动应当增进而不是减损人类福祉，应当以人为本而不只注重技术革新，应当注重防范风险而不能失去约束。科技公序良俗的良善性，体现在科技发展推动人类命运共同体构建，科技活动贯彻科技正义要求、践行科技向善理念，科技与人文交叉融合、共同进步，[①]推动科技领域善治。尤其值得注意的是，所谓“公序”，不应局限于以政府监管机构为代表的公共权力发挥作用，而是由各方主体参与、各种维度覆盖的科技治理“善治”秩序。

3. 时代性。公序良俗是人类社会在历史发展中形成的具有相当稳定性的秩序观念和原则。各类科技活动参与主体对科技公序良俗的实践，来自于人们对公序良俗长期遵从而形成的行为习惯和内心认同，植根于历史形成的社会文化和社会秩序之中。这不意味着公序良俗的一成不变和僵化，只是其变迁速率慢于公共政策、技术标准等变迁速率相对较快的制度类型。科技领域的公序良俗更是如此：一方面，科技公序良俗的相对稳定性有助于预防和克服科技迅猛发展带来的风险；另一方面，科技公序良俗反映了经过一定时间积累沉淀，已成为当前时代科技领域乃至社会领域公序良俗的行为准则和道德原则，或者赋予了公序良俗以新的内涵，例如保护环境、节约能源、生态友好等公序良俗在现代社会拥有了碳达峰、碳中和等新的内涵。

4. 范导性。公序良俗为科技活动提供具有范导性的规则。公序良俗意味着在基本的社会秩序和伦理关系的问题上，法律或者其他类型的社会规范应当以维持既有的社会认知和广泛共识为目标或底线。公序良俗的具体内容，[②]看似相当广泛，但从社会生活尤其是科技活动角度看，其集中于人际关系、人与社会关系、人与自然的关系，涉及了人们日常生活中可作为范例的守序善良行为的主要方面和代表性事例。实践中，个体行动需要范导性规则，从个例到个例推理出个体应当如何行动的具体规

---

① 参见丁国旗：《习近平关于人文科技重要论述探讨》，载《中国高校社会科学》2020 年第 3 期。

② 梁慧星、赵万一等学者对民法上公序良俗之内容的讨论，参见梁慧星：《市场经济与公序良俗原则》，载《中国社会科学院研究生院学报》1993 年第 6 期；赵万一：《民法的伦理分析》（第 2 版），法律出版社 2012 年版，第 157 – 160 页。

则。[①] 日常生活中,人们可以按照类比推理方式,[②]从这些个例推导出类似个例下个人应当如何行动,或者推导出个人的行动是否符合公序良俗的要求。因此,科技工作者应当意识到公序良俗的存在,认知科技公序良俗、尊重科技公序良俗、践行科技公序良俗。

5. 泛在性。科技公序良俗泛在于、适用于科技领域各类主体、各个领域,但又具有一致性和贯通性,因此可称为“泛在性”[③]。科技公序良俗的实践主体包括科研组织、科技公司、科技管理部门、社会大众、媒体等在内的多元广泛主体。科技公序良俗泛在于科技领域方方面面,而不只限于科技活动某个方面或某个领域,因此不应将科技公序良俗等同于某一特定领域的科技伦理规范或者技术标准。科技公序良俗反映了人类社会对科技活动规则的基本聚焦和社会共识,是科技主体内在的关于行为规范的认知和信念。科研活动对科技公序良俗所代表的一整套行为规范系统的遵循,源于人的行为遵从规则的内在动机和理由,尤其具有代表性的是来自科学研究范式[④]或科学家内心的崇高信念[⑤]等。

二、科技公序良俗的内容要素

在普遍原则的维度上,科技公序良俗的核心是科技核心价值;在行为规范维度上,科技公序良俗是科技核心价值在实践中的规范载体。科技核心价值主要涉及求真、向善、安全、公正、合作、创新、责任、诚信、生态等方面。[⑥] 相应地,科技公序良俗主要包括以下方面内容或要素。

1. 以人为本。科技公序良俗中的以人为本,旨在增进人类福祉、捍卫人的尊严、重视人伦秩序,在此基础上达成以人本为核心的规则共识。增

① 参见郁振华:《人类知识的默会维度》,北京大学出版社 2022 年版,第 270 – 271 页。

② 关于类比推理,参见[澳]皮特·凯恩:《法律与道德中的责任》,罗李华译,商务印书馆 2008 年版,第 40 – 44 页。

③ 关于“泛在性”,可参见张文显教授对“法理泛在”、梅宏教授对“泛在计算”的讨论,张文显:《迈向科学化、现代化的中国法学》,载张文显主编:《思想与修辞:“法学范畴与法理研究”学术研讨会全纪实》,法律出版社 2018 年版,第 18 页;梅宏:《拥抱泛在计算》,载《中国计算机学会通讯》2023 年第 5 期。

④ 参见[美]托马斯·库恩:《科学革命的结构》(第 4 版),金吾伦、胡新和译,北京大学出版社 2012 年版,第 36 – 43 页。

⑤ 参见[美]R. 默顿:《科学的规范结构》,林聚任译,载《哲学译丛》2000 年第 3 期。

⑥ 关于科学的价值的讨论,参见刘大椿:《科技审度论:通向多元开放的科技哲学》,载《中国人民大学学报》2023 年第 4 期;李醒民:《关于科学与价值的几个问题》,载《中国社会科学》1990 年第 5 期;徐治立、王希:《论科学公共价值共生及其治理机制》,载《自然辩证法研究》2023 年第 9 期;王长征、徐龙超、王盟迪:《科技向善国外研究回顾与展望》,载《科技进步与对策》2023 年第 9 期。

进人类福祉，既包括增进人类社会整体福祉，也不能忽视贫困人群、弱势群体等群体和后发国家的福祉。捍卫人的尊严，意味着科学研究和科技应用要尊重和保障人格尊严、生命尊严，尤其在涉及生命伦理的问题上应持审慎态度，在人工智能、大数据等智能技术的研发应用中注重保障人的隐私和知情同意权。重视人伦秩序，意味着科学研究和科技应用要尊重人类社会长期形成、稳定维系的人伦关系。认同和践行以人本为核心的规则共识，在保障和实现增进人类福祉的实体性价值目标的同时，还要注重保障科技决策和科技研发中应有的信息公开和社会大众知情权。

2. 创新发展。科技创新驱动发展是增进人类福祉、实现可持续发展的必由之路。人类历史上的历次科技革命，改善了人类总体处境、促进了经济社会发展，也形成了尊重科技和人才、重视创新尤其是原始创新、大力保障知识产权等现代社会的公序良俗。科技公序良俗是人类理性精神的呈现，应当更加重视科学精神的普及和传播，科学教育的拓展和深化，旗帜鲜明地抵制反科技主义和伪科学。科技公序良俗还体现在激励原始创新、开放创新、协作创新，反对科技封锁和科技霸权，破除学科壁垒、促进交叉学科研究上。“创新是引领发展的第一动力，保护知识产权就是保护创新”，①保护知识产权是促进科技创新和成果转化的重要保障，②鼓励研发投入、激励技术创新、促进技术交流合作是科技公序良俗的应有之义。

3. 和平安全。科技公序良俗包含和平利用、安全可靠、风险预防等要素。现代科技革命中，军事科技和民用科技并非泾渭分明，传统安全与非传统安全相互交织，科学技术的非和平使用将对人类社会造成巨大伤害，科技创新可能带来预期外的科技风险。科技应当以捍卫和保障和平为目的，否则将违背增进人类福祉、维护人类社会和平发展的基本原则。科技公序良俗是安全与发展辩证统一的行为规范转化。科技活动主体以自觉自律的方式把安全可靠、风险预防作为日常性行为规范，把科技领域法律法规、伦理道德、政策标准等外部约束内化为科技活动的内在要求。核技术、大数据技术、基因编辑技术在社会宏观尺度的和平利用，实验室守责、风险应对预案在微观科技活动中的常态运行，均为科技公序良俗的重要实践。

---

① 习近平：《全面加强知识产权保护工作，激发创新活力，推动构建新发展格局》，载习近平：《论科技自立自强》，中央文献出版社 2023 年版，第 253 页。

② 参见吴汉东：《保护知识产权就是保护创新》，载《人民日报》2020 年 12 月 14 日，第 9 版。

4. 公平公正。科技公序良俗包含努力消除人类社会科技鸿沟、追求公平公正的科技发展秩序等价值目标。科技活动应当致力于化解社会不平等、发展不均衡和地区间差异等发展难题，着力解决数字技术发展带来的“数字鸿沟”、工业化进程所带来的生态环境破坏等治理赤字。科技治理应当注重保障和实现权利平等、机会平等、规则平等，重视科技领域分配正义和矫正正义之平衡、事先治理与后果责任相兼顾。科技公序良俗的重要价值，也因科技正义得到维护和实现而彰显。农业技术进步有助于解决粮食问题，医学技术发展提升了预期寿命，材料技术革命丰富了物资供应。科技公序良俗还意味必须注意科技发展利弊兼有的特点，扬长避短、兴利除弊，例如在环境科学领域注重环境正义、代际正义，在网络信息技术领域抵制极化言论、反对歧视。

5. 诚信履责。诚实守信是学术规范和科研伦理的基本要求，更是科技公序良俗的基本元素。追求真理、科学诚信与尽职履责之间，具有从内在信念到外化行动的逻辑一致性，科技主体自律治理和外部管理监督都应当重视科技公序良俗在诚信履责方面的行为规范。从日常生活中的诚实守信到科技领域的诚信履责，其具体要求应体现科技活动的规律和特点，例如研究课题选择应体现使命担当，研究技术和成果应诚信使用和正确披露，科研评价应树立正确导向、坚持公平公正公开、完善激励机制，科研诚信治理应守住道德底线、提升道德基线，学风建设应注重诚信教育、明确诚信行为边界和完善责任认定处理标准等。[①]

第二节　科技公序良俗与构建科技治理体系

科技治理横跨科技、法律、道德和社会等多个领域，需要贯通不同学科的综合研究、跨越众多领域的制度建设。科技公序良俗是构建科技治理体系的一项普遍原则，可以整合和贯通法律法规、伦理道德、公共政策、行业规范、技术标准等诸多规范类型，回应以法律、科技与道德关系为核心的治理难题。

一、整合各类科技治理规范

科技公序良俗作为一项普遍原则，是各种科技治理规范的整合路径。

① 参见李欣哲、赵铭、何子豪：《“科学诚信：措施与案例”——中国科学院学部科技伦理研讨会会议综述》，载《科学与社会》2023 年第 2 期。

公序良俗泛在于科技治理规范体系，对综合和整合各类不同规范类型有重要作用。在法理层面，首先，公序良俗强调守序善良的行为取向，具备行为规范或者行为法律标准的性质，[①]且这种行为规范是社会主体在日常生活中自律自治的行为规范。其次，公序良俗涵盖了多种伦理要求，或指向相关联的具体行为标准，如习惯、习俗、伦理标准、公共政策等。最后，公序良俗是行动中的知识、实践中的“活法”，在实践中业已得到了有效实施。这源于公序良俗超越了纸面上的法律条文和法律规则，从正当性根据来思考行为的正当性、合理性和合法性。在科技领域的法律法规、政策文件和科技伦理规范中，也包含了丰富的有关公序良俗的内容，其中很多规定正是由公序良俗转化为具体明确的规则。[②] 在法律层面，以我国《科学技术进步法》为代表，从法律原则到具体法律规定都涉及公序良俗的法定化。《科学技术进步法》“总则”部分确立了“统筹发展与安全”的法律原则，在该法第 107 条之中，明确规定了科技活动的禁止范围，从国家安全、社会公共利益、人体健康、科研诚信和科技伦理等方面加以划定。在公共政策层面，党中央、国务院高度重视通过公共政策加强制度供给和行为引导，确立了科技伦理的基本原则，即增进人类福祉、尊重生命权利、坚持公平公正、合理控制风险、保持公开透明，并根据这些原则提出了更为明确的具体举措和要求。上文对科技公序良俗基本特点和内容要素的讨论，就包含对党中央、国务院相关公共政策的梳理分析，例如其中包含的安全概念拓展、保障人身权和人格权、保障参与者的知情权和选择权等。在行业规范层面，因应科技活动实践进展，在法律法规和公共政策的推动下，近年来各行业陆续出台了相关行业规范和伦理审查标准，其中包含着基于公序良俗对科研行为进行调整的内容，同时也确立了体现公序良俗的伦理准则。[③] 随着公共政策和行业规范等维度规则供给的丰富，也就出现了法律法规之外的各类规范中的科技活动行为规则是否需

① 参见陈林林、严崴：《公序良俗的法理分析：性质、类型与适用》，载《南京社会科学》2021 年第 2 期。

② 关于中国及国际社会一些典型的科技伦理倡议、宣言、法律的总体情况，参见葛海涛、安虹璇：《中国科技伦理治理体系建设进展》，载《科技导报》2022 年第 18 期。

③ 中国国家科技伦理委员会审议通过的《涉及人的生命科学和医学研究伦理审查办法》第 17 条规定：“涉及人的生命科学和医学研究应当具有科学价值和社会价值，不得违反国家相关法律法规，遵循国际公认的伦理准则，不得损害公共利益……”在该条第 6 项“特殊保护”调“对涉及儿童、孕产妇、老年人、智力障碍者、精神障碍者等特定群体的研究参与者，应当予以特别保护；对涉及受精卵、胚胎、胎儿或者可能受辅助生殖技术影响的，应当予以特别关注”。《关于印发涉及人的生命科学和医学研究伦理审查办法的通知》（国卫科教发〔2023〕4 号），https://www.gov.cn/zhengce/zhengceku/2023-02/28/content_5743658.htm。

要进一步上升为国家法律规范的讨论。

《科学技术进步法》出台后，学界提出了科技治理"适度法制化"或"法制化"的主张，[①]目的是提升科技治理中各类规范的效力等级，明确各类科技活动的具体行为规范。"适度法制化"主要关注经由立法确立科技治理的具体法律规则。之所以是"适度"的法制化，一是担心挤占法律之外各类科技治理规范的生存空间，因为法律之外的各类科技治理规范仍将发挥重要作用，尤其是作为实施细则保障法律的有效实施；二是保障科技主体在科技创新和科技伦理上的自主权，避免对科技主体施加过多的不必要不合理的干预。就前者而言，应当以"法治化"代替"适度法制化"，将各类规范纳入科技治理法治规范体系，以"公序良俗"作为检视并整合科技治理各种规范类型的普遍原则之一。

公序良俗对法律法规、公共政策与善良风俗的衔接尤为重要。如果把"公序良俗"适当加以拆分，"公序"关联国家秩序、国家政策，"良俗"关联社会秩序、社会良好风俗。由此，公序良俗指向两种制度形式，其一是变化相对快捷的公共政策，其二是变化相对缓慢的良好风俗。[②] 如此理解，可以通过公序良俗把法律、政策与习惯置于统一分析框架，在把政策纳入讨论视野的同时，对如何界定习惯及其法律适用提供基本框架，这也有利于执法机关、司法机关和科技主体寻找具有相对确定性的有关公序良俗之内容的权威资料。也就是说，法律法规、伦理规范、公共政策、行业规范、技术标准和公序良俗之间，是互相转化而非对立的关系。将科技治理的政策主张转化为成文的政策，将实践中的科研伦理、好的实践做法和科学界共识等固化为国家的法律或政策，将低位阶的政策文件上升为更高位阶政策文件乃至法律，一方面是对公序良俗之具体要求的细化和成文化，另一方面也是科技发展之影响的制度性回应。因而，在科技领域的法律法规、伦理规范、公共政策、行业规范和技术标准中，包含了丰富的有关公序良俗的内容，其中很多规定正是由公序良俗转化为具体明确的

---

① 参见谢尧雯、赵鹏：《科技伦理治理机制及适度法制化发展》，载《科技进步与对策》2021 年第 16 期；李正风：《〈科学技术进步法〉奠定科技伦理治理的法律基础》，载《中国科技论坛》2023 年第 2 期。

② 关于迅速变化和缓慢变化两种制度的区分，参见［比］热诺尔·罗兰：《理解制度变迁：迅捷变革的制度与缓慢演进的制度》，胡凯译，载刘志彪、郑江淮主编：《南大商学评论》第 5 辑，南京大学出版社 2005 年版，第 1－22 页。

规则的。[①]

二、沟通科技治理国内面向和涉外面向

习近平总书记指出："人类要破解共同发展难题，比以往任何时候都更需要国际合作和开放共享，没有一个国家可以成为独立的创新中心或独享创新成果。"[②]实践中，科技活动往往具有跨国性的特点，相关国际组织也提出了不少科技伦理规范或者科技伦理倡议。在形式维度，需要明确涉外性和国际性科技伦理规范的形式效力，即该类科技伦理规范对国内外具体科技主体具备何种约束力。在程序维度，需要审视该类科技伦理规范的制定过程是否具备程序合法性。在实质维度，需要考察其包含的实质性伦理原则是什么，体现了何种利益诉求，其实质性主张的合理性、正当性和可适用性何在。相应地，就实质维度的讨论而言，就不可避免涉及其是否符合公序良俗。如果以列举式来确定公序良俗或科技伦理的实质性具体内容，将面临人们对公序良俗的理解和阐释具有地方性知识的问题，[③]需要回应不同文化之间的实质性差别。基于公序良俗的默会知识与广泛适用性的特性，重视从人伦关系、人与社会关系、人与自然的关系来阐述科技发展遵从公序良俗的重要价值，结合程序合法性的要求，能够尽可能促进形成有关科技伦理实质性内容的跨国性、跨文化性的共识。科技领域那些全人类要共同面对的问题，比如气候变化、数字鸿沟等，也必须要站在人类命运共同体和公序良俗的视角来回答。

三、协调科技治理刚性规则和柔性规则

科技核心价值是人们认同和推崇的关于科技发展和科技治理的抽象

---

① 例如，《科学技术进步法》第 107 条第 1 款规定："禁止危害国家安全、损害社会公共利益、危害人体健康、违背科研诚信和科技伦理的科学技术研究开发和应用活动。"中共中央办公厅、国务院办公厅《关于加强科技伦理治理的意见》将科技伦理原则明确为增进人类福祉、尊重生命权利、坚持公平公正、合理控制风险、保持公开透明等基本原则。中国国家科技伦理委员会审议通过的《涉及人的生命科学和医学研究伦理审查办法》第 17 条规定："涉及人的生命科学和医学研究应当具有科学价值和社会价值，不得违反国家相关法律法规，遵循国际公认的伦理准则，不得损害公共利益……"2023 年 9 月颁布的《科技伦理审查办法（试行）》（国科发监〔2023〕167 号）中规定的需要开展科技伦理审查复核的科研活动，也包含大量可能涉及公序良俗的情形。中国及国际社会一些典型的科技伦理倡议、宣言、法律，也包含着众多关于公序良俗的内容。这些科技伦理倡议、宣言和法律的总体情况，参见葛海涛、安虹璇：《中国科技伦理治理体系建设进展》，载《科技导报》2022 年第 18 期。

② 习近平：《加强基础研究　实现高水平科技自立自强》，载《求是》2023 年第 15 期。

③ 参见吴彤：《两种"地方性知识"——兼评吉尔兹和劳斯的观点》，载《自然辩证法研究》2007 年第 11 期。

性要求,但其具体内容是什么、实践中如何践行,又往往模糊不清、缺乏完备解释。科技核心价值在实践维度的模糊性,关联两种考虑:其一,由于存在模糊性,在科技的实践维度如果进行价值排序存在困难,[①]如科学研究和科技应用应当包含捍卫人的尊严,但人的尊严究竟是侧重人格尊严还是生命尊严,影响着生命科学中基因编辑的应用范围和程度,也将导致遗传病治疗的公共健康考量与维护人格尊严的考量之间存在权衡的难题;[②]其二,科技核心价值的模糊性有可能导致科技发展的价值虚无主义,如果科技核心价值无法为科技发展提供确定、可预期的指引,科技发展将走向无序乃至失控。

然而,对于科学研究、科技创新来说,刚性规则或严格规则(strict rules)与柔性规则(vague rules)发挥着不同功能。技术标准或技术手册属于典型的刚性规则,其以明文规定的方式对行为给予清晰准确的界定。科技公序良俗所承载和包含的科技核心价值属于柔性规则,是科学家精神和科学研究范式的一部分,其弹性空间是科学家发挥其个人判断力实现创造性贡献的基础。[③] 因此,需要从科学家生活和工作实践中寻找科技核心价值的实际载体。

科技公序良俗是科技核心价值的现实载体,在于其以实践知识的方式承载了科技核心价值的表现形式或存在样态。人们可以从科技公序良俗中确认科技核心价值的实存的、具体的、可理解的和有生命力的价值理念和行为方式,避免科技发展因缺少指引和约束而坠入虚无主义深渊,推动科技向善和科技求真之间的协调融洽、辩证统一。公序良俗之所以能够发挥其独特的功能作用,就在于公序良俗看得见、听得懂,其表达了人们已经接受和熟悉的价值理念和行为方式。例如,“己所不欲、勿施于人”作为具有一定共通性的伦理理念,与其将它作为全球伦理的金规则,[④]不如将其视为在特定文化背景下具有共识意义的科技公序良俗,以此作为处理科技活动中应如何对待生命本质、生殖过程、遗传规律、器官移植、健康定义等问题的社会规范之一。

---

① 参见姚新中:《科技伦理治理三论》,载《中国社会科学报》2022 年第 2426 期。

② 参见朱振:《基因编辑必然违背人性尊严吗?》,载《法制与社会发展》2019 年第 4 期。

③ 参见郁振华:《人类知识的默会维度》,北京大学出版社 2022 年版,第 253 - 257 页。

④ Hans Küng, *An Ethical Framework for the Global Market Economy*, in Making Globalization Good: The Moral Challenges of Global Capitalism, Oxford: Oxford University Press, 2003, p. 145 - 158.

四、贯通科技、法律与道德

公序良俗具有贯通行为规则和科技活动的价值，这体现在公序良俗是一项重要的人类社会治理原则，同时也是一种重要的思维路径和方法上。

公序良俗具有可列举的广泛内容。例如，赵万一对公序良俗进行讨论的方式，首先是区分“公序”和“良俗”，其次再界定两种分类下都有哪些“违反”的具体情形，所涉及的领域包括：国家利益、公共利益、经济秩序、合同自由、反不正当竞争和反垄断、赌博、暴利行为等；人伦、人格尊严、良心交易、家庭关系、道德风俗、职业道德等。① 由上可以看出，法律中公序良俗的规定包含对社会生活中常见道德观念的“抽象”和“综合”，也包含学理化、命题化的抽象道德准则在国家公共政策和社会行业规范中相对具体的转化。

在日常生活和一般性社会领域中，作为一个总体性概念的公序良俗，既不同于某种具体的习俗，也不同于以命题方式表达的抽象道德准则，② 而应当被视为具体习俗与抽象道德准则的贯通桥梁。进而，公序良俗有利于协调法律责任与道德责任、习俗与抽象道德准则的关系。理由在于，公序良俗不等同于法律规则所吸纳和确立的具体道德准则，也不同于不加限定的具体习俗；公序良俗意味着对习俗的反思性接受，对于司法而言需要由法官加以裁量和认定，对于个体而言则需具备在反思性思考基础上予以采纳进而指导行动的能力。

基于此，对于如何看待科学技术研究和应用中的法律与道德冲突，公序良俗可以提供明确的指引和线索，从而贯通法律、科技与道德。例如，在基因编辑和人类辅助生殖技术的问题上，虽然人格尊严和生命尊严孰

---

① 参见赵万一：《民法的伦理分析》（第2版），法律出版社2012年版，第157－160页。梁慧星的观点为：危害国家安全行为类型、危害家庭关系类型、危害性道德类型、射幸行为类型、违反人权和人格尊严类型、限制经济自由类型、违反公正竞争行为类型、违反消费者保护类型、违反劳动保护行为类型、暴利行为类型。参见梁慧星：《市场经济与公序良俗原则》，载《中国社会科学院研究生院学报》1993年第6期。于飞的观点为：基本权利保护类型、危害国家公序类型、危害家庭关系类型、违反性道德类型、射幸行为类型、限制经济自由的行为类型、暴利行为类型、违反消费者保护的行为类型。参见于飞：《公序良俗原则研究：以基本原则的具体化为中心》，北京大学出版社2006年版，第135－143页。

② 这里，可以对比奥克肖特对习惯性道德和反思性道德的区分。参见［英］M. 奥克肖特：《巴比塔——论人类道德生活的形式》，张铭译，载《世界哲学》2003年第4期。

轻孰重在一般性伦理原则维度存在争论,[①]对生育的理解在习俗维度因人或社会群体存在差异,[②]但应当按照公序良俗的要求考虑个体与社会、当代人与子孙后代之间的关系和利益权衡,这将突破科学研究中的个体意思自治和知情同意,证成对这类生命科学技术之应用进行必要干预。又如,在自动驾驶、生成式人工智能等问题上,部分论者过于关注人工智能技术的道德主体乃至法律主体地位,但真正重要的治理需求是人机关系的法律构造与法律调整。[③] 在人工智能治理的问题上,应当避免困于人工智能是否具有自主意志、能否为道德问题提供答案等[④]抽象道德论争之中,也不应陷入人类将被人工智能取代或统治的直觉性担忧,而应以人机关系中的公序良俗展开对人工智能法律治理的思考并提出治理方案,典型的如信息污染、信息毒化、恶意攻击、歧视等问题。[⑤]

第三节 科技公序良俗与科技主体自律自治

从科技活动的总体情况和长期发展情况看,正是科技主体的自律自治,保障了科技活动总体方向的正确性和科技治理规范能够付诸实施。科学研究是一个不断逼近既有研究范式极限并寻找突破的过程。[⑥] 科技的求真精神,必然追求科技活动的创新性乃至颠覆性创新,而后果衡量、事后追责的治理模式仅是科技治理的一个方面,更为重要、覆盖面更广的是风险预防和预先治理。相应地,科技伦理方面的事先审查只是治理技

---

① 参见朱振:《反对完美? ——关于人类基因编辑的道德与法律哲学思考》,载《华东政法大学学报》2018 年第 1 期。

② 参考邓达奇:《科技发展中法律与伦理的双重变奏:案例、逻辑与建构》,载《伦理学研究》2019 年第 6 期。

③ See Anna Beckers & Gunther Teubner, *Human - Algorithm Hybrids as (Quasi -) Organizations? On the Accountability of Digital Collective Actors*, Journal of Law and Society, Mar. 2023, Vol. 50(1), p. 111 - 113.

④ 参见[美]朱迪亚·珀尔、[美]达纳·麦肯齐:《为什么:关于因果关系的新科学》,江生、于华译,中信出版社 2019 年版,第 343 页。

⑤ 劳拉·维丁格(Laura Weidinger)等人总结了大规模语言模型存在的伦理和社会风险,总结为 6 类 21 种。6 类风险分别为公平性和有害性风险,信息泄露风险,虚假性或者误导性信息风险,恶意使用风险,人机交互风险,自动化对环境、机会平等和创意经济等的风险。在具体的 21 种风险中,或多或少都涉及在何种情况下构成了对他人或者公共利益的伤害,例如有害言论、歧视、侵犯隐私,传播虚假或者误导性信息导致损害,欺诈、网络恶意攻击,对环境的损害等。See Laura Weidinger & John Mellor etc., *Ethical and Social Risks of Harm from Language Models*, at https://arxiv.org/abs/2112.04359 (Last visited on Jun. 10, 2023).

⑥ 参见[美]迈克尔·斯特雷文斯:《知识机器》,任烨译,中信出版社 2022 年版,第 26 - 27 页。

术之一,科技主体的自律自治和事先防范是更普遍的现象。自律自治并不意味着"放任"和"宽松",其要求科技组织设立一系列制度来开展预先治理。

一、科技公序良俗是科技主体自律治理的规范依据

习近平总书记指出,"让学术道德和科学精神内化于心、外化于行"。① 科技组织以及科研工作者,首先应当是一个具备良好社会意识和社会责任感的社会主体或者公民。科学家的自律、明智、节制,是科学技术没有被滥用的首要"防火墙"。把科技工作者假想为"科学狂人"的做法,应予警惕并反对。科技主体的自律自治,使科技治理中的很多问题没有进入行政执法阶段,更不用说进入司法阶段。科技主体自律自治所依据的规范,以及在科技主体自我治理过程中所形成的良好治理规范,很大一部分就是公序良俗。它既是抽象的、观念的,也是具体的、实践的:就前一方面而言,人类实践活动特别是科学活动中所形成的良好科研传统和科学家精神,包含尊重和遵守公序良俗、捍卫人之尊严的价值理念,这是刻画在科研人员内心中的"法",②呈现为科技主体守序善良的良好秩序形态。就后一方面而言,科技公序良俗具体体现在实验室规程、科研团体规章制度、科技伦理规范、行业标准等之中,也包括在学术著作、论文、教材、参考书、科普读物等之中,更常常是学术论坛和课堂的讨论对象和内容。③

以基本权利司法救济为代表的科技治理的外部干预路径,恰恰忽视了这一点。基本权利司法救济模式认为,科学技术的应用可能对某些基本权利构成侵犯,从法律上应当以司法救济的方式实现对基本权利的保护。④ 这种模式的局限性在于以下几点。其一,它以基本权利直接或者间接进入司法救济程序为核心,具有以司法救济为中心的倾向。但权利通过司法救济为最优路径的理想模型,建立在法律完备和司法机关及其工作人员始终理性中立的前提上。真实世界由于法律不完备、不告不理

① 习近平:《加快建设科技强国,实现高水平科技自立自强》(2021 年 5 月 28 日),载习近平:《论科技自立自强》,中央文献出版社 2023 年版,第 15 页。

② 这也是所谓"技术专家的责任"。参见[美]卡尔·米切姆、[美]亚当·布里戈尔:《历史视角下的伦理与技术的互动》,王敏译,载[荷兰]安东尼·梅杰斯主编:《爱思唯尔技术与工程哲学手册》,张培富等译,北京师范大学出版社 2015 年版,第 1303 页。

③ 参见[美]托马斯·库恩:《科学革命的结构》(第 4 版),金吾伦、胡新和译,北京大学出版社 2012 年版,第 36 页。

④ 参见石晶:《生命科技风险的宪法回应》,载《法学》2023 年第 2 期。

原则所表征的司法特性等因素，权利通过司法救济并非最优。[①] 其二，它以法律强制模式为基础，尤其它更多关注行为后果的法律评价和法律归责，忽视了法律正面激励的作用，[②]不注重对行为的法律指引和预期作用。不容忽视的是，在科技领域，对那些产生了不可挽回或者不可逆的后果的情形，法律归责只能提供有限度的救济，甚至因为“于法无据”而不能提供司法救济。其三，在司法保护为中心的路径下，公序良俗由于其模糊性、弹性较大而不能发挥良好功能作用，[③]原因在于司法裁判必须严格依法裁判、限制自由裁量。但是，司法裁判只是法治实施的一个环节，在立法、执法、司法、守法诸法治实施环节中，公序良俗的功能作用发挥各有不同。尤其在守法环节，公序良俗表征了人们遵从伦理和传统而守法的动机和理由。[④] 科技活动的开展和治理，大多数情况下依赖于科研人员自律、科技主体自我治理以及行业组织的自律监管，而公序良俗是人们判断行为合法性、合规性和风险程度的一个重要依据。

因此，科技治理需转变研究范式，从聚焦后果治理、外部干预转向以行为正面激励和引导为中心，关注各种制度形式对行为的激励、协调和聚焦功能，进而认可、容纳、对接法律以外的各种社会规范类型。基于此，科技治理需要的是包含但不限于法律在内的制度体系，或者说应在制度作为信念共同体的意义上理解法律、社会规范和公序良俗的关系，[⑤]进而推动构建科技领域形成自律自治的良好秩序状态。

二、科技公序良俗是科技治理可预期性的有力支撑

科技公序良俗是科技治理中可预期性的重要支撑。对于科技主体来说，重视科技公序良俗，意味着秉持事先治理、预防在先、底线思维的治理思维，通过塑造良好的行为模式和研究范式回应科技创新挑战。科技治理中对“预防在先”和“行动在先”的传统理解，[⑥]其区分在于社会和技术

---

① 参见[印]考希克·巴苏：《信念共同体：法和经济学的新方法》，宣晓伟译，中信出版社 2020 年版，第 41 页。

② 参见丰霏：《法律治理中的激励模式》，载《法制与社会发展》2012 年第 2 期。

③ 参见刘贵祥：《关于金融民商事审判工作中的理念、机制和法律适用问题》，载《法律适用》2023 年第 1 期。

④ 关于守法的动机和理由，参见张文显主编：《法理学》（第 5 版），高等教育出版社 2018 年版，第 255 页。

⑤ 关于制度与信念共同体，参见[日]青木昌彦：《比较制度分析》，周黎安译，上海远东出版社 2016 年版，第 11 – 22 页；[印]考希克·巴苏：《信念共同体：法和经济学的新方法》，宣晓伟译，中信出版社 2020 年版。

⑥ 参见李校堃：《关于科技伦理治理差异化原则的思考》，载《人民论坛》2021 年第 2 期。

谁置于优位,[①]但在操作层面以既存规则有无规定为前提,需从既有的理论知识和明文规定来判断行为的性质。正如前文指出的,科技公序良俗具有整合刚性规则和柔性规则的功能,有助于指引科技主体行为、明确可预期性。由于科技主体可以分为个人和组织两类,相应从两方面进一步展开讨论。

其一,科技工作者的身份是多维且互相嵌入的,他们在其他社会关系网络中所习得的规则,以默会的方式影响其从事科学活动之时的行为。即便没有既定的、明文的规则,科技工作者的道德信念、业已习得的科学范式也支配着他们的行动,这既是科学家精神的要求,也包括科技工作者从其他身份习得或者默会的行为准则。"行动在先"不意味着科学研究无约束、无规范,而是强调没有行动便无法确定可能产生什么后果、是否需要法律规制、通过何种方式实现有效规制,亦即没有行动便无法确定具体明确的法律规则。回应和解决上述问题,办法之一是不断完善和发展科技治理法律规范体系,但其不可避免具有滞后性和不完备性的特点。办法之二则是重视实践知识的作用。科技公序良俗作为一种实践知识,在科技领域与其他社会关系之间发挥公约数和贯通的功能。公序良俗能以实践知识的方式影响科技工作者,但是却不能以此方式直接影响科技组织的行动,这就要求,科技组织应该加强基于公序良俗的良好机制设计。

其二,现代科研呈现出高度组织化的特点。科技组织常兼具经济组织、政治组织的角色,需考量不同的组织目标和功能定位。围绕科技研发构建适宜的组织架构,与科技研发围绕及服务于业已建立的某种组织架构,是两种差异明显的思路,将导致科技组织内部治理逻辑存在巨大差别。例如,市场化、商业化的风险投资模式更愿意和适宜追求高投资、高收益、回报周期相对较短的科技研发项目,[②]其对科技伦理和科技责任的重视和理解也异于其他类型项目,尤其是异于高投入、见效慢、风险高的基础研究项目。这就要求针对不同类型科技研发项目建立针对性的组织架构、科技治理模式,尤其是责任模式。

在不限于科技伦理的科技治理体系的讨论中,责任意识以及归责模式是不可或缺的内容,区分道德责任与法律责任、责任(responsibility)和

① 参见[新西兰]史提夫·马修曼:《技术与社会理论》,王志弘、高郁婷译,群学出版有限公司2023年版,第57页。

② 例如青木昌彦对硅谷模式的分析,参见[日]青木昌彦:《比较制度分析》,周黎安译,上海远东出版社2016年版,第368页。

归责（liability）尤为重要。[①] 尤其对科技组织而言，基于损害结果及法律主体自主意识的后果责任模式之局限性被放大，体现在以下几个方面：其一，难题在于如何明确科技组织的控制权与行为后果之间的因果关系。对科技工作人员而言，后果责任模式侧重个人自主意志和科研行为后果之间的因果关系。然而，对科技组织来说则复杂多了，不同类型科技组织的决策程序和责任模式可能存在巨大差别。值得注意的是，面对数字科技迅速发展和数字经济规模日益庞大，治理实践强调科技组织尤其是高科技商业公司的责任。然而，如果不能很好地界定科技主体的责任，就会面临目前是否对科技主体配置了过重责任的质疑。其二，科技伦理委员会只是科技组织内部治理组织架构的一个方面和一类主体，它是建立科研治理风险防控体系的必要组成部分之一。其三，对科技研发而言，后果责任模式注重"坏的结果"出现后的法律归责，但科技研发常以极限思维、底线思维、风险防控、预防在先、预期责任的方式事先规划和防范可能产生的不良后果。[②] 风险预防的治理思维是科技创新避免重大事故和防止跨越人类道德底线的堤坝，后果责任模式下的法律归责是位于风险防控堤坝之后的救济路径。

因此，应当以预期责任[③]为核心塑造科研治理的责任模式，其要点在于树立一种朝向未来的重视风险防控和预期责任的理念，以此为指导来设计科技组织及科技成果转化应用的组织模式和制度架构。以预期责任及科技公序良俗为基础，探索创新科技组织的法律类型，形塑科技组织的内部治理规则，从而组建能够积极应对科技迅速发展、有效防控科技风险的科技组织。就预期责任而言，构建符合科技活动的组织形式，应依据其特点侧重预期责任中的建设性责任、预防性责任或保护性责任。[④] 例如，为了保护研究参与者的利益，医学实验中对医生和医疗机构赋予了建设性责任和预防性责任，包括知情同意程序、伦理审查程序和对研究参与者

---

① 参见［澳］皮特·凯恩：《法律与道德中的责任》，罗李华译，商务印书馆2008年版，第3－4页。

② 关于预防原则在技术哲学中的讨论，参见［瑞典］斯文·奥维·汉森：《技术中的风险与安全》，王敏译，载［荷兰］安东尼·梅杰斯主编：《爱思唯尔技术与工程哲学手册》，张培富等译，北京师范大学出版社2015年版，第1303页。

③ 凯恩认为，"法律责任的实践和概念不仅涉及关于过去的惩罚和修复义务，而且还主要涉及为未来建立行为模式，即'责任'。未能履行这些责任成为过去责任的基础。法律规则和原则在社会内部分配责任"。参见［澳］皮特·凯恩：《法律与道德中的责任》，罗李华译，商务印书馆2008年版，第281页。

④ 关于建设性责任、预防性责任或保护性责任的区分，参见［澳］皮特·凯恩：《法律与道德中的责任》，罗李华译，商务印书馆2008年版，第50－51页。

可能受到的损害约定补偿赔偿。[1] 自动驾驶汽车交通强制保险机制，则是为了保护自动驾驶汽车事故受害者的利益，属于预期责任中的保护性责任。[2] 这是科技公序良俗的制度化要求，也是依据现代法治精神对科研行为进行良好激励和必要干预的应有之义。

第四节　科技公序良俗与应对风险社会

现代科技发展带来了各种社会风险和治理挑战，可概括为“风险社会”。提高风险防范化解能力，是提升科技治理能力和保障科技安全的必然要求，也是国家治理体系和治理能力现代化的必然要求。在科技领域提倡公序良俗、推进科技领域公序良俗建设，是应对风险社会、回应各种科技风险挑战的必由之路。

一、科技公序良俗是风险社会“不确定性”中的确定性

风险社会的挑战之一是科技理性之自反性带来的不确定性。风险社会的典型特征在于：人类为了认识和改造自然所发明的科技，反而具有冲击人类社会存在根基、产生破坏性灾难的风险，例如核技术在人类和平、生态环境方面的风险，大数据技术在个人隐私、公共安全方面的风险，合成生物学在生命尊严、生物安全等方面的风险。在自反性现代化理论看来，“风险社会”超越了具体科技领域或者某项科学技术带来的挑战和风险，指向科技发展对现代社会理性化基础的挑战。[3] 如何在风险社会的“不确定性”[4]中寻找确定性，成为科技治理的必然使命。

公序良俗是历史理性和实践理性对人类行为规则的积累和提纯。进而，科技公序良俗可被视为历史理性和实践理性对科技发展之不确定性的确诊和锚定。在一些人看来，相对于技术进步，法律规范、道德规范乃

---

① 《关于印发〈涉及人的生命科学和医学研究伦理审查办法〉的通知》（国卫科教发〔2023〕4号），载中华人民共和国中央人民政府网，https://www.gov.cn/zhengce/zhengceku/2023-02/28/content_5743658.htm。

② 交通运输部于2022年8月8日发布《自动驾驶汽车运输安全服务指南（试行）》（征求意见稿），其中规定：“从事运输经营的自动驾驶汽车应当投保机动车交通事故责任强制保险、安全生产责任保险及保险金额不少于500万元的机动车第三者责任保险。从事道路旅客运输、网络预约出租汽车客运的自动驾驶汽车还应当按照国家有关规定投保承运人责任险。”

③ 参见［德］乌尔里希·贝克：《风险社会：新的现代性之路》，张文杰、何博闻译，译林出版社2018年版，第7页。

④ 范如国：《“全球风险社会”治理：复杂性范式与中国参与》，载《中国社会科学》2017年第2期。

至公序良俗都趋于保守,①但这正是人文主义关怀和民主平等精神对于科技发展的价值之所在。现代社会以科技进步为代表的追求效率、追求新颖的发展取向,需要以科技公序良俗中的人文主义精神来加以诊断和约束。② 民主精神的实现和民主合法性的实践,不仅在于立法机构制定科技法律法规并由执法机构实施,也在于科技主体尊重和遵从公序良俗。公序良俗不单是制定法的一项基本法律原则或者一种法律渊源,也是长期以来所形成的社会共识和风俗习惯等非正式规则的内在精神。或者说,公序良俗是与人类长久以来的生活习惯和生产实践联系最为密切的理念和原则,可以用来克制科技发展之迅猛突进所带来的弊端。相对于快速演进但又注定不完备的科学技术专业知识,公序良俗是经验的、缓慢变迁的、符合人们实践理性的知识,其有利于减少过度理想化的科学知识给公众所增加的认知负担和形成的认知偏见。③

二、科技公序良俗是风险社会"意见分化"中的共识

风险社会的挑战之二是身份认同的分化和不同群体间意见分歧的极端化。在现代社会,科技治理属于公共治理,大众的知情权和参与权如何保障是一项重要议题。然而,如何定义"大众"、如何面对风险社会人们身份认同的分化和意见分歧的极端化,是风险社会治理的一项重大挑战。形塑科技公序良俗,一方面意味着科技发展要崇尚人文精神、体现人的尊严,保障人的基本权利和合法权益;另一方面意味着要通过弘扬民主精神,增强科技治理的民主参与和公开性,④凝聚科技发展及其风险防控的社会共识。

科技公序良俗是弥合风险社会不同群体间意见分歧对立的方式之一。面对科技发展之风险,是基于风险社会下特定社会群体的共识或身份认同确立道德判准,⑤还是基于人类社会的公共性重建伦理秩序? 在

---

① 参见[美]迈克尔·斯特雷文斯:《知识机器》,任烨译,中信出版社 2022 年版,第 275 页。

② 参见[法]阿兰·苏彼欧:《法律人试论法的人类学功能》,郑爱青译,中国政法大学出版社 2019 年版,第 188 – 189 页。

③ 朱晶和姜雪峰认为:"传播过度理想化的科学会给公众增加认知负担,新技术和科学研究中的风险、伦理与不确定性在传播时遇到的认知偏见和认知公正等困难。"参见朱晶、姜雪峰:《科学传播的哲学与科学哲学的传播》,载《社会科学》2023 年第 7 期。

④ 高秦伟:《科学民主化:食品安全规制中的公众参与》,载《北京行政学院学报》2012 年第 5 期。

⑤ 参见[德]乌尔里希·贝克:《再造政治:自反性现代化理论初探》,载[德]乌尔里希·贝克、[英]安东尼·吉登斯、[英]斯科特·拉什:《自反性现代化》,赵文书译,商务印书馆 2014 年版,第 29 – 30 页。

当下关于核电技术、气候变化、基因编辑、人工智能等问题的争论中，不同社会群体之间的分化和极化，深刻影响了很多国家或地区的政治进程。例如在是否继续使用核电、是否全面采用新能源汽车、人工辅助生殖技术与堕胎、人工智能的便利与威胁等问题上的争论，在很大意义上肇始于不同社会群体之间的分化与极化，经由互联网进一步放大影响，成为一项重要的政治议题。如果以自反性现代化理论重视特定社会群体之意见的路径来研究和讨论，科技核心价值不仅无法良好地加以界定，还存在因科技核心价值的定义权交由个别群体而产生极化社会分歧的可能。因此，主张形成科技公序良俗，意味着理解和界定科技核心价值必须超越个别群体的利益和价值观，科学研究和科技应用应当造福于人类福祉和大多数人的利益。

科技公序良俗还是破解科学家专业知识与大众知识之间壁垒的方式之一。在科技治理中，科技工作者是科技领域的"内行人"，专家系统是风险社会的核心信任机制，[①]大众则常常是其所使用科技成果的"外行人"。"内行人"对科技发展和科技成果的应用具有知识上的优势，而大众对科技问题的讨论往往被质疑为"外行人"点评技术。相对于专家知识的专业化乃至深奥程度，科技公序良俗具有通俗性和包容性，有利于破除专家和大众之间的知识壁垒，为科技核心价值理念的传播提供良好的媒介渠道。科技核心价值理念有两种表达形式，一种是以专业知识和科学术语来表达，另一种是以通俗的、大众的语言来表达。在科技专业知识具有门槛、学科划分越发细致的背景下，公众想要了解科技进展、深刻理解对于人类福祉的确切意义，应当以通俗的、基于公序良俗的语言或者话语来宣传或者传播，通过科技公序良俗所承载的存量知识与科学进展增量知识有机结合，把科技核心价值理念纳入公序良俗所承载的既有行为模式和规范体系之中。发挥科技公序良俗在科研治理中的作用，还应注重将科学家精神与公序良俗相结合，重建科学家作为风险社会核心信任系统的价值和认同，推动科学家共同体形成对科技公序良俗的认同和践行，通过科技公序良俗优化完善科技治理中的相关技术标准和行业规范。

三、科技公序良俗是对风险社会"行为失范"的规范

风险社会的挑战之三是行为失范的普遍化。行为失范是"社会成员

---

① 参见陆群峰：《后信任社会的形成与应对》，载《自然辩证法研究》2022 年第 1 期。

违背主导的社会规范”①的社会现象，这正是公序良俗所要规范的对象。风险社会行为失范的普遍化，既与科技理性之自反性所引发的不确定性渗透在社会生活各方面息息相关，也与信息通讯技术快速发展条件下极化意见的“病毒式”扩散分不开。风险社会的行为失范——尤其是科技领域的行为失范——需要通过科技公序良俗加以规范。公序良俗之“序”，既有“有序状态”“有序社会”的意思，也可从推动公民、社会组织追求并实现有序的良好状态来理解。科技进步本身就包含寻求对世界有一种可解释的、更深入准确的有序理解。公序良俗和科技的相互影响，应当以更为有序和美好的生活为共同目标，以科技活动符合科技公序良俗为实践性先导，推动社会生活各方面符合社会秩序和道德规范的一般性规范要求。

首先，科技公序良俗对行为失范的规范和矫正，源于科技公序良俗包含着科技治理的底线规则。应对风险社会，科技治理尤其要重视树立底线思维、极限思维，为科技活动设计“防火墙”、明确底线规则，防范出现“黑天鹅”“灰犀牛”事件，防止造成严重的公共灾难、威胁社会基本秩序。科技公序良俗作为一套行为规范体系，包括科技活动应当遵循的最为基本、最为包容也是最为底线的系列行为规范，如尊重生命、学术自由、重视安全、诚实信用等。社会大众对科技活动正反两方面后果的聚焦和评价，置于首位的就在于是否遵循了科技活动的底线规则。科技实践中，大型科学装置设计建造的必要性、生命科学技术前沿探索的风险防范、行为实验是否科学公正等，都必然要面临科技公序良俗底线规则的检视，需要遵循体现科技公序良俗普遍原则的法律法规、公共政策、技术标准、行业规范、道德规范等的针对性规制。

其次，尊重和遵从科技公序良俗是行为自律规范的过程，或者说这是一个从外在规则到内在信念、从群体共识到个体认同、从刚性到柔性的对行为进行规范的过程。人们对公序良俗的认知及在其基础上形成的关于行为应当遵守何种规则、如何遵守的内心信念，构成了社会秩序在个体层面的心理基础。当具体科技活动的规制面临创新与风险防范两难之时，尤其是法律法规没有明确规定的情形时，更应当重视人们对科技公序良俗的认知和认同，推动行为自律规范和他律规制相协同。日常生活中，正

① 朱力：《失范范畴的理论演化》，载《南京大学学报（哲学·人文科学·社会科学版）》2007 年第 4 期。

是对公序良俗、文明礼貌的认同和实践，[①]减少了很多行为的负外部性，也降低了治理成本。面对迅速变动的科技发展和社会变迁，科技公序良俗已经发挥着风险防控、推动形成良好社会秩序的功能作用。未来，必然需要更好发挥科技公序良俗的作用，更加重视它规范个体行为、形成良好预期的功能。

本章小结

科技的快速发展与公序良俗的缓慢演进之间，看似存在矛盾、实则辩证统一，其共同内在于人类社会的发展规律之中。科学技术深刻改变了自然，也深刻塑造人类社会的现状；公序良俗不只是法律的一项基本原则或一种法律渊源，更是整个人类社会绵延赓续、进步发展的社会规范体系。当一个社会的大多数人都理解和支持科技创新，就会逐步形成有利于科技健康发展的科技公序良俗，进而支持和激励下一阶段的科技创新、增进人类社会福祉。从恐惧机器到善用机器，从掠夺资源、破坏环境的传统发展模式到保护环境、建设生态文明的新发展模式，人类科技文明的发展包含着对公序良俗的尊重和遵从。展望未来，人类对科学技术所能达致的边界有着无穷想象，而科学技术应当也必将造福人类的信念，就内在于科技公序良俗之中。

① 参见［美］保罗·海恩、［美］彼得·勃特克、［美］大卫·普雷契特科：《经济学的思维方式》，史晨译，机械工业出版社2015年版，第217－218页。

第九章　中国法律奖励制度70年发展:演进与启示

古语有云:“国家大事,惟赏与罚”①,“赏罚者,邦之利器也”。② 现代社会,“法律是治国之重器”,刑赏二柄皆归于法治。因此,法律奖励制度是法治建设中不可忽视的重要方面。在中国,奖励之法自古就有,晚近以来亦有所发展,1949 年之后更不断完善。改革开放至今,明确以奖励为内容的立法已形成了一个以宪法为核心、在内容上涉及集体经济发展、非公有制经济发展、教育事业、科技进步、医疗卫生事业、环境保护、劳动与工作以及科教文艺创新等方面的庞杂群列,基本涵盖了社会主义发展事业的各个领域。与宪法条款相呼应,一系列“法律”“法规”“规定”“条例”“办法”“意见”等相继出台。根据北大法律信息网中国法律检索系统显示,以“奖励”为标题进行法规检索,截至 2020 年 4 月 1 日:现行有效的中央层面法规规章有 601 部,其中包括行政法规 33 部、部门规章 514 部、党内法规 2 部、司法解释 7 件、团体规定 15 件、行业规定 30 件;现行有效的地方层面法规规章有 10073 部,其中包括地方性法规 42 部、地方政府规则 168 部、地方规范性文件 4462 件、地方工作文件 5371 件、地方司法文件 8 件、行政许可批复 22 件。如果扩展到文件内容进行检索,包含“奖励”的法律文件中,中央层面法律文件有 17664 件(现行有效 14227 件),地方层面法律文件多达 199367 件(现行有效 176910 件)。③ 如果以“奖金”“荣誉”“表彰”“鼓励”“促进”“激励”等作为关键词进行检索,我们将会看到一个更为庞大的、以“法律奖励”为重心的法律激励的帝国。面对这个庞大的法律激励帝国,更为细致的观察是必不可少的。

---

① 《贞观政要》卷三《论封建原文》。

② 《韩非子·喻老》。

③ 相关数据源自“北大法律信息网中国法律检索系统”,载 https://www.pkulaw.com/law,数据采集截止时间为 2020 年 4 月 1 日。

第一节　中国法律奖励制度70年发展的历史进程

法律奖励制度是中国特色社会主义法律体系中不可或缺的重要分支,是中国法治建设的重要方面,同时也是中国法学理论发展的成果体现,所以,中国法律奖励制度的发展历程必然与中国特色社会主义法律体系构建、中国法治建设、中国法学发展的历史进程车轨共文。然而,我们对中国法治建设、法学发展70年发展历程的划分也常常粗细有别,例如:有"两段说",将70年历史进程划分为主要实行计划经济体制的前30年和主要实行市场经济体制的后40年;[①]又有"三段说",将其划分为新中国成立后前30年(1949—1978年)、改革开放新时期(1978—2012年)、中国特色社会主义新时代(2012年至今);[②]再有"四段说",将其划分为1949—1977年、1978—1997年、1998—2011年、2012—2019年等四个时期。[③] 因此,倘若不假思索地将法律体系、法治建设、法学发展的历史进程当然视作中国法律奖励制度发展的历程,则可能遮蔽了法律奖励制度发展的实践规律,也就失去了文章温故而知新的意义。因此,在笔者看来,对于中国法律奖励制度发展历程的解析需要以对制度文本的考察为基础,在数据基础上实证性的阐释其历史进程、发现其内在规律。为此,笔者以"奖励"为标题和内容关键词,对相关法律法规进行了检索,形成了以下两幅分析简图(见图9-1与图9-2),并根据数据起伏,将70年中国奖励法律制度发展历程划分为初创、沉寂、复苏、蓬勃、再新五个阶段。

---

① 例如张守文:《回望70年:经济法制度的沉浮变迁》,载《现代法学》2019年第4期。

② 例如黄文艺:《迈向法学的中国时代——中国法学70年回顾与前瞻》,载《法制与社会发展》2019年第6期。

③ 例如张文显:《中国法治40年:历程、轨迹和经验》,载《吉林大学社会科学学报》2018年第5期。

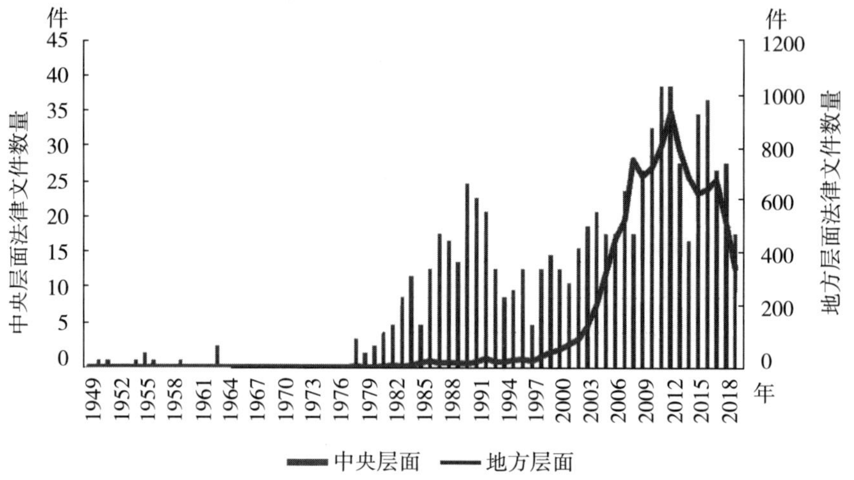

图 9－1　以“奖励”为标题的法律文件(1949—2019 年)

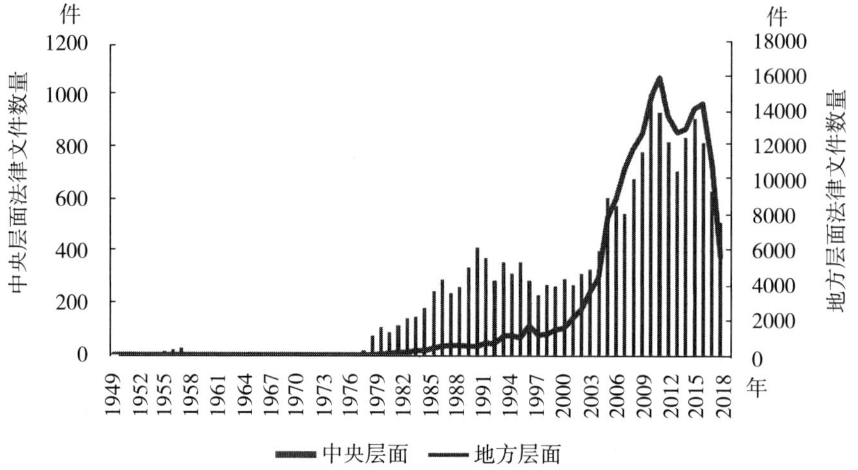

图 9－2　包含“奖励”内容的法律文件(1949—2019 年)

一、第一阶段(1949—1965 年):中国法律奖励制度的初创时期

1949 年至 1965 年,是我国法律奖励制度的初创时期,这一期间,以“奖励”为标题的中央层面法律文件 10 件、地方层面 1 件,以“奖励”为内容的中央层面法律文件 154 件,地方层面的 17 件。根据检索资料显示,最早的包含“奖励”内容的法律是 1949 年颁布的《中国人民政治协商会议共同纲领》,其中规定:“奖励科学的发现和发明,普及科学知识。”“奖励优秀的社会科学著作。”“奖励优秀的文学艺术作品。”最早的以“奖励”

为标题的行政法规是1950年8月发布的政务院《关于奖励有关生产的发明、技术改进及合理化建议的决定》；最早的部门规章是1951年1月政务院财政经济委员会发布的《国营企业提用企业奖励基金暂行办法》。最早的也是该阶段唯一的地方规范性文件是北京市劳动局于1962年发布的《北京市技工学校学生奖励和惩罚办法》。

这一时期我国法律奖励制度刚刚起步，该阶段的主要特点在于以下两个方面：第一，立法数量较少，奖励内容集中。这一时期中，除国务院《关于安置复员建设军人工作的奖励办法》（1956年）和《各项运动全国最高记录审查及奖励制度》（1963年）两部法律文件之外，其他8部以“奖励”为标题的中央层面法律文件均以发明与技术改进奖励或工资绩效奖励为内容。第二，中央立法统一指导，地方立法规范稀缺。纵览我国法律奖励制度70年发展历程，只有在这一阶段中央层面相关法律文件数量远远多于地方法律文件。这一特点同新中国自上而下地创建人民民主专政新政权和新法制时代特征以及当时的计划经济体制相一致。

在这一时期，虽然我国法律奖励制度建设的体量较小，但也取得了一些开创性的影响，主要表现在以下两方面：第一，初步确立了具有标志性意义的法律奖励制度。在政务院《关于奖励有关生产的发明、技术改进及合理化建议的决定》（1950年）、《有关生产的发明、技术改进及合理化建议的奖励暂行条例》（1954年）、《国务院对执行“有关生产的发明、技术改造及合理化建议的奖励暂行条例”若干问题的解释》（1955年）的制度实施经验基础上，国务院于1963年11月3日同时颁布了《发明奖励条例》和《技术改进奖励条例》，确立了法律奖励制度初创时期的中心文本。正是在这一阶段，全国科研机构从新中国成立伊始的30多个增加到1700多个，专门从事科学研究的人员从不足500人增加到12万人，科技发展取得重大成就：我国第一台电子管计算机试制成功，半导体三极管、二极管相继研制成功，“陆相生油”理论被提出，反西格玛负超子被发现，第一颗原子弹装置爆炸成功，第一枚自行设计制造的运载火箭发射成功，在世界上首次人工合成牛胰岛素。[①] 第二，初步确立了作为法律范畴的“奖励”的中心内涵。在中文语境中，“奖励”是“劝勉、鼓励”的意思，本意是与“鼓励”相同。但是，当“奖励”进入法律制度语境时，则更多在于

---

① 参见国家统计局：《科技发展大跨越　创新引领谱新篇——新中国成立70周年经济社会发展成就系列报告之七》，载国家统计局网2019年7月23日，http://www.stats.gov.cn/sj/zxfb/202302/t20230203_1900390.html。

指向"为了鼓励或表扬而给予的荣誉或财物",尤其指向"奖金"。例如:一方面,《有关生产的发明、技术改进及合理化建议的奖励暂行条例》(1954年)在总则中将"奖励"与"奖金"对应,文件全篇也都是在规定"奖金"的发放标准、期限、计算与支付方式;《发明奖励条例》(1963年)和《技术改进奖励条例》(1963年)中的"奖励"章节中也对"荣誉奖"做了"资金"对应,此外具体规范上常常表述为对某种行为"给予表扬或奖励",也造成了对"奖励""物质化"的狭义理解。另一方面,原本出现在《中国人民政治协商会议共同纲领》中的"奖励"事项,在1954年《宪法》中都被更换为"鼓励"和"帮助"字样,用以区别于"奖励"所涉及的"奖金"内容。法律制度上这样一种对于"奖励"的偏狭义表述,使法学界长期忽视了法律奖励制度中的理论问题,[①]也对中国法律激励制度和理论的后续发展造成了路径依赖和语境限制。

二、第二阶段(1966—1977年):中国法律奖励制度的沉寂时期

1966年至1977年,无论是中央还是地方层面,都没有制定以"奖励"为标题的法律文件,内容涉及"奖励"字样的中央层面法律文件仅9件,地方层面的仅2件。与第一阶段法律文件相比较,这些法律文件层级不高、涉及面窄,并且其中对于"奖励"的规定也极为简单、笼统。

这一时期,我国法律奖励制度发展存在两个方面特点:一是淡化物质奖励,二是重视精神奖励。在这一时期,在社会治理层面的精神奖励却得到了空前重视,社会各个层面行业领域出现了"评先评优"的激励热潮。这两个方面阶段性特征也成为改革开放之初我国法律奖励制度重新发展的起步因素,并影响了法律奖励制度后续发展的基本格调和主要方面。

三、第三阶段(1978—1997年):中国法律奖励制度的复苏时期

1978年至1997年,是我国法律奖励制度的复苏时期。如前文中图9-1和图9-2所示,这一期间,中央和地方层面的以"奖励"为标题和内容的法律文件逐步增加,并在20世纪80年代末90年代初迎来了第一次发展高潮。

这一时期,出现了诸多具有标志性意义的法律文件。1978年10月,国务院于1963年发布的《技术改进奖励条例》被重新印发执行,延续了我国法律奖励制度第一阶段的发展进程,正式开启了法律奖励制度恢复

① 参见倪正茂:《激励法学要言》,载《东方法学》2009年第1期。

发展。1978年12月,在修改《发明奖励条例》(1963年)的基础上,《中华人民共和国发明奖励条例》(1978年制定、1984年修订、1993年第二次修订)颁布实施,其中在1963年《发明奖励条例》第16条"对发明的奖励采用荣誉奖和物质奖相结合的方式"的基础上,1978年《发明奖励条例》第6条第1款规定:"实行精神鼓励和物质鼓励相结合而以精神鼓励为主的原则。"从立法上明确回应了第二阶段有关"利润挂帅"和"精神奖励为主"的现实问题。此后颁布的《自然科学奖励条例》(1979年制定、1984年第一次修订、1993年第二次修订)、《优质产品奖励条例》(1979年)、《合理化建议和技术改进奖励条例》(1982年、1986年修订)、《中华人民共和国科学技术进步奖励条例》(1984年制定、1993年修订)等行政法规构成了当时法律奖励制度的主干,成为我国法律奖励制度阶段性发展的标志性成果。同时,在此基础上组织成立了原国家科学技术委员会自然科学奖励委员会、原国家科学技术委员会发明评选委员会、国家科学技术进步奖评审委员会、原国家科学技术委员会星火办公室、原国家教育委员会人文社会科学研究优秀成果奖励委员会等部委相关奖项评奖机构,设立了国家自然科学奖、国家发明奖、国家科学技术进步奖、国家星火奖等国家级奖励和民政部"孺子牛奖"、商业部质量管理奖等部级荣誉奖励。除此之外,《国家公务员奖励暂行规定》(1995年)发布实施使机关工作的相关奖励工作得到了法律支撑,行政奖励步入常态有序发展阶段。

这一阶段的主要特点有以下三方面:第一,中央与地方层面专项立法数量相当。如前文中图9-1所示,在1978年至1997年间,以"奖励"为标题的中央层面立法与地方层面立法在数量和数量起伏上近乎一致,并且就数量波峰而言,地方立法较中央立法略有滞后,然而自上而下的法制建设整体样态并不能成为解释这一特征的全部原因,细究期间立法详情可以发现:中央层面专项立法数量主要贡献于各部委制定的"科学技术进步奖励办法",地方层面专项立法数量主要贡献于各省市制定的"科学技术进步奖励办法"及相关配套细则。《科学技术进步奖励条例》(已失效)第10条规定:"省(部委)级科学技术进步奖的奖励条件、奖励等级、奖金数额、评审组织和审批程序,由省、自治区、直辖市人民政府或国务院有关部门另行制定。……"可以说,就法律奖励专项立法而言,该阶段之所以呈现中央与地方法律文件数量相当、趋势相随的特点,其背后的重要原因在于当时奖励专项立法的事项单一:主要集中于"科学技术进步奖励"。第二,法律奖励条文迅速增加。如前文中图9-2所示,无论中央层面还是地方层面,包含"奖励"内容的法律文件迅速增多,在20世纪90

年代初达到该阶段发展高潮,尤其在1993年之后,地方立法增速并在法律文件数量上超越中央立法而逐渐成为推进奖励立法的主要资源。与奖励专项立法的单一主题所不同,包含"奖励"内容的法律文件不仅涉及有关科技、生产绩效与机关工作的传统事项,还广泛涉及社会治安、教育、人才、招商引资、改革开放、文化、环保、水利等国家治理的诸多方面,在这一过程中法律奖励也成为推进改革开放和市场经济建设的重要手段。第三,荣誉奖励逐渐增多。出于建立市场经济体制的需要,在这一时期法律奖励制度的发展延续了对以"奖金"为代表的"物质奖励"的重视,但是由于受到前一阶段关于对"物质刺激"批判的影响,奖励制度形成了"以精神鼓励为主"的基本立场与主导话语。事实上,与"奖金"激励手段相比,"荣誉"激励确实不仅层次更多,并且适用范围也更广,有利于更大限度地激发改革热情、调动社会活力与创造力。

四、第四阶段(1998—2014年):中国法律奖励制度的蓬勃时期

1998年至2014年,是我国法律奖励制度的蓬勃发展时期。通过前文中图9-1和图9-2可以显见,继1978年至1997年第一波发展浪潮之后,我国法律奖励制度于1998年开始了更为奋进的第二波浪潮。这一期间,不仅中央层面的相关法律规范数量实现了倍增,地方层面相关规范数量更是指数增长,并在2011年前后达到了第二次飞跃发展的高潮。

这一时期,法律奖励制度发展的蓬勃之处主要表现为以下三方面特点:第一,立法数量激增。如前文中图9-1和图9-2显示,在中央层面,以"奖励"为标题和内容的法律文件数量尽管逐年不同、略有起伏,但是在1998年至2011年间整体上呈现上升趋势。其中,1998年度以"奖励"为标题的专项立法14件、2011年度40件;1998年度包含"奖励"内容的法律文件有232件、2011年度有986件。在地方层面,法律文件增速更为迅猛、总量更为庞大:1998年度以"奖励"为标题的专项立法39件、2012年度968件;1998年度包含"奖励"内容的法律文件1135件,2012年度16023件。第二,地方制度建设增速明显提升。与上一阶段(1978—1997年)奖励法制发展水平相比,这一阶段的制度发展不仅整体上更为迅猛,同时,地方层面制度建设增长速率也整体超越了中央层面,这一点是此前三个阶段所未曾出现的。尽管早在20世纪80年代初地方法律文件在数量已经赶超中央文件,但是整体发展速率和趋势上,此前三个阶段的制度发展仍然表现为"中央带动地方"的中央"前驱"模式,而这一阶段的制度发展则表现出了地方"后驱"的样态,就此也开启了我国法律奖励

制度建设的“双驱”时代。第三,制度内容更加丰富。这一时期,科技奖励仍然是我国法律奖励制度的主干领域。1999 年 5 月,国务院颁行了《国家科学技术奖励条例》,同时废止了 1993 年修订的《自然科学奖励条例》、《发明奖励条例》和《科学技术进步奖励条例》。《国家科学技术奖励条例》的颁布及其在 2003 年、2013 年的两次修订,成为这一时期中央层面法律奖励制度建设的主要抓手,也成为推进地方层面法律奖励制度建设的主要驱力,各地方科技奖励规定或办法随之而兴。与此同时,在诸如社会治安、环境保护、安全生产等社会治理领域,地方立法不断尝试利用法律奖励制度发挥能动作用,在上一阶段的基础上进一步推进了奖励制度在更广领域内的深层建设。其中,有关见义勇为奖励的制度建设便是其中亮点:在 1998 年至 2014 年,在没有中央统一立法的情形下,地方各级纷纷建立完善了区域内见义勇为奖励制度,构成了这一时期地方层面法律奖励制度的重要增长点,不仅为全国统一的见义勇为奖励立法提供了驱力,同时也更新了我国法律奖励制度的“四梁八柱”,是奖励制度建设“后驱”发展样式的典型示范。

在此需要特别说明的是,本书并没有将法律奖励制度的蓬勃时期划止于法律文件增速上行的巅峰(2012 年),而将其定位于 2014 年,其原因在于两个方面:其一,增速起伏并不是阶段划分的最主要标准。如前文中图 9－1 和图 9－2 所示,在我国法律奖励制度的发展过程中,文件数量增长数字起起伏伏,如果仅以增幅缓急作为阶段划分标准,会使制度发展的历史叙事支离破碎。并且,正如数学上一条连续曲线的拐点不在于顶点而在于凹弧与凸弧的分界点一样,制度发展的历史“拐点”也不在于制度增长的巅峰时刻,而在于增减趋势的分野处。结合前文中图 9－1 和图 9－2 数据及其“移动平均”分析,2014 年正是法律奖励制度的“拐点”所在。第二,标志性文件是制度建设历史节点的重要参考。作为引领这一时期奖励制度发展的重要规范,1999 年制订的《国家科学技术奖励条例》于 2013 年进行了修订;作为这一阶段的标志性制度,《国家科学技术奖励条例》在其阶段内的影响力应被视为是连续的,因此不宜将其分割至两个阶段。同时,2014 年年底《中共中央关于全面推进依法治国若干重大问题的决定》的发布,开启了全面依法治国的新时代,这与提出“依法治国”基本方略的 1997 年一样,因此 2014 年也是划分中国法治建设的历史性节点,并随后开启了法治建设的崭新时代。因此,我们可以说,2014 年之后,中国法律奖励制度发展也迎来了崭新时代。

五、现阶段(2015—2019年):中国法律奖励制度的再新时期

2015年开始,我国法律奖励制度进入了再新发展时期。结合前文中图9-1和图9-2可以发现,尽管奖励相关法律文件的总体数量仍在增加,但是呈现出了明显的增速递减的回落趋势,这无疑意味着我国法律奖励制度正处于一个新的发展阶段。

从时间跨度上来说,仅仅依赖2015年至2019年这五年的数据观察是很难对现阶段法律奖励制度发展状态做出全面且准确判断的。但是,该阶段法律奖励制度的发展数据展现出了此前任何一个时期所没有发生的现象:中央与地方层面奖励类法律文件年度增数同步大幅度下降。虽然从中央层面法律文件年度数量的波动情况来看,1990年至1997年间也出现增数减量的波谷情形,但是,在这一时期地方层面法律文件数量并没有出现明显的同步减量趋势,相反,地方层面包含"奖励"内容的法律文件增量在这一时期表现出了逐年上升的明显趋势,并在1997年达到了阶段性的高峰。然而,在2015—2019年的这一时间里,中央与地方层面法律奖励文件增数双双大幅回落。2019年度,以"奖励"为标题的法律文件中,中央层面新增19件、地方层面新增375件;包含"奖励"内容的法律文件中,中央层面新增512件、地方层面新增5732件。在文件数量上,2019年度增量不及2012年度的一半,整体数量水平仅接近于2006年度水准。同时,我们发现,在70年的发展过程中,尽管中央层面法律奖励文件增数呈现为两个波期、出现过波谷阶段,但是在2014年之前,地方层面法律文件增数却没有出现确证的波谷阶段,直到加入2015年至今的数据,我们才能看到法律奖励制度发展的显著性的波形周期。因此,从文件数据来看,我国的法律奖励制度在2015年之后进入了一个新的时期。

据2015—2019年的数据统计显示,尽管法律奖励文件的年度增数在大幅下降,但是并不意味着法律奖励制度建设的水平下行。如图9-3、图9-4所示,纵览我国法律奖励文件整体规模,我们可以发现,年度增量的减少在一定程度上意味着我国法律奖励制度已经达至了一个新的平台。在这一阶段,奖励相关法律文件数量上的增长已经不能完整反映法律奖励制度的建设水平。换言之,这一时期对于法律奖励制度建设水平的判断标准不能局限于文件数量,而要重视文件内容和质量。

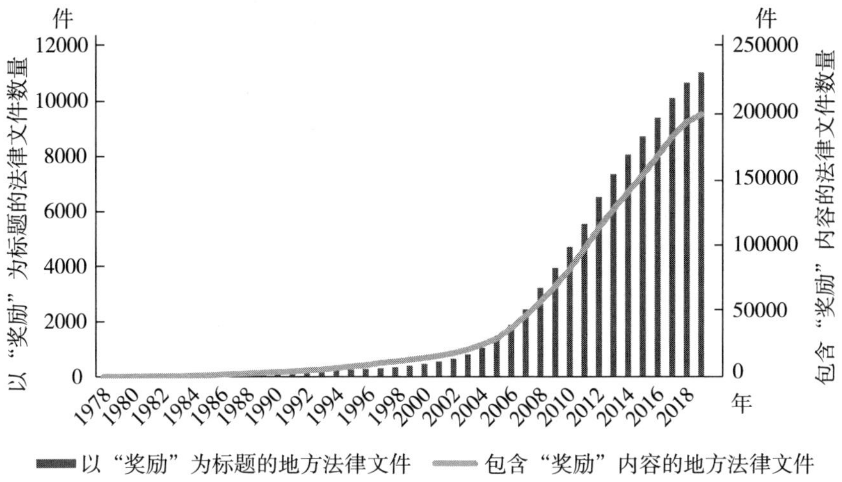

图 9－3　地方层面“奖励”法律文件累计数量(1978—2019 年)

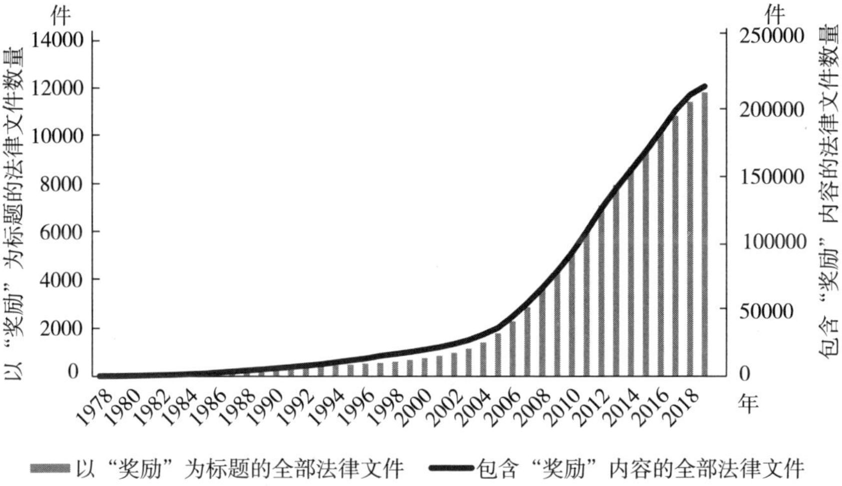

图 9－4　“奖励”法律文件累计数量(1978—2019 年)

值得一提的是,2015 年“党和国家功勋荣誉表彰制度”的建立和完善无疑是现阶段最具代表性的法律奖励制度成果。2015 年 12 月,中共中央政治局会议审议通过了《中共中央关于建立健全党和国家功勋荣誉表彰制度的意见》。同月,第十二届全国人民代表大会常务委员会第十八次会议通过了《国家勋章和国家荣誉称号法》(2016 年 1 月 1 日起施行)。2016 年 4 月,党和国家功勋荣誉表彰工作委员会成立,设立办事机构与人力资源和社会保障部国家表彰奖励办公室合署办公,负责统筹协调党和国家功勋荣誉表彰工作。2017 年 8 月,《中国共产党党内功勋荣誉表彰条例》《国家功勋荣誉表彰条例》《军队功勋荣誉表彰条例》《“共和国勋章”和国家荣誉称号授予办法》《“七一勋章”授予办法》《“八一勋章”授予办法》《“友谊勋章”授予办法》颁发实施。可以预见,党和国家功勋荣誉表彰制度体系的建立和完善,将引领我国法律奖励制度建设从以科技进步奖励为主导转向以功勋荣誉奖励为主导,从而更新扩展法律奖励制度发展的增长点,开辟出我国法律激励制度建设新道路、新境界。

第二节　中国法律奖励制度70年发展的规模特征

历经70年的发展,中国法律奖励制度建设成就斐然。然而,上述以时间序列数据为资源的分析,虽然有助于解析制度建设的历史进行和发展趋势,却并不能完全反映出当前我国法律奖励制度的发展水平。要想更为细致地描述我国法律奖励制度的发展特色,并从中总结出有益的历史经验与发展启示,则必须对当前法律奖励制度建设的截面数据进行更为细致的分析。在此,我们可以从内容领域、地域分布、关联结构三个方面对中国法律奖励制度历经70年的发展规模进行细致展示。

一、法律奖励制度的内容领域

就内容领域而言,与奖励相关的法律文件涉及领域颇为广泛。据统计可以发现,[①]截至2019年12月31日,中央层面发布的专门以“奖励”为标题的法律文件共计788件(现行有效的有599件),内容涉及科技、教育、财政等63个领域,其中数量排名靠前的为:科技、教育、财政、劳动工会、文化、农业、工业管理、交通运输、税收。地方层面发布的专门以“奖励”为标题的法律文件共计11074件(现行有效的有10023件),内容涉及88个领域,其中数量排名靠前的10项领域为:科技、财政、人口与计划生育、知识产权、劳动工会、教育、公安、银行、企业、税收。中央层面发布的包含“奖励”内容的法律文件共计17573件(现行有效的有14129件),地方层面发布的包含“奖励”内容的法律文件共计198548件(现行

① 检索数据及领域分类采集于“北大法律信息网中国法律检索系统”,载https://www.pkulaw.com/law。

有效的有176039件),内容涉及100余项领域。其中,如图9-5所示,合计数量排名前10项的领域分别为教育、卫生、科技、建设业、劳动工会、公安、农业、财政、环境保护、人事。其中需要补充说明的是,同一法律文件所涉领域可能交叉,但是在统计时则以其主要规范所属领域及所涉机关部门作为划分标准。例如,在城市建设与基础设施建设领域,奖励事项也常常涉及建筑节能与建设环保问题,但考虑主要规范在于建筑行业并主要涉及工程管理部门,故此将相应奖励文件归类于建设业。

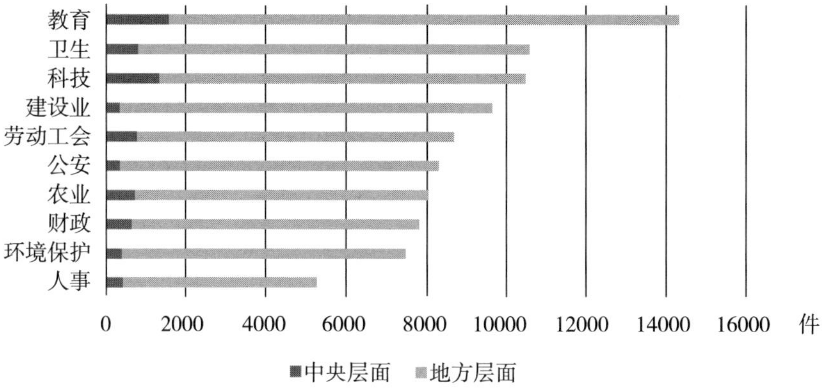

图9-5　包含"奖励"内容法律文件所涉十大领域

总览法律奖励制度内容所涉领域,我们可以发现以下特征:第一,法律奖励的覆盖面颇为广泛。由于"奖励"本身作为一种组织管理的有效手段,被广泛实践于国民经济生产和经营的管理活动之中,所以有关"奖励"的条款也自然常常随之出现在各个行业领域的法律规范之中。第二,法律奖励所涉领域在不断扩展。尽管从应然层面来说,奖励类法律规范可以涉及国家和社会治理的所有领域,渗透在法治体系中的所有法律部门之中和所有法律实施环节之中。但是,在现实层面,受到社会发展和法治建设的阶段性影响,法律奖励制度内容所涉领域存在一个由点及面、渐进拓宽的过程。正如我们在前文梳理我国法律奖励制度历史发展进程时所述,在我国,法律奖励制度的建立和完善是以科学研究领域奖励立法为先导和驱力的,随着社会发展和法治建设而逐渐拓展到经济生产和社会生活的方方面面。因此,尽管法律奖励的覆盖领域颇为广泛,但是却非均衡地分布在不同领域之中。据不完全统计,仅以对"科技、教育、文化、卫生"领域的狭义分类为据,不含"文物文史、语言文字、体育、人口与计划生育、旅游"等,在中央层面包含"奖励"的法律文件中,狭义上的"科教文卫"领域占比1/4。第三,专项事务治理领域更加注重法律奖励。通常而言，某一领域或行业的新兴往往离不开法律和政策上的助推，因此，行业新兴的过程中常常伴随法律奖励制度的支撑。同样，在国家与社会治理的重要专项事务方面，法律奖励也发挥着重要的推动作用，甚至被作为主要的助推手段。例如，2015 年至 2019 年间，在“奖励”相关法律文件年度增量减少的情形下，有关“党内法规制度”“扫黑除恶”“营商环境优化”等专项事务的法律奖励文件数量则持续增加。此外，在 2020 年 1 月至 4 月间，为应对新冠疫情，中央和地方层面出台的相关法律文件中采用法律奖励方式的达 581 件。由此可见，在新兴与重点推进领域，法律奖励已经成为我国当下国家和社会治理的重要手段，随着中国特色社会主义事业的深入推进，法律奖励机制也将被延伸到国家和社会治理现代化的各个领域。

二、法律奖励制度的地域分布

就空间维度而言，奖励相关法律文件在地域分布上也呈现出一定的区域特征。第一，不同省（自治区、直辖市）奖励相关法律文件的数量存在较大差异，法律奖励制度发展不均衡。这意味着，尽管受到中央立法的统一指引，但是各地方对于法律奖励制度认识水平、建设主动性和积极性并不相同。第二，沿海省份制定奖励法律文件数量较多、具有较高积极性。根据全国（不含香港、澳门特别行政区及台湾地区）各省（自治区、直辖市）截至 2019 年年底“奖励”法律文件数量统计（见图 9 – 6）显示，累计制定 10000 件以上的，除河南省属于沿黄河内陆省份之外，其他均为沿海省份（江苏、浙江、福建、山东、广东）。第三，从整体分布情况来说，奖励法律文件数量整体分布也呈现出与区域经济发展水平的较强相关性。如图 9 – 7 所示，东部地区远超中部与西部地区，而东北地区相关法律文件数量最低。①

① 东部包括：北京、天津、河北、上海、江苏、浙江、福建、山东、广东和海南。中部包括：山西、安徽、江西、河南、湖北和湖南。西部包括：内蒙古、广西、重庆、四川、贵州、云南、西藏、陕西、甘肃、青海、宁夏和新疆。东北包括：辽宁、吉林和黑龙江。

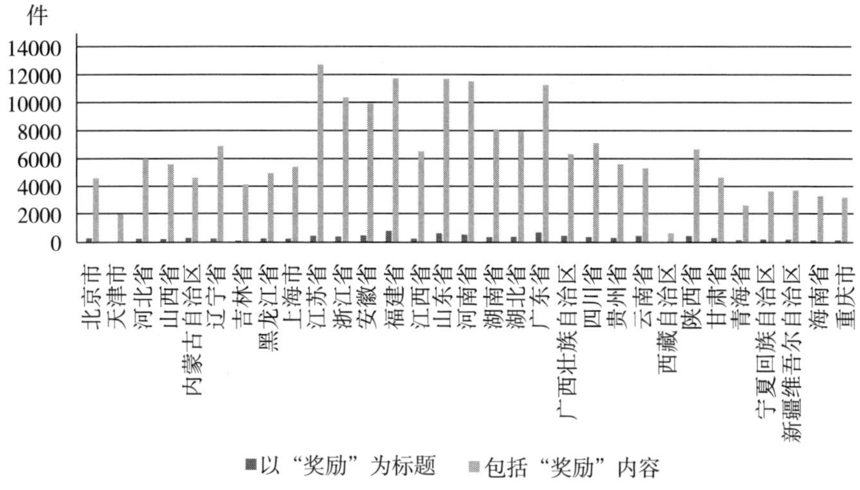

图9－6　全国各省(自治区、直辖市)“奖励”法律文件数量

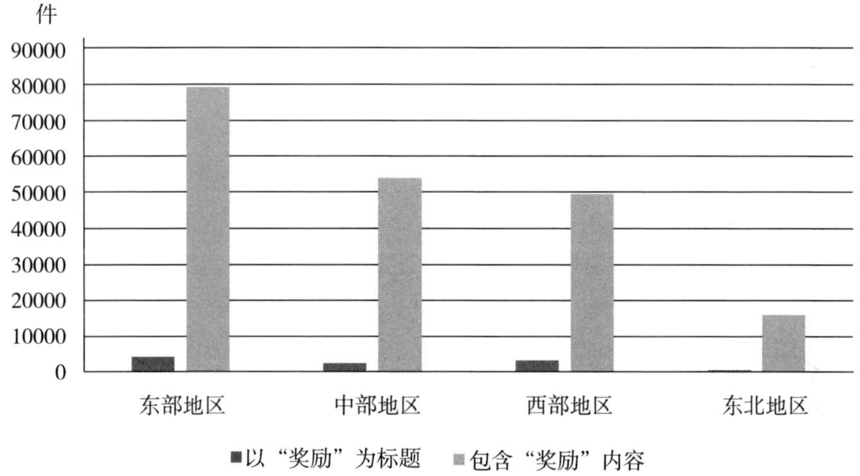

图9－7　“奖励”法律文件数量区域分布

为了解释以上奖励法律文件的地域分布特征，我们通常认为，经济发达地区对于法律的需求也会更大，因此，按照一般观点看来，经济发展水平较高的地区也将促生出更多的对于奖励类法律规范的需要，相应奖励相关法律文件也会更多。正如前文中图9－5所示，可以发现，江苏、广东、山东、上海等多地实例也印证了“经济决定论”的判断。为了采用更为精细的方法加以检验，我们可以将各省(自治区、直辖市)截至2019年年底有效法律奖励文件数量与各省(自治区、直辖市)2019年度GDP数值进行关联分析，我们可以计算发现，二者皮尔逊相关系数高达0.85，这意味着各地方奖励相关法律文件的数量与地方经济发展具有很强的关联性。为此,我们可以将上述有关奖励相关法律文件区域分布的三个特点概括为一个整体特征,即地方奖励法律文件数量与奖励制度完善程度同地方经济生产总值成正比。为了更进一步的探索法律奖励与经济发展这一相关关系中的因果联系,我们还可以将奖励相关法律文件年度制定数量与全国年度 GDP 增长率进行格兰杰因果关系检验分析。在此,基于 GDP 增长率的统计便利,我们以 1979 年至 2019 年区间的数据为分析对象,解析结论如下:在 5% 的显著水平下,包含“奖励”的法律文件年度制定数量是全国 GDP 增长率的格兰杰原因,而非相反。详细结果可见表 9-1,其中 G 表示我国年度 GDP 增长率,C 表示中央层面年度制定的包含“奖励”的法律文件数,S 表示中央和地方层面年度制定的包含“奖励”的法律文件数。据此,数据分析显示出一种“制度推进论”的结论:C 是 G 的格兰杰原因,G 不是 C 的格兰杰原因;S 是 G 的格兰杰原因,G 不是 S 的格兰杰原因——经济增长速度依赖于奖励相关法律文件的新增数量。故而,结合“经济决定论”的观点,我们可以得出一个完整的判断,即法律奖励制度的发展与经济发展的整体水平相关,经济发展增速依赖于法律奖励制度的发展。

表 9-1　格兰杰因果测试结果

原假设	Lags:2				Lags:3			
	Obs	F-Statistic	Prob.	result	Obs	F-Statistic	Prob.	result
C 不是 G 的原因	39	3.30614	0.0487	拒绝	38	3.12235	0.0400	拒绝
G 不是 C 的原因		1.40442	0.2594	接受		0.67299	0.5751	接受
S 不是 G 的原因		3.13202	0.0564	拒绝		2.68207	0.0639	拒绝
G 不是 S 的原因		0.34811	0.7085	接受		0.50238	0.6834	接受

在解析法律奖励制度的区域特征时,除了考虑经济发展因素之外,也需要对立法体制因素进行考量。在纵览法律奖励制度发展历程之后,我们可以清晰看到法治建设中的“自上而下”“从中央到地方”的发展脉络,这是由我国立法体制因素决定的。在法律奖励制度的区域分布中,我们也发现,相比其他地区,东部沿海地区相关对于法律奖励制度建设活跃度更高,这其中受到了地方立法权配置、“先行先试”“先地方后中央”的立法策略影响。然而,细心研究可以发现:在 2015 年之前,除省、自治区和直辖市外,23 个省会、5 个自治区首府、18 个较大的市以及 4 个经济特

区、3 个特别合作区共 49 个城市拥有地方立法权，在 2015 年《立法法》将地方立法权扩大至所有设区的市之后，地方层面奖励相关法律文件增数不仅没有上升，反而大幅下降。故而可以说，立法体制、立法权配置与立法策略并非影响法律奖励制度区域发展不平衡的主要原因。这也意味着我国法律奖励制度的区域发展并没有立法体制中的内部阻障。

三、法律奖励制度的关联结构

前文对我国法律奖励制度的发展历程、规模成效的分析始终是基于对“奖励”的数据检索而展开的。但是，需要清晰认识到的是，尽管以“奖励”为标题和内容的法律文件是法律奖励制度中最具代表性的内容，其可以反映出法律奖励制度的发展脉络，展示出法律奖励制度的部分成就，但是法律奖励制度并非仅仅指向“奖励”二字，法律文件中的“奖金”“鼓励”“荣誉”“表彰”“褒奖”“激励”等内容也同样反映了法律奖励制度的发展。这些相近含义的词语构成了“奖励”一词的关联词语，以这些词语为内容的法律文件也构成中国法律奖励制度的关联结构，形成了诸如法律上的奖金制度、荣誉制度等法律奖励关联制度。尽管我们并没有必要通过穷尽这些近义词语来描述法律奖励制度的发展状态，但是我们却有必要检索一二作为例证，以求辅证法律奖励制度的发展历程，并同时展现法律奖励制度的纵深和宽度。

为此，我们选取“奖金”“荣誉”“鼓励”“表彰”四个与“奖励”相关联的关键词进行法律文件的内容检索，并区分中央层面法律文件与地方层面法律文件，分别绘制年度制定数量图（见图 9－8 与图 9－9），以此尝试展示法律奖励关联制度的整体发展态势。悉心分析图 9－8 与图 9－9，可以发现我国法律奖励制度发展的整体走势及其关联结构的两个基本特点。

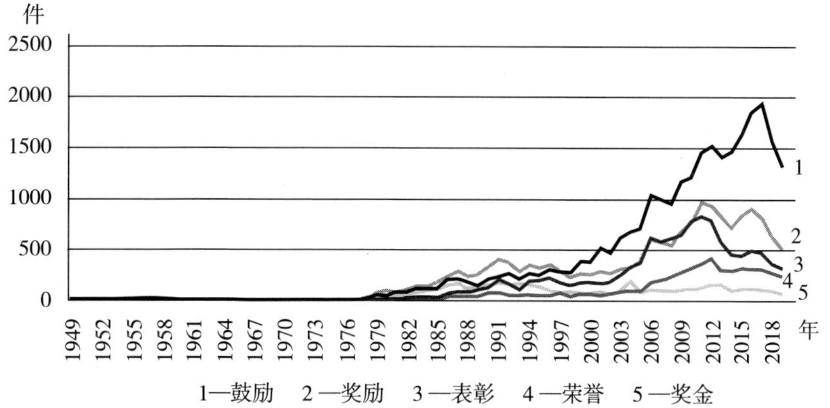

图 9－8　中央层面“奖励”关联法律文件年度数量（1949—2019 年）

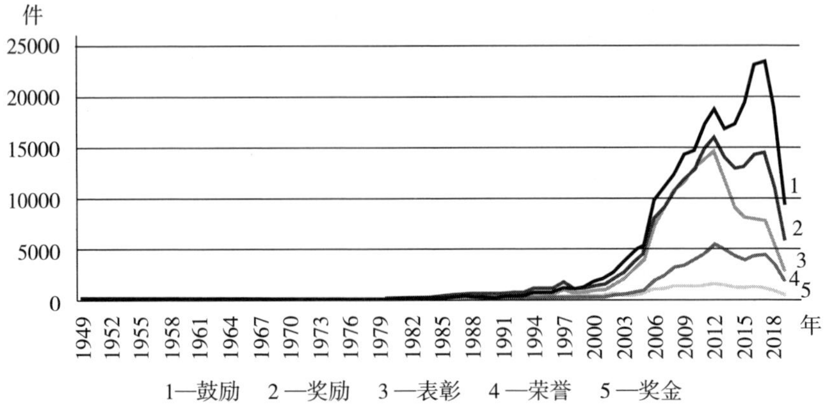

图 9-9 地方层面“奖励”关联法律文件年度数量(1949—2019 年)

第一,法律奖励关联制度具有共同的发展趋势。如图 9-8 与图 9-9 所示,70 年以来,包含“奖金”“荣誉”“鼓励”“表彰”内容的法律文件数量变化趋向与包含“奖励”内容的法律文件数量变化趋势具有较高的一致性和同步性。这表明,“奖励”法律文件的历程变化能够基本反映整体法律奖励制度的历史进程,依据“奖励”法律文件的数据变化对我国整体法律奖励制度的发展历程进行划分具有合理性与可行性;同时表明,包含“奖金”“荣誉”“鼓励”“表彰”内容的法律文件是我国整体法律奖励制度的重要组成部分,其共同反映了我国法律奖励制度的整体规模。

第二,法律奖励关联制度之间具有层次性。这种层次性表现为三个方面。其一,文件数量上的层次性。包含“奖金”“荣誉”“表彰”“奖励”“鼓励”内容的法律文件数量依次递增,不仅如图 9-8 和图 9-9 所示,相关法律文件逐年增数不同并呈现出明显的数量差异层级,并且纵观 70 年间相关法律文件的累计数量,也存在相对应的量级差异。例如:中央层面法律文件中,包含“奖金”内容的累计 4634 件,包含“荣誉”内容的 5689 件,包含“表彰”内容的 11995 件,包含“奖励”内容的 17573 件,包含“鼓励”内容的 27512 件;地方层面法律文件中,包含“奖金”内容的累计 22701 件,包含“荣誉”内容的 56656 件,包含“表彰”内容的 153116 件,包含“奖励”内容的 198548 件,包含“鼓励”内容的 256677 件。其二,制度发展上的层次性。从图 9-8 与图 9-9 中我们可以发现,在 1998 年之前(法律奖励制度发展历程的前三个阶段),各种相关类型文件增长数量差异不大,1998 年之后,法律奖励制度进入蓬勃发展期,法律奖励制度的关联结构才逐渐展开。同时,在 1978 年即已确定了“以精神奖励为主”的法律原则,但是 1998 之后,荣誉制度增量开始零星超越奖金制度,时至

2005年之后荣誉制度年度文件增量才全面超过奖金制度，“以精神奖励为主”原则在制度体量层面才得到真正实现。其三，关联结构上的层次性。法律奖励制度中关联制度之间具有交叉复合的层次特征，并非彼此孤立。例如：在中央层面，包含“奖励”内容的法律文件中，同时包含“荣誉”内容的2405件，同时包含“奖金”的2323件，同时包含“荣誉”和“奖金”的481件；包含“表彰”内容的法律文件中，同时包含“奖励”的6029件；包含“鼓励”内容的法律文件中，同时包含“奖励”的6803件；同时包含“奖金”和“荣誉”的法律文件575件，分别占“奖金”文件的12.41%、“荣誉”文件的10.11%。此外，就地方层面法律文件而言，关联制度的交叉关系也与以上中央层面交叉比例相近。由此可以看出，尽管法律奖励制度在历史发展上以“奖金”和“荣誉”为起点，但其关联制度的整体关系结构并非展现为以“奖金”“荣誉”为重心的“同心圆结构”或“金字塔结构”，而是一种类似于图9－10所示的分散交叉式复合结构。造成上述法律奖励关联制度在文件数量、发展层次、结构关系上规模特征的主要原因来源于两个方面：其一，语词间的内涵关系影响了法律上的使用量度与交叉关系。例如，“鼓励”“奖励”“表彰”的内涵关系决定了三者在适用范围上的交叉和法律文件数量递减。其二，奖励制度法律原则影响了关联制度的体量分布。例如，“荣誉”与“奖金”法律文件的体量差异即受到了“精神奖励和物质奖励相结合、以精神奖励为主”的原则引导。

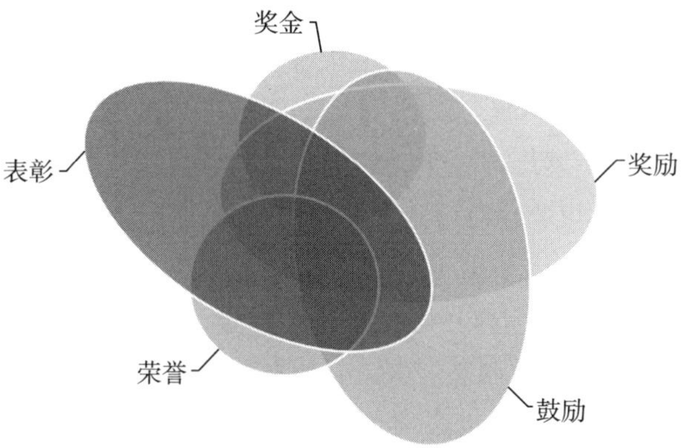

图9－10　法律奖励关联制度关系结构示意

第三节　中国法律奖励制度70年发展的经验启示

中国法律奖励制度发展70年的基本语境,在于其和我国法治现代化建设和法学理论发展的历史相伴相生。中国法律奖励制度内在于我国社会主义法律制度的发展历程,法律奖励制度所体现的制度化、法律化的激励功能是我国法治建设的重要侧面。对法律奖励制度的研究和推进,体现了我国法学理论对法律的强制力和保障力的认识不断深化和系统化。因而,中国法律奖励制度的发展历程与中国法治建设与法学发展的历程同频共振,其发展成就归因于中国法治建设与法学发展的伟大成就,中国法治建设的经验启示也必然适用于法律奖励制度建设之路。在此,对于那些已经被深刻总结并成为共识的中国法治建设的基本经验,本书不再赘述,而仅围绕中国法律奖励制度70年走过的道路,对其中重大、具体、特殊的经验启示进行总结,在具体领域“深入阐述国家制度和法律制度建设的基本法理逻辑”①,期待“为坚定制度自信提供理论支撑”②。

一、中国共产党的领导始终是推进法律奖励制度发展的关键

坚持中国共产党的领导是立法工作必须遵循的根本原则。“历史经验表明,中国特色社会主义民主法制建设的成败始终与中国共产党的领导紧密相连。凡是我们党坚强、团结、重视民主法治的时期,民主立法工作就稳步推进、硕果累累;反之,立法工作就陷入困境甚至停滞。”③中国法律奖励制度的发展历程也生动展示出党的领导始终是制度建设的核心与关键推动力,法律奖励制度建设与发展的每一个历史阶段、每一个关键节点、每一次转型升级都离不开党的领导。1978年12月13日,邓小平同志在中央工作会议上作了题为《解放思想,实事求是,团结一致向前看》的讲话,重申“鼓励创新”“赏罚分明”,明确提出不能“只讲牺牲精神,不讲物质利益”“奖励也必须奖到具体的集体和个人”的奖励制度原则,并具体机制上提出“所有的企业、学校、研究单位、机关,都要有对工

① 公丕祥:《推动法理学与国家治理现代化同频共振》,载《人民日报》2020年3月9日,第9版。

② 习近平:《坚持、完善和发展中国特色社会主义国家制度与法律制度》,载《求是》2019年第23期。

③ 陆静:《中国共产党领导下的民主立法历程及基本经验》,载《红旗文稿》2011年第20期。

作的评比和考核，要有学术职称、技术职称和荣誉称号。要根据工作成绩的大小、好坏，有赏有罚，有升有降。而且，这种赏罚、升降必须同物质利益联系起来”。① 这一讲话随即作为党的十一届三中全会主题报告，拉开了改革开放新时期的序幕，也同时为各行业领域奖励机制法制化提供了思想指引，开启了法律奖励制度的复苏发展。1997年5月，中央精神文明建设指导委员会成立，此后“荣誉”机制开始逐步超越“奖金”机制，推动了法律奖励制度的内部结构优化。1997年9月党的十五大召开，是我国社会主义法治事业的一个重要节点，明确了依法治国的“基本方略”重要地位，从而将中国法律奖励制度推向蓬勃发展。2014年10月，党的十八届四中全会作出《中共中央关于全面推进依法治国若干重大问题的决定》，提出“制定国家勋章和国家荣誉称号法”，为法律奖励制度在新时代的飞跃发展预制了标志性机制。由此可见，党的领导不仅对于推进法律奖励制度的历史发展具有关键性作用，对于法律奖励制度的领域延伸、规模拓展、理念升级、重点转向等都发挥了不可或缺的引领作用。

二、法治体系不仅是一套惩治体系，更是一套励治体系

对法律奖励制度的宏观定位，应当从法治体系建设的系统性、协同性视角来加以思考。在中国特色社会主义法治体系中，不仅要有硬性治理，更要有柔性治理，奖励与惩罚作为治理手段相互辅助、相互配合，形成了治理合力。尽管法律文件中各种惩罚措施以及法律责任的篇章设计令人印象深刻，让人们总是将法律与惩罚联系在一起，但是与这种认为法律是一套惩罚体系的日常认知所不同，现实法律制度建设中虽然确实重视以法律责任为主的惩罚机制，但也同样重视以法律激励为主的奖励机制。当我们以“罚”为关键词进行法律文件检索时，可以发现1949年至2019年的70年间，相关中央层面制定的法律文件为33782件、地方层面有236197件；然而以“奖”为检索内容，则会发现，中央层面有29582件，地方层面有302688件。从图9－11和图9－12中可以看到，中央层面法律文件“奖”“罚”并举、数量相当、消长交替，地方层面则更加注重“奖”。由此可见，奖励机制不仅与惩罚机制协同并举、相互搭配、同步发展，而且在法律文件的整体数量上超越了惩罚机制，因此可以说：法治体系不仅是

---

① 邓小平：《解放思想，实事求是，团结一致向前看》，载《邓小平文选》（第2卷），人民出版社1994年版，第144－151页。载人民网，http://www.people.com.cn/GB/channel1/10/20000529/80792.html。

一套惩治体系，更是一套励治体系。① 中国特色社会主义法治建设的历史实践也表明：法律奖励制度的发展不仅是中国法治发展的重要方面，而且是影响中国法治高质量发展的最主要方面，高质量建设法律奖励制度是推进中国特色社会主义法治高质量发展的重要方面。

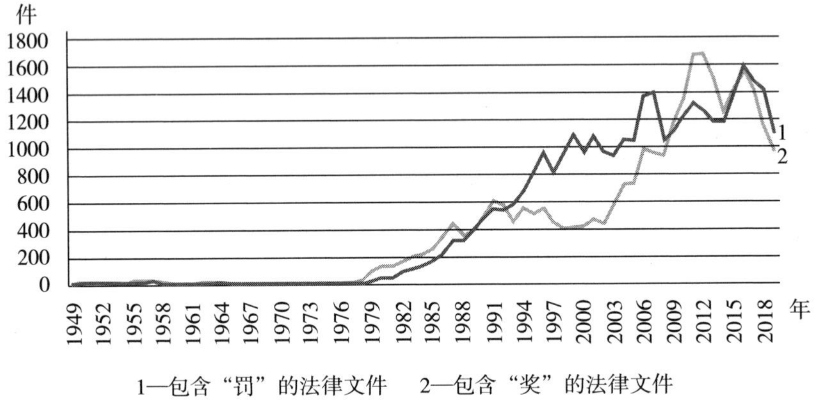

图 9－11　中央层面“奖”“罚”法律文件年度数量（1949—2019 年）

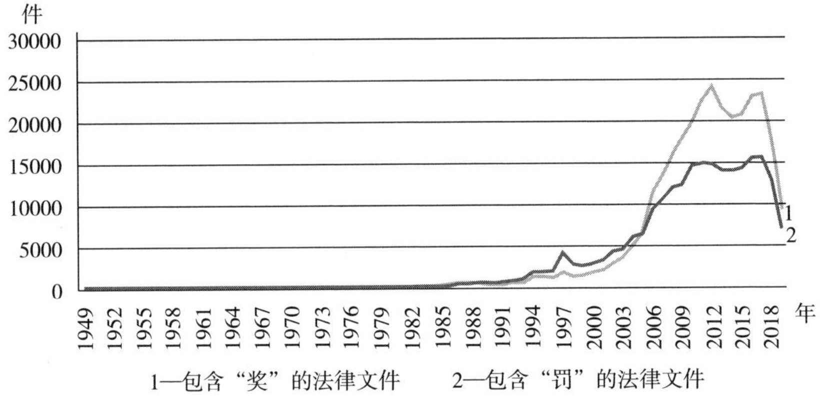

图 9－12　地方层面“奖”“罚”法律文件年度数量（1949—2019 年）

三、改革是法律奖励制度发展的基调

纵览 70 年发展脉络，改革作为制度建设的底色、背景与推力，始终是

① 广义上的法律激励包含以惩罚和责任机制为方式的反向激励机制（惩罚机制），狭义上的法律激励仅仅包含以“奖励”为主的正向激励机制。因此，广义的“励治”包含了“惩治”，这也是本书作者的一贯主张。但是，为了区别言说“奖”“罚”机制，本书在此所说的“励治”仅指狭义上的以奖励机制为主要方式的治理模式。

法律奖励制度发展的基调。首先,改革开放是我国法律奖励制度飞速发展的起点。1978年之后,中国经济与社会改革进入起步期,为了调动人民群众的生产积极性、激发改革热情,与“奖”相关的法律措施迅速增加。在1978年至1992年间,无论是中央层面还是地方层面,年度所发布的“奖”相关的法律文件数量普遍超过与“罚”相关的法律文件。随着1999年“发展社会主义市场经济”写入宪法之后,法律奖励制度迎来了蓬勃发展期。在2012年进入新时代之后,“四个全面”战略的提出要求我们再次解放思想,深入思考如何祛除阻碍生产力发展和国家治理现代化进程的不正确的制度性束缚,更加注重通过制度创新深化改革,由此推进了法律奖励制度的转型与创新发展。其次,改革的重点领域往往是法律奖励制度建设的活跃领域。回顾改革开放历程,市场经济体制改革始终是我国改革的一条主线,在这一过程中,经济法制成为推进和保障改革成果的主要制度。在现有法律体系中,“经济法所涉激励元素较多,而行政法、民法和刑法所涉较少”,[①]也恰恰说明那些能够强力推进计划经济向市场经济改革转轨的法律制度更富于激励性。同样,在应对第三次和第四次工业革命中科技与生态发展问题时,科技立法和环境立法中集中产生了众多的奖励性法律文本,也说明法律奖励制度的主要领域与改革内容及其活跃程度之间具有正向关系。再次,改革开放的活跃地区往往是法律奖励制度建设的活跃地区。在对法律奖励制度区域发展的考察中我们可以看到:改革开放的先发区域,法律奖励制度的建设起步越早、制度体量也越大;在沿海沿江的改革开放活跃地区,法律奖励制度的建设热情也越高涨、制度增长越迅速。复次,改革推动了奖励机制在法律规范领域与其他社会规范领域间交流互动。就当代中国的社会治理和改革实践而言,对法律奖励的分析除了以规范性法律文本为考察对象之外,我们还需注意的是,“在多元化的国家律法体系之外,还有更为广阔的多样化规则体系,包括党规党法、宗教戒律、公共道德、伦理准则、民间习惯、社会风俗等等”,[②]这些多元规范体系本身也是法制改革的参与要素,构成了国家正式法律文本运行的空间和结构,它们对于法律奖励实践有着重要的影响。改革作为法律奖励实践的推动力,不仅在于促进法律内部奖励性规范的创新,更在于促使法律制度与其他社会规范体系的互动交流,而现阶段法

① 胡元聪:《我国法律激励的类型化分析》,载《法商研究》2013年第4期。

② 强世功:《“法治中国”的道路选择——从法律帝国到多元主义法治共和国》,载《文化纵横》2014年第4期。

律奖励制度的新发展正是这种互动交流的结果。最后,法律奖励制度本身就是一种改革形式。在1978年法律奖励制度复苏发展之初,奖金机制构成了法律奖励制度的主要方面。而奖金机制的设计完善在本质上就是劳动成果分配机制的改革。恰是法律奖励制度的最初发展实现了“按劳分配”制度的确立。不仅如此,“党和国家功勋荣誉表彰制度”的确立,也同样意味着国家与社会在奖励与荣誉资源方面的统筹配置,更进一步体现出,法律奖励制度发展在本质上即是一种社会资源分配机制的革新。

四、法律奖励制度是法治与德治相结合的典范

坚持依法治国和以德治国相结合是我国法治发展的成就与经验,也是建设中国特色社会主义法治体系、建设社会主义法治国家所应当始终坚持的原则。法治与德治的关系,是新时代全面依法治国辩证法中的重大关系之一,依法治国和以德治国相结合代表两种治理理念和两种治理规范的有机结合。国家治理的实践中,刚性约束与柔性治理、外在强制与内心推动等两方面的作用都必须得到足够重视,法律与道德作为两种行为规范系统的不同功能应当协同发挥作用。从我国国家治理传统来看,法治与德治都有着深厚传统。对中华传统优秀文化中优秀治理资源进行发掘可知,法治与德治是其中重要的脉络线索,两者之间的辩证关系是发掘中国治理传统中如何看待制度性激励功能的基本分析框架。从当下中国国家治理的需求来看,既要重视法治的权威性,也要重视道德的感召力。弘扬社会主义核心价值观,也要靠发挥道德的作用,其与法律激励或法律奖励具有一致性,能够通过激发个体的主观能动性,推动大众自觉尊法、守法、用法,提升社会法治素养、树立法治信念。

可以说,法律奖励制度的发展正是坚持依法治国和以德治国相结合的制度成果,是“良法善治”的实践典范。一方面,法律奖励制度调整的对象往往是超越法律义务之外的行为,强调行为人的主动性、积极性、创造性;另一方面,法律奖励制度关注的领域往往涉及对道德情操的弘扬,是法律强制力限度不及或效果不好的领域。法律奖励制度的发展展示出:中国特色社会主义法治体系不仅仅是强调刚性制度的惩治体系,更是一套强调柔性之治、软法治理的励治体系,是一套惩励结合、刚柔并举、德法兼行的治理体系。并且,刚性治理与柔性治理的结合,在更深层面反映出法律之治的韧性治理的一面。在法律的强制力与保障力的背后,法治作为一个社会系统,如何应对实施运行过程中的内外部冲击。只有强制力而没有制度激励,法律系统工程“刚则易折”,其将束缚法治运行中各

类机构和个体应对内外部冲击的积极性;“柔则长存”,法律的保障力是以法律激励的方式实施柔性治理,包括在合法性、合理性的基础上对有效应对内外部冲击的行为进行法律奖励。

五、法律奖励制度是经济增长的助力

无论是从马克思主义法学的基本立场出发,还是从新制度经济学的具体观点进行论述,我们都会发现法律制度对于经济发展的反作用力。法律奖励制度总是最能反映一定社会的经济发展水平和样式,并总是对经济发展产生能动的作用。我们知道,随着生产力的发展变化,社会利益的“蛋糕”也有所变化,当需要重新分割利益“蛋糕”的时候,一方面,为了获得一部分社会支持力来认可利益分割的制度安排,法律之中出现了一些以确认权利范围为主的激励规范;另一方面,为了获得一部分社会动员力,以求继续做大利益“蛋糕”,法律上也出现了一些以褒奖鼓励为主的激励规范。因此,首先,法律奖励的产生与发展本身就是对经济增长需求的制度反馈。经济发展的体量越大,其对法律奖励制度的需求越高;法律奖励制度的体量越大也意味着其经济发展的水平越高。对此结论,可以在对比全国各省(自治区、直辖市)经济产值与相关奖励法律文件的体量后得以显见。其次,法律奖励的制度增量变化是经济增长率变化的原因要素。在前文中,我们已经分析得出结论:法律奖励的制度增量是经济增长率的格兰杰原因,经济增长速度依赖于奖励相关法律文件的新增数量。这一发现将有助于我们更加深入理解法律制度发展与经济发展之间的关系。这意味着:为了维持一定的经济增速,法律奖励的制度增长体量也应当维持在一定水平之上。最后,法律奖励制度发展水平能够反映并影响经济发展形势变化。正如我们在前文诸多图表中所看到的,相关奖励法律文件增量在2012年之后开始出现下行趋势,并在2014年前后进入转型发展的拐点,这一现象印证了新时代我国经济已经步入了高质量发展的新阶段,法律奖励的重心和方式也应当发生变化。这也就意味着,在以高质量发展为目标的新阶段,法律奖励制度建设也应当转向高质量发展。

六、法律奖励制度是地方法治建设的重点

中国法律奖励制度的发展历程表现为从“中央带动地方”的“前驱”发展模式扩展至“地方反哺中央”的“后驱”发展模式,从而形成了法律奖励制度建设的“双驱”效应。在这一过程中,地方层面的法律奖励机制建设构成为我国法律奖励制度发展的主要方面。法律奖励制度已经成为地

方法治建设的重点之一。这主要表现在以下两方面:第一,法律奖励制度建设是地方法治发展的重要增长点。我们可以发现,地方法律奖励制度呈现出一种“双高”现象。无论是对以“奖励”为标题或内容的法律文件数量统计,还是拓展至“奖金”“荣誉”“表彰”“鼓励”等奖励关联法律文件的数量检索,均表现出地方层面法律奖励制度的体量远远高于中央层面。同时,如前文中图 9 – 11 所示,在对比“奖”“罚”法律文件数量时,可以发现,中央层面的“奖”“罚”法律文件数量交替增长,“罚”的数量自 2014 年以来高于“奖”的数量;而如前文中图 9 – 12 所示,自 2005 年以来,地方层面“奖”的数量始终高于“罚”的数量。造成这种“双高”现象的原因在于:“奖”与“罚”是法律之治的“双手两足”,其中,《立法法》已经将刑罚、严重的强制措施等“罚”的方面加以统辖,加之践行人权理念,各地方在“罚”的方面推进余地不大,并且严法重罚的乱世治理之法也不符合当下形势,因此为了发挥法治优势,促进创新,实现富民,各地方只能也必须在“奖”的方面做出努力。第二,法律奖励制度的建设水平是区域治理能力的重要体现。“推动法治建设先导区域的形成与发展,就是要善于通过法律手段,充分运用授权性规范以及法律激励机制,最大限度地增加社会和谐因素,最大限度地减少社会的不和谐因素,赋予社会主体创造社会财富、促进自身发展的法律权能,从而在规范与制度的框架下让一切创造财富的源泉充分涌流,推动区域经济社会的率先发展、持续发展、科学发展。”[①]因此,是否重视并善于建设法律奖励制度、能否借助法律奖励制度促进政府、市场和社会三者平衡协调、良性互动,是判断地方社会治理水平优劣的重要标准。

七、法律奖励制度的发展远景

中国法律奖励制度 70 年来的发展可谓本深末茂。尽管 70 年间波澜起伏历经五个发展阶段,但是概览制度发展纵横,可以发现,中国法律奖励制度 70 年发展均处于一个整体的发展周期之内,而现阶段正处于这个发展周期的高峰平台期。如何阐释现阶段法律奖励制度建设增量持续下行的形势,是展望制度发展远景的前提。对此,有以下几种可能的理论解读观点。

第一种观点认为,法律奖励制度年度增量减少的原因在于既存的法律奖励制度文件持续发挥效力,没有制度增量的社会需求和立法必要。

---

① 公丕祥:《法治建设先导区域的概念与功能》,载《江海学刊》2014 年第 5 期。

这一观点可以被称为“奖励制度充分论”，该观点能够借助制度时效在整体层面上解释法律奖励制度增量下降，并以“查漏补缺”的乐观态度预判制度发展的整体趋向。然而，“奖励制度充分论”忽视了三个方面问题：其一，年度增长的相关奖励法律文件并非都具有反复适用的法律效力，大量的法律奖励文件是具体适用于单独事项的，这意味着法律奖励制度本身即是一种被大量非规范性法律文件所充斥的制度形式，因此也就需要不断地补充法律文件来巩固制度发展水平。其二，尽管法律奖励制度的整体发展水平处于减速发展的高位期，但是各地方法律奖励制度的发展并不平衡，经济后发地区对于法律奖励的制度需求仍然可观，故而对法律奖励制度已然充分发展的判断不仅过于自信，也过于草率。其三，当前深化改革与法治中国建设的伟大实践正在全面推进，改革带来的制度需求必然不同于既往，现存的法律奖励机制并不必然能够满足改革的未来需求，因此，也不宜急于断言制度充分。

第二种观点认为，法律奖励制度年度增量的减少是由于奖励效用的消退。在该观点看来，在物质生活水平提高的现实情形下，法律奖励手段的稳定不变在现实中则意味着奖励力度的相对递减，而奖励递减带来了“阿伦森效应”，减损了法律奖励的实际效用，因此造成了法律奖励制度的增量递减。这种观点可以被称为“奖励效用消退论”，其注意到了法律奖励的作用规律，并提醒我们注意法律奖励的制度实效。但是，这一观点并没有注意到的是在“奖”的法律文件增量消退的同时，“罚”的法律文件也开始减量，并且在增量和总量上均不及于“奖”。并且，与“奖励制度充分论”的乐观态度相反，这一观点显示出一种对法律奖励制度功能的悲观态度，使得其同样无法恰当预判制度发展的前景。

除了“奖励制度充分论”“奖励效用消退论”，还可能存在第三种观点，即“经济减速决定论”，认为经济减速增长是法律奖励制度减速增长的原因。但是由于没有注意到法律奖励增速与经济增速之间单向度的格兰杰因果关系，“经济减速决定论”始终把制度建设置于被动状态，而无法对制度发展做出建设性的预判。此外，还可能存在第四种观点，即“意识形态稳定论”，该观点试图从意识形态和社会稳定出发，将法律奖励的减量增长解释成风险社会下制度保守发展的即时策略，但其忽视了法律奖励制度发展的自身规律。

概言之，上述几种解说并非全然没有道理，在汲取这些观点的有益之处后，在此提出“法律奖励飞跃论”。本书认为，历经 70 年发展，中国法律奖励制度积累了较为充足的制度体量与制度实践，即将迎来制度发展的崭新飞跃。法律奖励制度升级飞跃的原因及远景在于:其一,在法律奖励制度"双驱"发展的模式下,地方积累的大量法律奖励实践已然为中央层面法律奖励制度的更新发展奠定了基础,中央层面法律奖励制度建设必将迎来继1955年、1991年、2012年之后的第四次发展高峰。其二,在区域法治与地方法治竞速发展的态势下,不同省市之间的法律奖励制度量差将逐渐缩小,法治中国建设在区域间的平衡充分发展将为地方法律奖励制度建设提供增长力。其三,为了推进经济增长,有必要积极发挥法律奖励制度的助力作用,为了推进经济高质量增长,同样有必要提升法律奖励制度的发展质量,法律奖励制度的科学化、体系化、理论化发展前途势不可挡。

本章小结

可以说,奖励是国家治理的重要领域,奖励制度是国家治理的重要制度。实现国家治理体系和治理能力现代化,需要在法治轨道上推进奖励的法治化。通过法律奖励制度的演变,奖励的规范化、制度化得到生动而切实地体现,有助于我们思考奖励制度如何在法治轨道上进一步完善、如何为国家治理和法治建设发挥更大作用。奖励是法律激励的重要途径和标志性现象,而法律激励在法治建设中又具有重要作用。在法治中国建设中,处理好活力与秩序的关系,是新时代全面依法治国辩证法的重要方面之一,对法律激励的理论与实践进行系统深入且立体的研究,具有重要意义。对法律奖励制度的演进历史及其制度逻辑进行研究,正是法律激励研究的一项基础性工作。70年发展历程中,法律奖励制度的发展不仅体现了我国法治建设取得的伟大成就,也为坚定制度自信、推动国家治理能力提升积累了实践经验、完善了理论支撑。随着新时代全面依法治国伟大实践的不断推进,法律奖励制度与理论必将是未来中国特色社会主义法治体系建设和法治理论研究的核心内容,法律奖励制度的飞跃发展必将是推进法治中国建设、实现国家治理体系和治理能力现代化的重要力量。

第三编　法治实施的效果检验

法治实施的效果，面临常态和非常态两种检验。从实践的维度，法治实施的目标是构建良好的法治秩序、保障社会处于一种稳定状态，亦即处于“常态”之中。当社会面临“非常态”或者“紧急状态”时，需考虑是否能继续保持法治秩序，法治实施又需作出何种应对和变化，而这正是对法治实施之制度韧性和实施效果的重要考验，也是从“极限思维”“底线思维”厘清法治实施中守正、权变和创新之间的关系。法治评估是对常态下法治实施现状和法治发展状况的评估，主要是对法治体系在实践中实施效果的绩效评估，其基本起点是业已确立的法治体系是否得到严格执行，但也包括法治实施对各种发展目标的推动和保障作用，从而需要综合考虑法治体系内的规范性目标和法治体系外的社会性目标，以合理评价为了提升法治实施效果而推行的制度创新。

第十章　法治实施的风险应对：应对突发公共卫生事件的法治原则与法理思维

SARS疫情、新冠疫情等重大突发公共卫生事件，是对人民群众生命健康和国家经济社会发展的重大威胁，是对国家治理能力和治理体系的重大考验。就其性质而言，突发公共卫生事件意味着对现有社会秩序的损害甚至重大破坏。应对突发公共卫生事件往往需要采取临时性紧急措施，负有相应职责的公权力机关具备紧急处置权。突发公共卫生事件有可能局部破坏乃至悬置常态下的某些法律制度甚至法治体制，紧急处置权的实施运行可能涉及对某些公民权利乃至公民基本权利的特殊限制。在此意义上，突发公共卫生事件与法治秩序之间有着一定程度的张力。突发公共卫生事件的紧急处置权会对常态化法治秩序提出例外化诉求，法治秩序如何容纳、吸纳甚至预置突发公共卫生事件紧急处置权行使的法律空间，法律制度如何规范突发公共卫生事件紧急处置权实际执行过程中的各种例外情况，都是重要的理论和实践问题。

基于此问题意识，笔者认为，审视应对突发公共卫生事件法治化这一议题，我们要将紧急状态法治置于突发公共卫生事件特别是重大突发公共卫生事件场景下思考。一般而言，紧急处置权或者说紧急状态与法治之间存在三种关系模式：一是紧急状态颠覆了法治秩序（包括宪法秩序）；二是紧急状态悬置了整体性的法治秩序，但法治秩序并未全部颠覆；[①]三是紧急状态并未脱离整体性的法治秩序，但是对法治秩序提出了

① 《突发事件应对法》（2024年）第103条规定："发生特别重大突发事件，对人民生命财产安全、国家安全、公共安全、生态环境安全或者社会秩序构成重大威胁，采取本法和其他有关法律、法规、规章规定的应急处置措施不能消除或者有效控制、减轻其严重社会危害，需要进入紧急状态的，由全国人民代表大会常务委员会或者国务院依照宪法和其他有关法律规定的权限和程序决定。紧急状态期间采取的非常措施，依照有关法律规定执行或者由全国人民代表大会常务委员会另行规定。"这意味着，即便在依法宣布紧急状态下，法治秩序也仍然具有合法性基础，法治秩序并不必然被全部颠覆。

特殊要求。[①] 本章所讨论的应对突发公共卫生事件法治化，有可能遭遇前两种情形。但恰恰为了避免出现前两种情形，应对突发公共卫生事件应当在现有法治秩序的框架下进行，依法有效解决突发公共卫生事件所带来的各方面问题。这就需要我们系统地讨论应对突发公共卫生事件法治化的基本原则和基本法理。

突发公共卫生事件提出了一个难题，即紧急处置权是否以及如何符合法治秩序的要求。为了应对突发公共卫生事件，紧急处置权意味着诸多不符合正常状态下的法治秩序要求的措施在特定情况下将被实施；意味着常态下的公民权利将会被加以特殊限制，其证成方式不同于常态下的证成，其保障措施和救济机制也不同于常态；意味着国家公权力机关的权力配置在应对突发公共卫生事件过程中将会被重新配置，因此需要依据法治原则的要求加以规范和协调；意味着常态下的法治保障方式和法治监督机制的运行方式和价值排序发生了变化，需要加以规范等。针对上述问题，笔者认为，需提出若干重要的法治原则，遵循法治思维和法理思维的要求，对其理论内涵和实践要求作进一步阐释，以保证应对突发公共卫生事件既遵守法治要求又及时有效。

笔者认为，应对突发公共卫生事件，至少应当遵守如下法治原则，即权利保障原则、权力依法行使原则、合理性原则、效率原则、比例原则、信息公开原则。这些原则既是应对突发公共卫生事件时紧急处置权必须遵循的法治原则，又是应对突发公共卫生事件法治化的基本法理。上述法治原则在常态下和应对突发公共卫生事件时的区别是本章讨论的重点之一。原因在于，突发公共卫生事件并不必然意味着法治秩序的悬置甚至倾覆，因此也就不意味着上述法治原则和基本法理的失效、悬置和倾覆，而意味着上述法治原则在法治秩序能容纳的紧急状态下以一种新的方式呈现。

需要说明的是，上述法治原则及其具体要求，应当体现在应对突发公共卫生事件的法治预案中，但在应对突发公共卫生事件过程中则有所不同。突发公共卫生事件的“突发性”要求在时间紧迫、条件受限的情形下对突发公共卫生事件给予紧急处置。因此，“运用法治思维和法治方式开展疫情防控工作”意味着，即便在特定情况下需要突破现有具体法律

---

① 重视紧急状态的类型划分及其法治意义，但讨论方式与本书有所不同的研究，参见梅扬：《紧急状态的概念流变与运作机理》，载《法制与社会发展》2023 年第 6 期；李学尧：《应急法治的理想类型及其超越》，载《中国法律评论》2021 年第 2 期。

或者来不及充分梳理现有法律体系,仍要坚持上述法治原则和基本法理。[①] 从另一个侧面来说,在应对突发公共卫生事件的过程中,要处理的事务千头万绪、繁忙紧急,依照上述法治原则和基本法理开展工作,有利于确保紧急处置权运作的正确方向和合法性。突发公共卫生事件是法治实施中的非常态、极限性、底线性的事件。本章的分析,有助于推进对法治实施之制度逻辑的理解,即对于非常态下的法治实施而言,制度实施中的守正与权变不仅意味着常态下的制度实施要在坚持法治原则基础上及时权变,也包含非常态下的制度实施所取得经验成果的法律化、制度化,即制度变迁中的制度创新和制度完善,上述两方面的内容均是法治之制度韧性的体现。

第一节　应对突发公共卫生事件的基本法治原则

一、权利保障原则

突发公共卫生事件常意味着对公民权利乃至公民基本权利的限制。在 SARS 疫情和新冠疫情中,面对突如其来的未知病毒,"隔离"这种传统但又有效的防疫措施发挥了重大作用,但同时也存在限制公民权利如何证成和如何救济的问题。从具体措施来看,需要大量烦琐细致的工作来保障因病隔离和自我隔离的公民的基本生活权利;从法治秩序的视角来看,在突发公共卫生事件期间加强公民权利保障和救济,决定了防疫工作始终在法治轨道上运行。

坚持人民主体地位是中国特色社会主义法治道路的基本原则,以人民为本是法治中国的基本法理。以人民为本体现在突发公共卫生事件应对中,就是要把确保人民群众生命安全和身体健康放在第一位。[②] 所涉及的具体权利不仅包括生命权、生存权、健康权,还包括"人民群众对突发公共卫生事件和疫情防控的知情权、建议权和监督权,保护患者和疑似病人的治疗权、预防权、个人信息权、人格权、隐私权、财产权等"。[③] 坚持人民主体地位凝结成一个典型法治原则,就是权利保障原则。

---

① 这是法律思维、法治思维、法理思维之间一脉相承又逐步提升的关系的一种具体体现。参见张文显:《法理思维的基本特征》,载《法制日报》2019 年 3 月 20 日,第 9 版。

② 中央全面依法治国委员会办公室:《为赢得疫情防控胜利提供法治保障和服务》,载《求是》2020 年第 5 期。

③ 张文显:《依法治疫　长治久安》,载《法制与社会发展》2020 年第 2 期。

在常态下和应对突发公共卫生事件时,权利保障原则必然有所差异。不仅本章所讨论的诸法治原则间的优位顺序将因突发公共卫生事件而改变,权利保障原则所指向的具体权利之间的排序也将发生改变,对具体权利之限制的证成更将随之改变。其中,对权利之限制的证成,[①]特别是对常态下人民群众习以为常的生活方式和权利行使方式的限制,是应对突发公共卫生事件的焦点和难点。

以生命健康权为例。在新冠疫情下,存在新冠重症患者与轻症患者、新冠病毒感染者与其他严重疾病患者、新冠病毒感染者与其他类型传染病患者、新冠病毒感染者与普通感冒发烧患者等的区分。新冠疫情的突发性和严重性使医疗资源集中于新冠病毒感染者,非新冠病毒感染者的生命健康权受到一定限制。在此情况下,需要协调社会资源投入,采取有效措施,在集中力量救治新冠病毒感染者的同时,切实保障非新冠病毒感染者的生命健康权。生命权、健康权、生存权是社会公平正义的底线,是社会公平正义最直观的体现。只有坚持以人民为本,遵循充分尊重和保障人民生命健康权的法治原则,才能够做好突发公共卫生事件的系统应对。

以知情权和隐私权为例。在突发公共卫生事件应对过程中,常面临知情权、隐私权与突发公共卫生事件紧急处置权之间的冲突。在发生大疫大灾时,需要信息公开和信息有效收集利用,而信息收集利用必然会涉及隐私权。[②] 新冠病毒感染者的个人信息收集应当履行何种程序、密切接触者的个人信息收集又应当履行何种程序等,均应依照法治原则作出恰当规定,在突发公共卫生事件应对法治预案中加以规范。即便事发突然,对上述问题的处理也应当按照法治原则进行设计安排和执行。对于应对突发公共卫生事件常面临的信息公开问题,下文还将详述。

以财产权为例。应对突发公共卫生事件,常需要临时征收征用公民、法人和其他社会组织的财产。在新冠疫情中,就面临征用医疗器械厂家以生产口罩、防护服等防疫物资,征用展览馆、酒店、学校宿舍作为隔离场所和方舱医院等情况。征收征用不只涉及合理补偿,还涉及征收征用过

---

① 张帆认为,《突发事件应对法》应当认真对待普通民众的基本权利,其可以设置一种动态的限权原则。参见张帆:《论紧急状态下限权原则的建构思路与价值基础——以我国〈突发事件应对法〉为分析对象》,载《政治与法律》2020 年第 1 期。

② 有学者认为:“应急治理体系顺畅运行应遵循的顶层设计原则、借用原则、分类治理原则、成本分享原则和信息披露原则……加强信息安全保护,完善应急状态下公民个人信息运用和保密制度,尊重个人隐私。”参见李维安、张耀伟、孟乾坤:《突发疫情下应急治理的紧迫问题及其对策建议》,载《中国科学院院刊》2020 年第 3 期。

程中的合理处置、妥善保管和事后奖励激励等问题。防疫工作的特殊性在于,在程序上,应对突发公共卫生事件可能会因为事情紧急导致征收征用程序简化,未能及时与所有权人充分协商,甚至会出现强制性临时紧急征用的情形;在危害性上,以新冠疫情为例,面临被征收征用物资需进行消杀处理、可能无法恢复原状等情况。上述问题,需根据征收征用的一般情况和应对突发公共卫生事件的特殊情况综合考虑处理。

遵循权利保障原则,需重视权利救济问题。"无救济,则无权利"这句法谚所阐述的基本法理是法律机构在作出影响当事人权利的决定时,应赋予当事人相应的救济权利。在常态下,法律赋予当事人一系列救济权利的渠道和方式,比如可以通过行政复议、信访、诉讼等寻求权利救济。由于权利救济的诸种渠道有制度化的程序,所以,负责权利救济的机构须依照法定程序开展工作,从而存在相应的时空场景和救济成本。在应对突发公共卫生事件的状态下,紧急处置权对公民权利的特殊限制如何救济?是否需要有相应的特殊考虑?应对突发公共卫生事件的紧急处置权在"当机立断"的情况下,可能并不能及时充分考虑当事人权利救济的问题。这就要求从制度上对突发公共卫生事件的权利救济问题作预先考虑,加强事后救济。在设计应对预案时,要对应对突发公共卫生事件时权利救济的种类范围、渠道方式通盘考量;在制作公共预算时,要对突发公共卫生事件中的权利救济成本作出预案,提升应对突发公共卫生事件的财政能力。

总体而言,应对突发公共卫生事件,首先需要遵循权利保障原则。面对突如其来的疫情,部分权利可能会减损,部分权利的重要性可能极为突出。越是在这种时候,越需要把权利保障问题置于优先地位,越是要重视权利保障的重要性。以人民为本,保护人民群众的合法权益,要求在应对突发公共卫生事件时对限制公民权利进行更有力的论证。

二、权力依法行使原则

"法无授权不可为,法定职责必须为",这是权力依法行使原则的基本法理。在应对突发公共卫生事件过程中,按照《突发事件应对法》的要求和应对突发公共事件的一般做法,公权力机关特别是行政机关在应对处置过程中发挥了主要作用。相对于常态,公权力的行使在范围上加以扩张,在性质上被赋予紧急处置权。问题在于,在应对突发公共卫生事件的"紧急状态"下,"法无授权不可为,法定职责必须为"这一法理是否可以被突破?

对此问题，应遵循法理思维做全面的、体系化的思考。如上文所述，笔者是在突发公共卫生事件没有颠覆或者悬置法治秩序的意义上思考，这意味着从法治秩序和法治体系出发，应当继续坚持权力依法行使原则，只是该原则的呈现形态会有所不同。

首先，《突发事件应对法》《传染病防治法》等法律法规已经对相关机关在应对突发公共卫生事件时的特殊职权和紧急处置权作出规定。需要指出的是，我们应从体系化视角全面看待应对突发公共卫生事件所关联的各项法律法规，不能局限于那些与具体的突发公共卫生事件直接相关的特别法和专门规定，要从全局视角为紧急处置权的合法性提供充分论证。①

其次，依据《突发事件应对法》《传染病防治法》的要求，各地应当建立针对包括突发公共卫生事件在内的各种突发事件的应对预案。这类预案是国家治理现代化的必然要求，其为应对突发公共卫生事件时公权力机关特殊职权和紧急处置权的获得和行使提供了既定方案。在特定情况下其依法自动触发已经具备了法定授权基础，无须临时获得授权。

最后，即便上述两方面均未对公权力机关的特殊职权和紧急处置权加以规定或者设置应对预案，立法机关也可以依照《宪法》《立法法》等宪法性法律的规定，为应对突发公共卫生事件及其具体事项进行特别立法。第十三届全国人大常委会第十六次会议于 2020 年 2 月 24 日通过的《关于全面禁止非法野生动物交易、革除滥食野生动物陋习、切实保障人民群众生命健康安全的决定》就是在应对新冠疫情过程中的一项重要立法。

通过上述途径所获得的紧急处置权，应当遵循法治秩序的基本法治原则。

一是紧急处置权的行使范围和行使方式。② 紧急处置权即便在突发公共卫生事件的情况下仍然是有限度的，应当依照合理性原则作出科学决策，遵循比例原则的要求，综合考量公共利益与私人利益，在迅速有效地处置突发公共事件后对因紧急处置权造成的权利侵害给予公正补偿。

二是应明确紧急处置权的退出机制。紧急处置权拥有常态下公权力

---

① 王旭认为，重大传染病危机要求优化危机应对的组织结构，妥善处理中央政府与地方政府、政府与社会的关系，要站在解释论立场，寻求相关规范的最佳解释并实现体系化。参见王旭：《重大传染病危机应对的行政组织法调控》，载《法学》2020 年第 3 期。

② 在突发公共卫生事件的情况下，政府的角色是多元化的、边界可能并不容易厘清，从而也会带来相应问题。参见祝哲、彭宗超：《突发公共卫生事件中的政府角色厘定：挑战和对策》，载《东南学术》2020 年第 2 期。

不具备的动员特征,在权力范围、强制程度等方面实现了扩张。① 为了维护法治秩序,紧急处置权及为其设置的临时性机构的启动机制和退出机制都应当明确。相应地,临时行使紧急处置权的主体所制定的政策性规范性文件也应当明确转化机制或者退出机制。对于应当继续施行以及需推广的政策,要考虑及时转化成法律和行政法规,或者由有权主体转化为常态化的政策性规范性文件;对于应当及时终止的,要依法依规予以终止,妥善处理后续问题。

三是紧急处置权应依法予以监督。法治监督是法治实施的重要环节,在应对突发公共卫生事件时也不应例外。但需要注意法治监督的重点、方式和处置措施,根据应对突发公共卫生事件的需要作出调整和适配。②

三、合理性原则

合理性原则是法治实施过程中尤其是执法过程中的一项重要原则。③ 在应对突发公共卫生事件时,合理性原则关系到公权力决策及行使的科学依据、决策机制运行、自由裁量权边界、权力行使理由说明等问题,具有不同于常态下的特征和要求。

一是决策讲究科学依据。应对突发公共卫生事件,高度依赖专业化的科学知识和科学判断,且不限于医学知识。应对突发公共卫生事件时的科学决策是一个系统工程,需要综合各学科知识加以考虑。其中,医学知识处于什么位置,如何处理医学各学科知识间的关系,④如何处理自然科学知识与社会科学知识(涉及政治因素、经济社会发展因素、人民群众心理因素等)之间的关系,均是决策者需要考虑的重要而紧迫的问题。⑤情况越是复杂紧迫,越需要科学决策能力。但是,这种能力应源于常态储备和持续积累,特别是要注重培育专业化的科学机构和专家,注重在常态

---

① 例如,戚建刚认为,行政紧急权力具有超法规性、集中性、扩张性及程序简化性的特点。参见戚建刚:《行政紧急权力的法律属性剖析》,载《政治与法律》2006 年第 2 期。

② 参见《中央纪委常委会召开会议强调 进一步学习贯彻习近平总书记重要指示精神 科学精准稳慎有效做好疫情防控监督工作》,载中共中央纪律检查委员会、中华人民共和国国家监察委员会网,http://www.ccdi.gov.cn/ldhd/wbld/202002/t20200214_211462.html。

③ 参见张文显主编:《法理学》(第 5 版),高等教育出版社 2018 年版,第 249 页。

④ 关于专业机构及专家参与制定的诊断标准的重要性,以及诊断标准的科层化,参见[美]罗森伯格:《诊断的暴政》,杨璐玮译,载余新忠、杜丽红主编:《医疗、社会与文化读本》,北京大学出版社 2013 年版,第 64－81 页。

⑤ 关于传染病风险提示的及时性与传染病科学认知的准确性之间的关系,参见陈云良、陈煜鹏:《论传染病防治决策的法治化和科学化》,载《比较法研究》2020 年第 2 期。

下系统培养担负相应职责之官员的科学决策能力和素养。习近平总书记指出，领导干部“要增强综合能力和驾驭能力，学习掌握自己分管领域的专业知识，使自己成为内行领导”。[①]

二是明确决策机制运行。应对突发公共卫生事件需要科学决策，不能仅期望负责官员是内行专家，也要有畅通机制，让专业机构和专家参与决策。除了要建立应对机制以吸纳专家之外，更要明确专业机构及专家在决策过程中的角色作用。在应对突发公共卫生事件时，专业机构和专家扮演何种角色为舆论和民众所关注。[②] 笔者认为，应当依据职权法定的法理，对党委、立法机关、行政机关、专业机构、专家等主体在决策中的职责作用作到明确法律依据，并制定应对预案。依法赋予专业机构一定行政权的，依法确定职权，激励专业机构用好权力，监督专业机构履行职责。这是“法定职责必须为”的应有之义。

三是规范自由裁量权行使。应对突发公共卫生事件的紧急处置权，意味着公权力特别是行政机关自由裁量权的变通行使乃至便宜行使。但是，只要整体的法治秩序尚未被颠覆，公权力行使就应当遵循法治原则的要求。因此，合理性原则意味着，在应对突发公共卫生事件的情况下，自由裁量权的边界也将被调整，但自由裁量权的扩张应当合理适度。一方面，需要在突发公共卫生事件应对预案中对自由裁量权变通行使的基准、程序和方式作出规定；另一方面，需要公权力机关在具体行使过程中克制自由裁量权的行使，有权不妄为。

四是注重说明权力行使理由。程序正义和正当程序的理念意味着程序参与主体在特定时空下的充分或者至少是较为充分的交流、商谈和博弈，可通过程序使法律决定更具可接受性和合法性。在应对突发公共卫生事件时，常态下法律程序所发挥的商谈、交流、缓冲等功能，[③]因其所需时空条件被公共卫生安全紧迫性所压缩而受到减损，同时，紧急处置权因效率原则的要求可能无法及时充分遵照正当程序的要求而便宜行使。就此而言，公权力机关仍然应当以较为充分的方式，向当事人或人民群众说明紧急处置的理由，缓解当事人的紧张情绪和可能的不满心理，维护社会基本秩序。更周延的做法是，在常态下，应当加强对全民的应急处置教育

---

① 习近平：《在统筹推进新冠肺炎疫情防控和经济社会发展工作部署会议上的讲话》，载新华网，http://www.xinhuanet.com/politics/leaders/2020-02/23/c_1125616016.htm。

② 参见丁蕾等：《新型冠状病毒感染疫情下的思考》，载《中国科学（生命科学）》2020 年第 3 期。

③ 参见张文显主编：《法理学》（第 5 版），高等教育出版社 2018 年版，第 263-264 页。

(不仅限于突发公共卫生事件),让公众知晓紧急处置权可能的行使方式及对公民权利可能产生的特殊限制,适当储备向公众快速宣传紧急处置措施的手段和材料。同时,在应对突发公共卫生事件的过程中,应当加强宣传工作,让公众迅速知晓紧急处置权将要采取的特殊限制措施,并在紧急处置行为公布实施的过程中,进一步及时说明处置理由。

四、效率原则

效率原则是法治领域的一项基本原则。在常态下,效率原则注重成本收益分析,对时间因素的考量只是成本收益分析中的一部分而非全部。然而,常态下事务的轻重缓急不同于应对突发公共卫生事件时事务的轻重缓急。在应对突发公共卫生事件时,人民群众的生命权、生存权、健康权处于优先位置,这意味着把“治病救人”“阻断疫情”置于最优先、最重要的位置。在与疫情和病魔斗争的过程中,时间效率、防控效率和医疗效率将被置于优先考虑的位置,经济成本、对其他合法权益(包括公民合法权益)的考虑,可能被置于相对靠后的位置。效率原则在突发公共卫生事件中的表现形态和处理方式主要体现在以下方面。

第一,突发公共卫生事件应对机制的启动应当及时、迅速、准确。根据《突发事件应对法》《传染病防治法》及其配套法规和规范性文件的规定,应对突发公共卫生事件有相应启动机制。需要考虑的制度性问题和困难在于,突发的公共卫生事件是否能够纳入现有分类体系以促使应对机制及时启动;负责监控公共卫生事件的机构如疾控中心系统,是否具有独立启动应对机制的职权;启动应对机制的权限和层级划分是否合理等。就突发公共卫生事件而言,启动时机不准确或者过早,可能会造成社会秩序不稳甚至混乱,给经济社会发展带来负面影响。

第二,处置突发公共卫生事件应当注重资源配置向所应对的具体公共卫生事件倾斜,提升资源配置效率。在常态下,应当注重制度建设和制度创新,完善物资储备,提升储备效率。以新冠疫情为例,N95 口罩、防护服、呼吸机、ECMO 等专用物资的缺乏和紧急调配牵动着亿万中国人的心,把医护物资给最需要的人成为社会的呼声和共识。这反映了资源配置在特殊情况下向一线人员倾斜具有道德和民意上的正当性。公权力机关应当及时对这种资源配置的效率要求予以制度化、法治化,形成具有法律效力的制度措施,保障应当优先配置资源的群体及时得到物资。在常态下,除了注重应对突发公共卫生事件的物资储备,更重要的是加强常态下的制度建设,通过制度化方式保障应对突发公共卫生事件的人财物能够及时投入,保障专责机构具备调动相应人财物的动员能力。

第三,效率原则要求建立健全激励机制。谈到激励,人们最容易想到的是物质激励。在应对新冠疫情的过程中,物质激励、成就激励在一段时间内成为政策热点和社会关注焦点。[①] 对于奋战在一线的医护人员、社区工作者、公务员来说,奉献精神和物质激励的结合是对他们的肯定、保障和支持。但激励又不限于物质激励、成就激励,还包括能力激励、环境激励等,以及更细分的其他激励类型。在应对突发公共卫生事件的过程中,应当更加重视环境激励,保障一线工作者放开手脚,无后顾之忧,充分发挥想干事、能做事的能力。在日常状态下,要注重健全甚至创新激励机制,在能力激励方面为应对突发状况做准备,把应对突发公共卫生事件作为能力建设的重要组成部分。

应对突发公共卫生事件,需要明晰价值排序和利益考量,尽管这种排序和考量将会随着疫情防控的进展而发生变化。突发公共卫生事件的"突发性"放大了紧急处置权对时间效率的迫切要求。关键在于,要明确公权力、私权利在特殊情况下的法律边界,这是应对突发公共卫生事件时应当遵循法理思维的基本要求。以应对新冠疫情为例,强调公权力和私权利在此情况下的边界,一方面要把精力集中在防止疫情扩散、阻断疫情传播上,减轻医疗系统负担,保障医疗机构把治病救人的事情做好;另一方面要维持社会秩序稳定,防止疫情造成社会次生伤害。

五、比例原则

比例原则是法治国家建设的一项重要原则,其法理意涵在于,公权力行使对公民权利的侵害应当尽量最小。[②] 从现代法治理念看,比例原则

---

① 关于新冠疫情期间对医护人员等的政策激励措施,主要有中共中央印发《关于加强党的领导、为打赢疫情防控阻击战提供坚强政治保证的通知》(2020 年 1 月 28 日),国务院办公厅转发国家卫生健康委、人力资源社会保障部、财政部《关于改善一线医务人员工作条件切实关心医务人员身心健康若干措施的通知》(国办发〔2020〕4 号,2020 年 2 月 10 日),中央应对新型冠状病毒感染肺炎疫情工作领导小组《关于全面落实进一步保护关心爱护医务人员若干措施的通知》(国发明电〔2020〕5 号,2020 年 2 月 22 日),国务院应对新型冠状病毒感染肺炎疫情联防联控机制《关于聚焦一线贯彻落实保护关心爱护医务人员措施的通知》(国发明电〔2020〕10 号,2020 年 3 月 11 日),中央应对新型冠状病毒感染肺炎疫情工作领导小组《关于全面落实疫情防控一线城乡社区工作者关心关爱措施的通知》(国发明电〔2020〕8 号,2020 年 3 月 3 日)等。

② 关于比例原则的一个阐释是:"禁止任何国家机关采取过度的措施;在实现法定目的的前提下,国家活动对公民的侵害应当减少到最低限度。"参见[德]哈特穆特・毛雷尔:《行政法学总论》,高家伟译,法律出版社 2000 年版,第 106－107 页。

的前提是公民权利保障优先原则。[①] 如前文所述,在应对突发公共卫生事件时,公民权利可能会被实施特殊限制,公民权利的诸种具体权利之间的优位顺序和保障方式亦将被调整,但这并不意味着比例原则被抛弃、悬置或者弱化。恰恰在突发公共卫生事件应对过程中,紧急处置权的边界需依据比例原则加以规范,比例原则的重要性相较常态情况要更加突出。[②]

比例原则主要涉及三个方面的要求,即手段的妥当性、均衡性和必要性。

第一,手段的妥当性。在行政执法领域,手段的妥当性"要求所采取的手段(means)是能够达到所追求的目的(ends)的",[③]亦即公权力行使所采取的手段应当是基于其目的所选择的妥当手段。以应对新冠疫情为例,公权力机关乃至社区、村民小组采取的具体应对手段应当基于阻断疫情传播之需而采用。有些地方曾采取的"以疫情防范之名行地方保护主义之实"的疫情防控措施之所以被及时纠正,就在于其不符合手段的妥当性要求。此类措施违背疫情防控目的,不仅给群众生活带来阻碍,也给经济社会发展造成了损失。

第二,手段的均衡性。"在所有可以到达某一行政目的的手段中,给私人权益造成损害最小的手段,其所造成的损害仍然超过该行政目的所追求的公益时,则这个行政目的不值得追求,应该放弃。"[④]比例原则中的手段的均衡性一般要求在公共利益与私人利益之间进行理性考量,具体手段对私人利益的侵害应当小于通过侵害私人利益所获得的公共利益。在应对公共卫生事件的过程中,问题会变得更复杂。手段的均衡性对公共利益与私人利益的考量,关涉相互交织的公共利益和私人利益。在应对新冠疫情时,紧急处置权需要处理一种公共利益与另一种公共利益之间的关系,例如,就疫情防控与经济社会发展之关系而言,阻断疫情的措施与经济社会发展所需的复工复产之间需要协调统一,"统筹推进疫情

---

① 在杨登峰看来,合理原则与比例原则之间的关系值得注意,比例原则更符合我国法治需要。笔者认为,就应对突发公共卫生事件对多学科知识的迫切需求而言,合理原则和比例原则都应当予以重视和讨论。参见杨登峰:《从合理原则走向统一的比例原则》,载《中国法学》2016 年第 3 期。

② 参见姚小林:《论我国应急法制的比例原则》,载《法学杂志》2008 年第 4 期。

③ 余凌云:《论行政法上的比例原则》,载《法学家》2002 年第 2 期。

④ 姜明安主编:《行政执法研究》,北京大学出版社 2004 年版,第 103 页。

防控和经济社会发展工作”[①]。紧急处置权还需要协调不同群体的私人利益之间的关系:新冠病毒感染者、无症状新冠病毒感染者的私人利益已经转化为公共利益或者与公共利益交织在一起;疫情防控措施必须处理好新冠病毒感染者与健康群体、新冠病毒感染者与其他疾病患者之间的关系;同时也必须处理好新冠病毒感染者中的危重症之间、重症与轻症之间、无症状感染者与有症状感染者之间的关系等。手段的均衡性意味着具体手段有阶段性、时间性、针对性。在新冠疫情防控中,区分高风险、中风险、低风险区域并采取不同的防控措施,[②]及时纠正不正确和不再适用的防控措施,就是手段均衡性的一种体现。

第三,手段的必要性。在突发公共事件的应对中,为了保障人民权利和社会公共秩序,不可避免地要采取一些“非常态”的应对措施,可能会侵害公民和社会组织的具体权益。这时就存在是否采取“非常态”措施、采取何种“非常态”措施以及如何采取等问题,也就是手段的必要性需要权衡和论证。比例原则中的手段的必要性的法理意涵在于,为了达致其目的,公权力所采取的手段对公民、法人和其他组织的侵害应当尽可能最小,对其权益的保护应当尽可能大。随着市场经济发展,市场机制作用更大,社会自治能力增强,公权力规制手段也出现了更多强调“助推”而非“强制”的倾向。[③] 手段的必要性是一个复杂的实践判断,很大程度上依赖于上文讨论合理性原则时指出的知识储备和科学判断。为应对突发公共卫生事件,手段的必要性的重要性及其面临的困难会有所放大。在来不及作全面周详考虑的情况下,即便事先制定的应对预案有所准备,也常常需要根据紧急处置权迅速决策,其中包括关于应对预案的修改完善和应对过程中的风险考量。

需要指出的是,虽然比例原则聚焦公权力机构的行动边界和手段选择,[④]但公权力机构以科层制为基本架构,在应对紧急状态时存在局限

---

① 习近平:《在统筹推进新冠肺炎疫情防控和经济社会发展工作部署会议上的讲话》,载新华网,http://www.xinhuanet.com/politics/leaders/2020-02/23/c_1125616016.htm。

② 参见国务院联防联控机制印发《关于科学防治精准施策分区分级做好新冠肺炎疫情防控工作的指导意见》(2020年2月19日)。

③ 参见[美]理查德·H.泰勒、[美]卡斯·R.桑斯坦:《助推》,刘宁译,中信出版社2009年版,第253-272页。

④ 关于比例原则自身在紧急状态下的局限性,参见梅扬:《比例原则的适用范围与限度》,载《法学研究》2020年第2期。

性。风险社会①理论则揭示了另一种局限性:比例原则意味着公权力机关在应急状态下不应也不可能垄断所有技术手段和资源,公权力机关的力量是有限的。相较于常态,应急状态同样需要甚至在某些方面更加需要重视市场力量和社会力量的作用。在应对新冠疫情的过程中,互联网公司、高技术企业、商贸物流公司、社会自治组织、志愿者等市场力量和社会力量发挥了非常重要的作用,而上述市场力量和社会力量则无法被公权力机关科层体制所完全吸纳或囊括。

六、信息公开原则

"阳光是最好的防腐剂""让权力在阳光下运行",通俗地表达了信息公开原则作为现代法治原则的法理意涵。近年来,中国政府大力推进政府信息公开,成为法治政府建设的亮点和重要经验。信息公开原则不仅涉及信息公开和知情权保障,还涉及公权力和私人权益的平衡。在这种意义上,只有坚持信息公开原则,才能发挥法治固根本、稳预期、利长远的重要作用。

应对突发公共卫生事件作为一种非常态的情况,其信息公开方面的要求具有以下特点。

第一,信息公开原则要求信息公布的及时性、准确性和全面性。行政机关应当公布突发公共卫生事件的应急预案、预警信息及应对情况。在应对突发公共卫生事件时,准确、及时、全面的信息是公权力机关和公民、社会组织等主体作决策的权威依据。尤其对非专业人士来说,突发公共卫生事件往往超出了其已有的经验知识,必须借助权威信息作决策。因此,信息公开的意义不仅仅是公开披露信息,其更重要的意义是为科学决策提供准确有效信息。唯有这样,才能引导和保障公权力主体和公民、社会组织等作出理性决策,避免盲目和骚乱。

第二,信息公开原则要求形成信息高效利用机制。应对突发公共卫生事件,不应当是一个消极防御的过程,而应当是一个主动进攻的战役。突发公共卫生事件是由无数信息构成的信息流。② 积极应对突发公共卫

① 乌尔里希·贝克认为,风险社会的"风险"跨越了专业和学科的边界、也跨越了专业能力和制度化责任的边界,参见[德]乌尔里希·贝克:《风险社会》,何博闻译,译林出版社2004年版,第84页。

② 关于从信息流看危机决策,参见钟开斌:《危机决策:一个基于信息流的分析框架》,载《江苏社会科学》2008年第4期。关于传染病疫情信息公开中的信息流问题,参见王锡锌:《传染病疫情信息公开的障碍及克服》,载《法学》2020年第3期。

生事件，意味着要充分利用信息流中的有效信息，而不是只注重法律所规定或者应对预案所要求的信息公开要点。信息高效利用要求建立信息共享机制，避免信息垄断和信息堰塞，以集聚更多更大的力量投入应对突发公共卫生事件之中。

第三，信息公开原则要求提升谣言治理能力。在出现突发公共卫生事件时，容易出现各种谣言，而网络谣言早已成为当代社会全球范围的“痛点”和难题。[①] 在应对突发公共卫生事件的过程中，存在谣言与传闻并行、造谣与辟谣争锋的现象，原因在于信息公开不够全面和及时，谣言治理能力明显欠缺。提升谣言治理能力，要针对问题本质和信息传播方式做深入研究，依法采取有效对策，避免甚至杜绝采用简单粗暴的管理手段。对涉及公共卫生安全的网络言论，要严格按照法定程序进行实事求是的调查，要坚持用主动透明的公开信息来对冲那些不够全面、存在误差的网络信息，对恶意捏造、蓄意制造网络谣言的行为依法予以处理。

第二节　应对突发公共卫生事件与法治的系统稳健性

如果我们把国家制度视为一个系统或者系统工程，那么以人民权利为本位、强化权利保障则是国家制度稳健性（robustness）[②]的重要内容和方法。从国家制度稳健性的视角看，一方面，党的十九届四中全会提出要把制度优势转化为国家治理效能，要求我们从制度系统运行的动态角度来考察国家治理和法治体系的运行和绩效；另一方面，我们需要从法治建设的工程思维的视角来思考问题。如果把法治运行视为一个工程系统，那么它的设计和运行需要考虑常态和非常态、可预计的风险和不可预计的风险、可靠性与应变性等诸多问题，这正是国家制度稳健性的主要内容。新冠疫情防控对突发公共卫生法治化提出的新要求、新问题，为我们思考上述国家制度稳健性与法治建设之间的关系提供了素材和经验。对上述问题的深入思考，有助于理论研究的深化，更重要的是有利于增进人民福祉。

---

① 关于谣言及网络谣言所造成的困扰，参见［美］卡斯·R.桑斯坦：《谣言》，张楠迪杨译，中信出版社2010年版，第1－9页。

② robustness，又翻译为“鲁棒性”。

工程学科、金融学科、计算机学科等对稳健性(鲁棒性)的讨论,[①]对讨论国家制度稳健性乃至法治系统的稳健性很有启发。徐峰等人所著的《重大工程情景鲁棒性决策理论及其应用》一书,通过对决策稳健性(鲁棒性)与脆弱性、稳定性、可靠性、适应性及敏感性等概念之间的比较,阐述了稳健性(鲁棒性)的内涵,强调了系统稳健性在健壮性、持久性、免疫功能等方面的特征。[②] 本章主要从以下方面展开讨论。

一、合法性

国家制度的稳健性事关法律秩序的存续。法律秩序存在是法律效力的社会前提,也是社会秩序和国家制度的合法性基础。突发公共卫生事件可能导致社会处于紧急状态之中。国家制度的稳健性要求,即便面临可能使社会处于紧急状态的突发事件,国家制度的合法性与权威性继续存在并能够支撑社会秩序仍然处于有序状态甚至处于法治秩序之中。如果合法性丧失或者严重减弱,国家制度和社会秩序将面临崩溃的风险,国家制度的稳健性也无从谈起,甚至面临另起炉灶的危险。这种情况极有可能置普通民众于极度困难和危险的境地,人民的生命安全和其他基本权利也将得不到保障,并将进一步影响和动摇国家制度的合法性基础。因此,权利保障是国家制度稳健性的必然要求,关涉国家制度合法性的道德基础、实践基础和法理基础。

二、稳定性

如果把国家制度看作一个系统工程,那么国家制度的稳定性如何理解?类比来说,同为人造物,水坝、桥梁的可靠性在于满足设计需求的前提下,抵御地震或台风等自然灾害、工程建筑材料性能衰减等方面因素影响的稳健程度,计算机软件的稳定性则在于应对外部软硬件环境——如机器配置、操作系统、网络条件——变化的可靠程度,其共同点在于结构设计良好、具备系统刚性和韧性、有效抵御系统外部因素的冲击和影响。从工程的角度看,国家制度稳定性同样体现在具有良好设计的制度体系、具备制度刚性和韧性、能够有效抵御外部因素的冲击影响等方面。

---

① 例如,[美]拉尔斯·彼得·汉森、[美]托马斯·J. 萨金特:《稳健性》,周彤、潘文卿译,机械工业出版社 2016 年版;刘金全、张龙:《我国货币政策的宏观经济时变效应及其稳健性检验》,载《中国经济问题》2019 年第 3 期;孙华丽、项美康:《设施失灵风险下不确定需求应急定位——路径鲁棒优化研究》,载《中国管理科学》2020 年第 2 期。

② 参见徐峰等:《重大工程情景鲁棒性决策理论及其应用》,科学出版社 2018 年版,第 31 页。

以人民权利为本，意味着国家制度在设计过程中的目的性因素是权利保障，即综合考虑常态下和非常态下外部因素对国家制度系统的冲击及其对保障和实现人民权利的影响，在制度设计层面对权利的性质、内容和配置作出良好规范，并明确国家制度系统在应对外部冲击时应当如何保障权利。在应对突发公共卫生事件时，应当注意其所关涉的包括人民生命安全在内的广泛的各种权利，在国家制度系统中是否有良好规范并足以支撑国家制度的可靠性，在实践中是否有效实施。也就是说，常态下的物资储备、立法民主、个人信息安全以及非常态下的紧急动员、网络舆论、个人数据收集等，涉及知情权、建议权、监督权、个人信息权、人格权、隐私权、财产权等权利，这些权利在法律法规、应急预案和疫情应对中的保障和实现程度是国家制度稳定性的直接体现。

三、可靠性

与稳定性主要考虑外部因素影响不同，国家制度可靠性主要考虑的是其内部的诸种因素对这个制度系统运行的影响。既然把国家制度视为一个系统，把国家制度和法治运行视为一个系统工程，那么就应该考虑国家制度系统内部诸要素对这一系统运行的影响。因此，国家制度可靠性意味着内部各组成部分和诸要素处于有序状态，能够容纳某一部分或者某一要素暂时甚至永久性损坏或者停止发挥功能，但不影响系统有效运行。国家制度的可靠性需要一套体制机制维护和实现系统内部的有序、整合、容错和效益。在现代社会，基于法律面前人人平等的权利观念，以法律主体建构、完善权利配置、实施权利救济等为重心的法律制度形式，成为维护国家制度可靠性的有效保障。

当外部因素对国家制度系统造成冲击时，国家制度稳定性要求构筑一套应对此类冲击的制度体系，国家制度可靠性则要求构成这套制度体系的内在诸要素在应对冲击时能够继续有效运作。毫无疑问，国家制度可靠性既要求容错，又要求应变，核心是国家制度的整合机制仍然能够运作以维护系统的完整性、有效性，而这套整合机制的核心就是权利保障。在应对突发公共卫生事件的过程中，平衡不同主体的权利诉求，面对局部功能受损及时提供代偿机制[①]和采取修复措施，协调系统资源和各组成

① 运用代偿功能作为分析工具来研究法律制度的，参见侯学宾、陈越瓯：《党内巡视制度功能的新阐释》，载《治理研究》2019 年第 5 期；白建军：《法秩序代偿现象及其治理——从妨害公务罪切入》，载《中外法学》2020 年第 2 期。

部分集中应对疫情等,都是这套整合机制发挥作用的体现。可靠性正是法治的优势。以可预期性和制度化保障为特点的法治系统,一方面把实质性社会目标转化为法治系统内的规范性目标,通过制度凝聚各方主体的共识和合力;另一方面,法治系统的成功构建和高效实施具备良好的社会基础,能有力支撑法治的可靠性。因此,构建一套在外部实质性社会目标和内部规范性要求之间的沟通机制,对法治的可靠性就尤为必要:在常态下,立法机制和公共政策机制扮演着这种沟通机制的角色;在非常态下,就需要依靠通过法律业已确立的应急决策机制和执行机制来扮演沟通机制的角色。

四、应变性

在应对风险挑战和外部冲击时,即便已经准备了应对预案、确立了规范标准,也要考虑遵循既有标准还是采纳新标准、如何平衡既有标准和新标准、新标准如何不断改进①等问题。风险规制理论认为区分既有标准和新标准的核心关注点是应对风险要考虑哪些变量以及采取哪些相应举措。② 在应变性的层面,国家制度稳健性意味着科学决策并有效运行针对风险冲击而采取的措施。在既有措施不足以应对风险冲击的情况下,需要借鉴、移植来自其他系统和领域的应对措施,也包括创新应对措施和干预技术。显然,国家制度稳健性议题下的应变性,指的是在维持国家制度稳健性的前提下对常态和非常态的风险及时有效应对,其所采取的措施要受到前述合法性、可靠性、稳定性等约束条件的限制。

在国家制度稳健性的议题下,以人民权利为本位、以权利保障为目的,要求对干预公民依法享有的自由、限制公民权利的证成方式有深刻理解,对干预技术的运用有充分证成。在应对突发公共卫生事件的过程中,临时隔离、流行病学调查等措施都涉及权利的限缩和干预的证成。还需要注意的是,这些技术在不同地区、不同领域的运用方式和实现程度也存在差别,例如高风险、中风险、低风险地区的差别,学校、电影院、商场、医院等不同场所的差别。运用上述技术手段依赖于人财物方面的条件,也依赖于法律资源和理论资源意义上的条件,即法律依据是什么、科学依据

---

① 例如,宋华琳和牛佳蕊对新冠病毒诊疗方案的演进作了研究,参见宋华琳、牛佳蕊:《指导性文件是如何制定和演进的——对新冠肺炎七版诊疗方案的跟踪研究》,载《公共行政评论》2020 年第 3 期。

② 参见[英]罗伯特·鲍德温、[英]马丁·凯夫、[英]马丁·洛奇编:《牛津规制手册》,宋华琳等译,上海三联书店 2017 年版,第 351－352 页。

是什么、社会接受度如何考虑等。证成法律干预自由的经典分析框架为讨论此类问题提供了起点。

五、进化性

笔者在上文对国家制度与水坝、桥梁、软件等人工物做了类比。从系统工程的角度看，笔者认为可以在软件与国家制度间做进一步的直观类比，即它们都被设定为应当是不断更新完善的系统。国家制度的稳健性是一个动态概念，应当包括改善和更新的方面，本书称之为进化性。在国家制度稳健性议题下，进化性指向国家制度系统在经受持续或者临时的刺激、挑战和冲击的过程中或者过程后，对有助于这一系统存续的应对措施进行提炼、优化乃至升华，使之转化为国家制度系统的固有部分，推动国家制度的升级完善。只有不断改进并具备不断改进能力的系统，才是稳健的、能够应对未来挑战的、具有生命力的系统。但是，不同于软件系统的版本升级涉及生产商和用户的商业关系，国家制度系统的完善和发展——特别是法律系统的完善和发展——涉及立法、决策与公民之间的政治法律议题，因此必然涉及民主和权利问题。

本章小结

应对突发公共卫生事件是一项兼具复杂性和紧迫性的工作。事情越是紧迫，越是需要冷静理性的决策，越是要坚持运用法治思维和法理思维开展工作。本章通过阐述六项法治原则，明确即便在应对突发公共卫生事件的紧迫状态下，公权力行使仍然必须遵循法治秩序所要求的法治原则和法理思维。本章所讨论的六项法治原则和法治系统稳健性的五个方面，只是应对突发公共卫生事件法治化系统工程的一小部分。通过全面总结和深入研究经验教训，应对突发公共卫生事件法治化的理论基础必将更为坚实，法治政府建设也将更为精细化，这些都有利于促进人民美好生活的制度基础的完善。

第十一章　法治实施的质效评估：对法治评估之制度逻辑的审思

建立高效的法治实施体系，所引发的一个问题是"如何评估和评价法治实施是否高效"？在法治已经被确立为治国理政基本方式的前提下，探索法治实施的评估方式成为实践中的一个课题。对法治实施效果的评估，需要具备相应的法律依据、政策依据和科学依据。从理论上讨论和反思以法治评估指数为代表的法治评估，有助于厘清法治评估的依据，并推进法治评估制度的完善。

法治评估及其指数反映了法治评估组织者的法治观、政绩观、发展观乃至合法性观念。法治评估的出现，意味着评估主体根据某一种法治观设计和实施法治评估，其中包含法治评估主体如何看待法治实施的制度逻辑。这里存在两种情况：一是主张法治评估应着重关注既有法治建设目标和法律制度规定的实践状况，可称之为法治评估的"规范性功能"；二是法治评估服务于政治、经济、社会、生态、文化等发展目标，这些目标只是原则性或部分规定在法律之中，可称之为法治评估的"社会性功能"。[①] 法治评估的上述两种情况，都需要考察既有法律制度的严格执行程度和在执行中的适用性，以及实践中制度创新的经验和成果。对上述问题的分析，不仅有利于揭示法治评估及其方案、指数背后的理论问题，也有助于更为深入地阐释法治实施的制度逻辑。

第一节　法治评估的类型

法治评估是考察法治实施及其效果的一扇窗户。基于空间属性，可以将法治评估分为三种类型，即对不同国家或地区进行评估的国际性评估、主权国家对本国及国内各地区或各部门法治发展状况的评估、特定地方对其辖区内法治发展状况的评估。基于评估主体，法治评估亦可以分

---

① 这里借鉴了法律的规范性功能和社会性功能的区分。See J. Raz, *On the Function of Law*, Oxford Essays in Jurisprudence(2nd series), Oxford University Press, 1973, p. 280.

为三类，即政府间国际组织开展的评估中涉及法治发展状况的法治评估、主权国家及其地方政府组织或委托的法治评估、国际或国内第三方社会机构组织的法治评估。本章主要讨论空间意义上的法治评估，但也会对基于评估主体的各类法治评估进行讨论。

一、国际性法治评估

21 世纪以来，法治评估越来越受到关注。[①] 在世界范围内，既有世界正义工程(world justice project)的法治指数(rule of law index)[②]，也有营商环境评估(Business Enabling Environment，BEE)[③]等涉及法治发展状况的治理指数。这类法治评估的问题是：一方面，法治评估的兴起被视为反映了法治作为人类文明共同成果、社会治理良好模式的共识，法治评估的得分也是国家间竞争的体现；[④]另一方面，不同国家具有各自的文化传统和具体国情，不同国家的社会制度和法治道路各具特点，国际性法治评估可能过高估计了文化的通约性而对差异性重视不够。[⑤]

更具体地说，如何评估法治实施的效果和法治模式的选择？在各国不同的法治模式和法治道路之间是否存在可通约之处？如果说法治存在可通约之处，是否能基于此设计一套法治指数，从而对法治实施的效果进行评估？笔者认为，法治评估如果是基于对既定法治指数的偏离度进行指数化评估，那么这种模式从方法论上就与法治自身存在悖论。因为这一模式基于文化之间具有通约性，而不是基于法治自身应当具有的品质。人们总是在文化之中、语境之中建构自己的法治观和法治实践模式，法治实施总是面临在实践中如何理解和贯彻某种法治观，法治实施是“实践的法治”而不是“观念的法治”。法治实践总是在语境中处于守正与权变之间，进而实现在实践中守正与创新的统一，法治实践是动态的、发展的而不是僵化的。在文化中、语境中的法治实践必然与观念中的理想法治

---

① See Juan Carlos Botero, Robert L. Nelson & Christine Pratt, *Indices and Indicators of Justice, Governance, and the Rule of Law: An Overview*, Hague Journal on the Rule of Law, 2011(2), p. 153 – 169.

② WJP Rule of Law Index, http://worldjusticeproject. org/.

③ 参见罗培新：《世界银行新旧营商环境评估规则及方法比较——兼论优化营商环境道与术》，载《东方法学》2023 年第 4 期。

④ 参见张保生、郑飞：《世界法治指数对中国法治评估的借鉴意义》，载《法制与社会发展》2013 年第 6 期。

⑤ 参见[印]帕沙·查特吉：《政治社会的世系：后殖民民主研究》，王行坤、王原译，西北大学出版社 2017 年版，第 11 页。

模型存在偏离,偏离度并不必然代表法治实践效果的好坏,基于偏离度的法治评估可能是一种扭曲和异化。或者说,以偏离度为核心的法治评估模式由于其基于文化的可通约性,从方法论上假定存在一种可以衡量不同文化的法治模式,但却违背了法治从实践来看必然是不断与时俱进和创新发展的,也就违背了法治实施的制度逻辑,从而可能是不公正的,或者至少是不利于法治实施的。

二、作为国家行为的法治评估

当法治评估是一个主权国家或其专责部门所组织开展的,这种法治评估就是一种国家行为。由于这种法治评估主要是对国内各地区、各部门的法治发展状况的评估,有论者将这种法治评估视为一种“标尺竞争”①。

作为“标尺竞争”的法治评估,其特点在于:法治评估涉及上文所说的偏离度,但对于“标尺竞争”意义上的法治评估而言,由于法治评估必然关涉法治实施中对“守正”的偏离,那么“标尺竞争”是只关注法治严格执行的效果,还是包括执行中相应的制度创新,就存在疑问。如果不把法治实施中的制度创新吸纳进“标尺竞争”,则法治评估就只能是对严格执行的绩效评估,并不会有利于法治的良好实施和发展完善。中国司法部组织的法治评估,就包括对地方治理创新案例的评选②。这意味着,作为“标尺竞争”的法治评估应当是一种兼顾守正与创新的框架。那么,法治评估就不再是只基于同质性的法治指数以考察偏离度。

因此,法治评估如何能够真正有助于法治实施,不仅在于评估指标和操作程序,而且在于更加准确地界定法治评估的意义,以及适当地使用法治评估结果。从各种法治指数及其实践来看,存在一种诊断性的法治评估,③即根据法治内在品质的要求,对法治实施状况进行诊断。可以把这种诊断性法治评估与“体检”相比较:体检是考察生理指标是否在合理范围之内,诊断性评估是根据症状作出诊断;那么,诊断性法治评估就不只是根据法治指标的“体检”,更是针对法治实施的“症状”作出具有针对性的“诊断”。

延展上述分析,作为国家行为的法治评估,就兼具“标尺竞争”和“诊

---

① 参见董少林:《标尺竞争在地方政府绩效评估中的应用》,载《兰州学刊》2009 年第 4 期。

② 参见《全国法治政府建设示范创建典型经验与案例(一)》,法律出版社 2023 年版。

③ 参见孟涛:《论法治评估的三种类型——法治评估的一个比较视角》,载《法学家》2015 年第 3 期。

断”两种含义。从“标尺竞争”视角可见,法治评估既应当包括对既有法律制度实施质效的评估,也可以兼顾实践创新以更好推动法治实施。但还需要纳入“诊断”的含义,即法治评估还是对一定地区或部门的法治实践所存在问题的“诊断”,并期望借由法治评估的“标尺竞争”作为督促机制,推动这些地区和部门改善法治实施状况。①

三、作为地方行为的法治评估

自2008年起,杭州余杭、昆明、成都等各级地方已经有了一些法治评估实践经验,②很多省级政府及其社会科学院编写了各地方的法治报告。③ 一些研究者认为,地方法治评估的兴起是地方法治建设的一个组成部分,是一种有益的制度创新,地方政府间竞争是地方法治评估兴起的背景。④ 如果说国家层面的法治评估主要反映了国家间的比较及其相对的法治发展水平,⑤那么对地方一级的法治评估又反映了什么?

论者对地方法治建设的现有研究更多关注地方法治建设的规范性方面,如地方法治建设的重要性和意义、如何规范地方法治建设、如何推动地方法治建设等。⑥ 法治评估的研究也大多如此,如法治评估的意义、法治评估的方法和方案。⑦ 无论是把地方法治评估的兴起视为地方政府间竞争的表现之一,还是把地方法治评估视为一种“政绩”工程,肯定和批评两种观点实际上共享同一个判断,即地方法治评估与地方治理绩效紧密关联,地方法治评估是对地方治理效能进行评价的一种方式。两种观点的不同之处在于,它们对什么是治理绩效、如何考察治理绩效的理解有差异。

就什么是治理绩效而言,地方政府及其委托的第三方机构所组织的

---

① 这与创建文明城市、卫生城市的治理逻辑具有共通性。

② 参见朱未易:《地方法治建设绩效测评体系构建的实践性探索——以余杭、成都和香港等地区法治建设为例的分析》,载《政治与法律》2011年第1期;《昆明市首次发布“昆明法治指数”:得分72.96》,载新华网,http://news.xinhuanet.com/legal/2012-04/25/c_123034624.htm。

③ 例如,北京、贵州、江苏、湖南、上海、浙江。

④ 参见钱弘道等:《法治评估及其中国应用》,载《中国社会科学》2012年第4期。

⑤ 参见季卫东:《以法治指数为鉴》,载《秩序与混沌的临界》,法律出版社2008年版,第55-56页。

⑥ 参见葛洪义:《法治建设中的“地方”》,载《吉林大学社会科学学报》2012年第2期。

⑦ 例如钱弘道等:《法治评估及其中国应用》,载《中国社会科学》2012年第4期;占红沣、李蕾:《初论构建中国的民主、法治指数》,载《法律科学(西北政法学院学报)》2010年第2期;王称心、蒋立山主编:《现代化法治城市评价——北京市法治建设状况综合评价指标体系研究》,知识产权出版社2008年版,第79页。

地方法治评估，与作为国家行为的法治评估相比，存在侧重点的差别。作为国家行为的法治评估，注重在守正的基础上吸纳创新、在法治统一的前提下鼓励法治实施中的地方制度创新。作为地方行为的法治评估，相对更加偏重本地治理绩效如何具有标识度同时符合国家法治的约束；其重点在于，地方治理中的制度创新如何通过法治评估成为兼具合法性和区分度的治理绩效，从而成为地方法治评估的重点和亮点。[①] 地方法治评估所受到的正反两方面评价，都在于对地方治理绩效和制度创新的总结概括，一旦以法治评估结果的方式——特别是评估分数的方式——加以呈现，就要面临是否客观、与社会公众的感受是否匹配等反馈。委托第三方进行的法治评估还要面临独立性、公正性的审视。[②]

然而，透视地方法治评估正反两方面的社会反馈，值得审视的是地方法治评估的更深层意涵。地方的法治实践既要符合法制统一原则、捍卫法治权威，又要根据地方情况、发挥主观能动性，通过具体灵活的执行措施和一定的制度创新，以实现法治的高效实施。法治实施中必然包含一定的自由裁量权和灵活性、适应性，对地方治理效能的评估又往往超出了法治评估的范围，指向经济发展、社会秩序等方面。法治虽然对经济社会发展起到了重要保障作用，但本身并不等于经济建设、生态建设、社会建设等。因此，通过法治评估考察地方层面的法治实施状况，是对地方治理绩效中法治建设部分和可以被法治所包括或直接相关的部分的考察，并不能用法治评估代替对经济、社会、生态等方面建设的评估。

综上所述，在中国，法治评估涉及两方面的内容：一方面是“守成”，体现为业已确立的法治体系的实施状况；另一方面是“创新”及其所推动的有效治理，即在法律允许的范围内进行制度创新以推动更好的、更高效的法治实施。后文中，笔者将讨论基于治理绩效的地方法治评估方案（指数）的特点和结构，分析其局限，然后进一步分析和强调法治评估为何应当注重树立法治权威，通过法治评估促进高效法治实施和制度创新完善。

---

① 参见钱弘道主编：《中国法治增长点——学者和官员畅谈录》，中国社会科学出版社2012年版；钱弘道：《中国法治指数报告（2007—2011年）——余杭的实验》，中国社会科学出版社2012年版；钱弘道等：《法治评估的实验——余杭案例》，法律出版社2013年版。

② 参见陈林林：《法治指数中的认真与戏谑》，载《浙江社会科学》2013年第6期；姚建宗：《法治指数设计的思想维度》，载《光明日报》2013年4月9日，第11版；侯学宾、姚建宗：《中国法治指数设计的思想维度》，载《法律科学（西北政法大学学报）》2013年第5期。

第二节 检视地方法治评估方案

所谓地方法治评估,是指地方层面以法治评估为明确目的和对象的评估方案及其实践,而不等同于各种政府绩效评估。[①] 但是笔者认为,应当区分广义的法治评估和狭义的法治评估,前者包括了以"法治政府""依法行政"为评估内容的各种法治评估方案,[②]后者则是指针对整个辖区法治状况的地方法治评估方案。如果从实质法治与形式法治的区分来看,前者主要涉及了塔马纳哈(Brian Tamanaha)所说的形式法治的以法而治(rule by law)和形式合法律性(formal legality)等内容,后者则可能包含更为宽泛的内容,比如民主政治、民主权利和社会福利等。[③]

笔者收集了23份地方法治评估兴起早期各地的法治评估方案或研究报告,它们大多以公开信息的形式公布在互联网上,其他则是以著作、论文和研究报告的形式公开。其中18份评估方案是以地方政府或其负责机构的名义组织实施并发布的、2份评估方案是以地方政府与大学共同组成的课题组的名义组织实施并发布的、2份是地方政府组织或委托的课题组发布的研究报告但尚未有具体组织实施的报道、1份是学者独立的研究论文。[④] 笔者把这些评估方案都视为一个严肃的文本,注重分析通过评估方案所透视出来的地方政府和相关评估者的法治观。

检视地方法治评估兴起早期的法治评估方案,可以看到,其内容可分为四类指标,即政治文明指标、经济社会发展指标、社会秩序指标、政府绩效指标。政治文明指标主要包括:党的依法执政、基层民主、立法工作等。经济社会发展指标主要包括:转变政府职能、规范市场秩序、社会诚信建设加强、切实维护劳动者的合法权利、法治文化建设、建设服务市场经济的法律职业队伍、社会保障等。社会秩序指标主要包括:司法公正,司法

---

① 尹奎杰:《我国法治评估"地方化"的理论反思》,载《东北师大学报(哲学社会科学版)》2016年第6期;付子堂、张善根:《地方法治建设及其评估机制探析》,载《中国社会科学》2014年第11期。

② 参见包万超:《论法治政府的标准及其评估体系》,载《湖南社会科学》2013年第2期;杨小军、宋心然、范晓东:《法治政府指标体系建设的理论思考》,载《国家行政学院学报》2014年第1期;"中国法治政府评估"课题组:《中国法治政府评估报告(2013)》,载《行政法学研究》2014年第1期;唐明良:《法治政府指标体系构建中的几对关系及其呈现》,载《浙江学刊》2013年第6期。

③ 参见[美]布雷恩·Z.塔玛纳哈:《论法治:历史政治和理论》,李桂林译,武汉大学出版社2010年版,第117页。

④ 参见仇立平:《上海法治建设指标体系的理论和构想》,载《社会》2003年第8期。

权威,司法公信力;社会和谐稳定;社会公共安全;社会风气;社会纠纷化解等。政府绩效指标主要包括:依法行政、普法和法制教育、监督体系、人事制度完善、法治创建活动等。

在20份已经施行的评估方案中,省一级的有3份(江苏省、福建省、四川省),副省级城市有2份(江苏省南京市、广东省深圳市),地市级及以下15份(安徽省合肥市、河南省郑州市、江苏省无锡市、湖北省黄冈市、贵州省黔西南布依族苗族自治州、江苏省苏州市、云南省昆明市、广东省惠州市、山东省威海市、浙江省温州市、江苏省泰州市、浙江省杭州市余杭区、山东省泰安市肥城市、山东省青岛市市南区、广东省珠海市香洲区)。我们总结了这些评估方案的相关信息,主要包括:开展的时间(见表11－1)、组织机构和评估主体、专家和社会参与的程度、评估指标是否数值化。

表11－1　法治评估开展的时间

时间	2007年	2008年	2009年	2010年	2011年	2012年
数量/件	1	2	0	6	7	4
地区	杭州市余杭区	深圳市、合肥市		湖北省、泰安市肥城市、珠海市香洲区、昆明市、威海市、温州市	江苏省、福建省、郑州市、无锡市、苏州市、青岛市市南区、泰州市	黄冈市、黔西南布依族苗族自治州、南京市、惠州市

就组织机构和评估主体而言,各地主要为依法治省(或自治州/市/县/区)领导小组、法治建设领导小组,由当地主要行政领导担任组长,当地的司法行政机关作为具体组织实施机构,个别的由当地法制办公室组织实施(贵州省黔西南布依族苗族自治州)。是否有专家独立参与法治评估,以及社会公众在法治评估中的参与度,也是法治评估的一个重要参考指标,而在这20份评估方案中,只有3份说明了将组织专家评审或行业评审(昆明市、杭州市余杭区、江苏省),5份明确说明了要面向社会公众开展调查(昆明市、杭州市余杭区、江苏省、无锡市、黄冈市),而有6份没有说明是否有专家和社会公众参与,甚至对具体的评估方案也没有加以说明。相应地,20份评估方案中,评估指标数值化的有10份(杭州市余杭区、江苏省、福建省、合肥市、无锡市、黄冈市、黔西南布依族苗族自治

州、珠海市香洲区、昆明市），比例为50%。

在20份已经施行的评估方案中，有6份是与中央政府开展的相关考核和评比直接相关的，特别是与司法部2008年开始的“法治城市法治县（市区）创建活动”直接挂钩，[①]而部分评估方案以获得国家级和省级的“法治县（区）”称号为当地法治评估（考核）方案的加分事项。有5份评估没有具体信息显示是否与中央政府开展的相关考核和评比直接相关（南京市、惠州市、威海市、温州市、泰州市）。当然，是否在相关评估办法中直接或者间接地显示该法治评估（考核）活动与中央政府的考核和评估相关，只是考察地方政府的法治评估方案与中央政府之间关系的线索之一。

另外一条线索是，基于广义的法治评估和狭义的法治评估的区分，这些法治评估方案有相当一部分是以“法治政府”或“依法行政”为建设目标和评估内容的。这类评估方案共有9份（湖北省、深圳市、郑州市、无锡市、黔西南布依族苗族自治州、苏州市、青岛市市南区、惠州市、温州市），其主要内容一方面呼应了国务院的“全面推进依法行政”、建设“法治政府”的要求，另一方面也包含了相当多的维护社会稳定倾向的内容。

经过上述遴选，我们获得了9份数值化之后的狭义的法治评估方案，其中8份是已经在地方付诸实施的，分别为：杭州市余杭区、江苏省、福建省、合肥市、黄冈市、肥城市、威海市、泰州市；1份是课题组研究报告，即北京市。

为了使这些方案具有可比性，我们对其评估内容按上文所提出的四类指标即政治文明指标、经济社会发展指标、社会秩序指标、政府绩效指标做了重构。其中需要说明的是：第一，在法律服务方面，我们区分了服务经济社会发展和服务社会秩序两种情况；第二，我们把加强法治评估自身的组织实施工作，以及加强法制宣传教育工作，视为政府绩效指标的组成部分，因为评估方案中的内容主要考查的是上述两项工作组织开展的形式化成效，例如活动开展的次数、领导参与的次数等。

从统计来看，四种指标在9份法治评估方案中所占的权重情况是：政治文明指标，最高为30%（合肥市），最低为杭州市余杭区（11%）；经济社会发展指标，最高为20%（杭州市余杭区、合肥市、肥城市），最低为0（黄冈市、泰州市）；社会秩序指标，最高为51%（北京市），最低为15%

---

① 全国普法办《关于印发〈关于开展法治城市、法治县（市、区）创建活动的意见〉的通知》（普法办〔2008〕7号文件）。

(黄冈市、肥城市);政府绩效指标最高为65%(黄冈市),最低为17%(北京市)。

通过上文的总结,进一步分析可以看到以下问题。

第一,相对于经济社会发展指标,社会秩序指标、政府绩效指标在法治评估中占据更为重要的权重。政府绩效指标权重高的原因与地方法治评估的组织实施机构(同时也是地方法治评估方案的主要设计者)主要是司法行政机关相关。在强调建设法治政府、推进依法行政的背景下,推进地方政府法治建设、依法行政是地方司法行政机关的政府绩效目标之一,甚至是最主要的绩效目标。这既是落实国务院法治政府建设要求的政府绩效呈现,也反映了司法机关的职能定位。

第二,经济社会发展指标在地方法治评估中的权重较低是一个值得详细探讨的现象。这种现象并不必然意味着地方政府不重视经济发展,不重视法治对于经济增长的重要作用,甚至也不代表地方政府不重视法治服务地方经济增长。上文所选择的9个样本中,既有经济发达地区,也有经济不发达地区。但这不必然反映各个地方政府对法治与经济增长之间关系在理解上的差异。那么,为什么经济社会发展指标没有在法治评估中占据更突出的位置呢?

一个原因是中央与地方关系的现状。在不限于上述9个样本的23个法治评估方案中,我们注意到有相当一部分评估方案中规定了转变政府职能、政企分开、规范市场秩序的内容,甚至还包括法律服务市场如何有利于经济发展、保护知识产权方面的内容。但是也必须看到,市场经济是法治经济的论述,虽然其核心是政府(国家)与市场的关系,但市场经济是法治经济,不仅与政府对市场的干预程度和方式相关,还涉及国家权力结构的改革、对公民基本权利的保护、国家正式法律体系的发展完善等。在中国目前的中央与地方关系的框架中,地方的权限是有限的,其对国家权力结构的改革、全国性的立法和基本权利体系的完善等问题并没有权限。这也在很大程度上决定了地方政府的法治观主要侧重于行政绩效。

另一个原因是,中国学者对改革开放以来地方政府竞争的经济绩效"锦标赛"的讨论,是以中央政府在经济领域的放权为核心线索的。[①] 中央政府在经济领域的放权主要是政策导向的。地方政府在经济发展中常常扮演政策试验甚至政策性例外、政策特区的角色。尽管从地方立法权

① 参见周飞舟:《锦标赛体制》,载《社会学研究》2009年第3期。

的角度来讲，在改革开放的过程中，中央政府鼓励和允许地方先行立法、试验立法，[1]但从整个国家立法权的配置来说，必须坚持法制统一原则。在这样的背景下，无论是地方政府以“红头文件”的方式出台地方性政策来促进经济发展，[2]还是地方立法越权、争权、膨胀，都面临是否符合法制统一原则的检视。面对这些政策性的例外和特区，作为刚性约束的法治面临如何将其吸纳的考验，法治评估也同样如此。笔者认为，我们必须更加重视地方法治建设经验和地方制度创新，即关注一些成功的、具有典型意义的制度创新如何实现法治化，学习如何用法治来推动经济社会发展方式转型。

第三节　法治评估与治理绩效

当代中国的政绩观与经济建设是分不开的。正如前文指出的，自亚当·斯密以来，制度与经济发展的关系就是一个经典理论问题。法律制度与经济发展的关系也尤为引人瞩目。[3] 这其中，主要关注点既包括形式性的层面，即法律渊源或法律形式与经济发展的关系、[4]法律完备性与市场运行的关系、法律机构和法律服务机构与经济增长的关系，也包括实质性的方面，即法律或法治是否可以基于实质性的政策目标对经济运行进行干预，法治对社会福利的保障是最为厚重的实质主义法治观[5]等。在中国建立社会主义市场经济体制的过程中，中国法学家也论述了市场经济与法治之间的关系。[6] 不仅限于形式法治理论的内容，论者还进一步发展出了一般被称为实质法治组成部分的内容，如民主和权利问题对于经济发展的重要性。

与那种把法治 GDP 视为相对于经济 GDP 更值得追求的政绩观的观

---

① 参见黄文艺：《论中国特色社会主义立法理论》，载《南京社会科学》2012 年第 10 期。

② 参见黄文艺：《认真对待地方法治》，载《法学研究》2012 年第 6 期。

③ 参见[美]大卫·M. 楚贝克：《马克斯·韦伯论法律与资本主义的兴起》，载中国理论法学研究信息网、吉林大学理论法网研究中心网，http://www. legal - theory. org/? mod = info&act = view&id = 9407。

④ 例如“法与金融”理论的研究。参见胡昌生、龙杨华：《“法与金融”理论述评》，载《武汉大学学报（哲学社会科学版）》2008 年第 1 期。

⑤ See Brian Tamanaha, *On the Rule of Law*: *History*, *Politics*, *Theory*, Cambridge University Press, 2004, p. 91.

⑥ 例如张文显：《中国步入法治社会的必由之路》，载《中国社会科学》1989 年第 2 期。

点相比,[①]笔者认为,法治评估不只是所谓的法治 GDP 的表现形式。[②] 通过法治评估,我们还能发现其中的地方政府竞争特别是政绩竞争的内容。在笔者看来,地方政府的政绩竞争与当下中国社会的发展观、政绩观、法治观和合法性观念息息相关,而合法性观点是其中的核心概念。

如何看待当代中国的各种合法性话语?有一种观念是以“政绩合法性”或者“绩效合法性”作为切入点和关键变量。“政绩合法性”[③]关注的核心是一个社会里政权在经济、道德、国家领土安全等方面的表现,由此进一步证成和促进政治统治的合法性。更进一步,“政绩合法性”或者“绩效合法性”追求国家治理制度在实施中的实际表现,从而更加重视制度建设和制度实施的工具理性层面的意义。就本章所讨论的问题而言,业已形成的治理制度必须从其治理绩效加以考察,但是如果其不能满足治理绩效的实质性目标要求,就会引发制度实施中的“权变”和制度创新,以促进实质性治理绩效的实现。如果换一种表述,“政绩合法性”至少意味着其更重视有效性的方面,“在有效性中累积合法性”。[④]

在当下中国,与这种政绩合法性相关的地方政府竞争,被一些研究者总结为两个方面,一是在经济发展绩效基础上地方政府竞争的“锦标赛”模式,二是社会秩序绩效竞争的“淘汰赛”模式。这两种模式是描绘中国政府间关系的理想类型。前者以官员晋升等现象是否体现了经济发展绩效作为最为显著的变量,后者则认为前者只解释了经济发展方面的问题,但社会治理和安全领域的绩效表现同样也将影响官员晋升,并以“淘汰赛”的方式呈现。但是,“锦标赛”模式关注的是国家治理和国家发展的一个方面,即经济发展,对于另一个方面如矛盾纠纷解决而言并不是一个合适的分析框架。在李国强看来,通过实证研究所得到的数据分析呈现了另一幅景象:从经济发展的具体指标数据来看,“锦标赛”模式中的优胜者容易脱颖而出;从社会治理和秩序稳定的具体指标数据来看,这一方面表现不好或者较差者更容易为人发现和关注。进而,李国强提出,中国地方政府竞争关系在“锦标赛”模式之外,还有“淘汰赛”模式。“在淘汰

---

① 参见申欣旺、马怀德:《“法治 GDP”:新的政绩观》,载《浙江人大》2008 年第 4 期。

② 参见尹奎杰:《法治评估绩效主义逻辑的反思与重构》,载《社会科学战线》2018 年第 2 期。

③ 赵鼎新、龚瑞雪、胡婉:《“天命观”及政绩合法性在古代和当代中国的体现》,载《经济社会体制比较》2012 年第 1 期。

④ 林尚立:《在有效性中累积合法性:中国政治发展的路径选择》,载《复旦学报(社会科学版)》2009 年第 2 期。

赛模式之下,地方政府和主政官员的动机主要是避免惩罚,不落在最后。”①

笔者认为,就地方政府竞争与法治评估的兴起而言,仅仅只考虑经济绩效和社会治理绩效是不够的。首先,在党的十七大之后,中央政府反复提出要转变经济增长方式,加强社会建设,经济建设与社会发展的指标被紧密联系在一起,而社会保障之类的社会发展指标与社会秩序指标有明显区分。其次,我们还需要考虑依法行政所体现出来的政府绩效上的地方政府间竞争。当下中国的政府绩效考核已经有数十年的历史。② 政府绩效评估不仅是法治评估的借鉴对象,很多法治评估和考核方案也直接冠以“法治(政府)绩效考核”的字样。更为重要的是,国务院 2004 年公布的《全面推进依法行政实施纲要》和 2010 年颁布的《关于加强法治政府建设的意见》,对于本章所论及法治评估方案的相关地方政府来说,同时也是重要的政府绩效考核标准,是考察各级地方政府行政执行力的重要依据。最后,在经济绩效、社会秩序绩效、行政绩效所体现的绩效合法性之外,我们还不能忽视当代中国合法性观念中有关政治文明的部分,包括但不限于坚持党的领导、依法执政、社会主义民主政治等,这些内容是当代中国法治话语不可或缺的内容,也是地方法治评估指标的重要组成部分。

第四节 法治评估与法治权威

法治评估的社会性和规范性两种功能,在实践中转化为法治评估指数(方案)中各种类型的具体指标。从法治的角度关注治理绩效,是法治评估的应有之义,其中既包含树立法治权威的方面,也包括推动法治发展的方面,两者应当是辩证统一的。正如前文所指出的,由于各种法治评估的对象范围和组织主体存在差别,各种法治评估指数(方案)之间也必然存在差别,法治评估的组织开展由此呈现了法治观的不同、对法治实施侧重点的差别。但是,法治评估应当有利于树立法治权威和维护法制统一,这是法治评估的基本原则。

强化和提升法治权威是建设社会主义法治国家的应有之义。要想切

① 李国强:《地方政府维稳绩效的前期考核——以 T 县“矛盾纠纷排查调处”机制为例》,载《经济社会体制比较》2012 年第 1 期。

② 参见陈汉宣、马骏、包国宪主编:《中国政府绩效评估 30 年》,中央编译出版社 2011 年版。

实保障人民权利、破解发展中所遇到的深层次、制度性的问题，需要维护和加强法治权威和法制统一，把法治权威从具体制度之执行深化和扩展到社会生活各个方面，真正获得全体公民和各类社会组织对法治权威的真诚认同和自觉维护。随着中国特色社会主义建设的不断推进，保证法制的统一性、处理好中央与地方关系等法治建设的深层次、制度性问题，仍然是维护社会主义法治权威、完善和发展中国特色社会主义制度的重要环节。就法制统一性而言，当前我国法治建设实践中，在立法、司法过程中仍存在地方保护主义、各层次及各部门的执法司法标准不一、权责不尽一致等诸多问题，需要根据新形势、新要求予以调整乃至重构，从而需要从维护和加强社会主义法治权威出发，完善立法体制、推进依法行政、改革司法体制，还要加强法治在地方层面的实施。

法治评估应当有利于树立法治权威、维护法制统一、促进法治高效实施。法治评估和其他领域的"评估"具有共通性，即"以评促建"。① 从法治评估的实际开展和学术研究来看，对法治评估始终存在两种取向之间的博弈：把法治评估作为对是否偏离法治的理念性、权威性、规范性的目标之检视，还是把法治评估作为对法治实践的总结和展示。法治具有实践性，意味着其可以通过创造新的实践形式来推动社会发展，例如构建新的法律规则、创设新类型法律主体等制度形式，这是法律作为"制度性事实"的重要意涵。② 业已确立的法律规范体系乃至法治运行体系，能够以不断创新的、实践性的制度，推动法治更好实施，服务社会发展和人类福祉。不过，这并不是法治评估的工作，也不应是法治评估的主要内容。法治评估的基点是对法治权威的考察和对实践问题的检视，其出发点不是对制度创新的典范化总结和包装，③更不是对偏离法治轨道的实践做法的认可。

基于上述讨论，通过法治评估将树立法治权威与促进法治建设相结合，需注意以下问题。

其一，将社会性功能的实质性要求内嵌于规范性功能之中。前文所述的法治评估中的经济社会发展目标，应当通过法治政府、法治经济、法

① 参见郑方辉、王正、魏红征：《营商法治环境指数：评价体系与广东实证》，载《广东社会科学》2019 年第 5 期。

② 参见［英］尼尔·麦考密克：《法律制度：对法律理论的一种解说》，陈锐、王琳译，法律出版社 2019 年版，第 45－47 页。

③ 参见李朝：《量化法治的权利向度——法治环境评估的构建与应用》，载《法制与社会发展》2019 年第 1 期；王浩：《论我国法治评估的多元化》，载《法制与社会发展》2017 年第 5 期。

治社会等已经由宪法法律、党和国家政策所确立的法治发展目标内嵌于法治评估指数之中,将其作为法治评估规范性功能的应有之义。法治评估社会性功能的实质性要求,也即政治、经济、社会、生态、文化、国防建设等方面的实质性要求,特别是改革需求,应当按照“重大改革于法有据”的原则和“先立后破”的逻辑,[①]在将其确立为法治体系内的改革发展目标的基础上,纳入法治评估中。

其二,将法治实施的适应性、权变性的程序性要求,纳入法治评估的规范性要求中。这一点尤其以法治政府建设为要。法治政府建设是法治系统工程的主干工程,法治政府评估是地方法治评估的主要对象。法治实施的适应性、权变性在行政执法中又体现得尤为突出,行政机关裁量权的灵活性与“把权力关进制度的笼子”是一对矛盾,而解决这一矛盾的关键点就在于程序约束。在行政程序法尚未制定的情况下,国务院于2019年制定了《重大行政决策程序暂行条例》,各部委、各地方也制定了行政程序方面的规定。法治实施不只是“刚性管理”,也有“韧性治理”。法治实施的“韧性”,是在合法性基础上的“应变”和“稳健”,其能够把韧性治理中的经验总结、提炼和转化为法律制度。[②] 韧性治理的合法性基础的重要来源之一是程序合法性。法治评估对程序合法性的评估,就是对法治实施中的韧性治理或者适应性、权变性的评估。对法治社会的评估也存在类似的制度逻辑,也就是对基层社会治理中的经验总结和评估,既要考察纠纷预防、纠纷解决方面治理绩效的合法性,也要考察基层社会治理的程序性方面,包括诉调对接的程序合法性、非诉讼纠纷解决机制的程序合法性等。

其三,将制度创新作为激励性目标,以补充和支撑业已内嵌于规范性功能之中的社会性功能。“创新是引领发展的第一动力。”[③]创新既包括科技创新,也包括制度创新,尤其是法律制度创新。法治实施中的制度创新对于提升法治实施的质效、推动法治体系完善发展具有不可替代的作用。法律制度创新虽然不应当是法治评估的主要关注点,但是也不应被完全否定和忽视。法治评估指标是一个具有弹性、包容性的体系,尤其是在偏重诊断性评估的法治评估中,应当科学合理地容纳制度创新,将其作为激励性目标。例如,可以区分对制度创新的评估和对既有法治体系之

① 参见本书第四章关于重大改革应当于宪有据、于法有据的讨论。

② 参见本书第九章第二节的相关讨论。

③ 习近平:《全面加强知识产权保护工作,激发创新活力,推动构建新发展格局》,载习近平:《论科技自立自强》,中央文献出版社2023年版,第253页。

偏离度的评估,将前者定位于诊断性的、定性的评估在法治评估社会性功能的实质性要求业已具备宪法法律依据、程序合法性的基础上,制度创新的实质合理性、形式合理性和程序合法性也就达成了统一。对注重制度创新的那些地方法治评估来说,这一点尤为重要。

本章小结

法治评估是对如何评价法治建设、法治发展和法治实施的实际状况的探索。无论是国际层面的法治评估、国家层面的法治评估还是地方层面的法治评估,都面临对法治评估之科学性、合理性的检视。从法治实施的制度逻辑看,法治评估尤其是对地方层面法治实施状态的评估,需要重视法治实施中守正、权变和创新三者之间的协调,也就是在法治的权威性、法治实施的适应性、法治发展的演进创新三者之间实现协调统一。本章认为,法治实施意义上的治理绩效是业已确立的法律制度和法治体系的执行绩效,即法治评估的规范性功能。法治评估社会性功能的实质性要求,以及法治实施中的制度创新,应当具有实质合理性、形式合理性和程序合法性,能够经由法治评估规范性功能加以评价,以避免法治评估出现扭曲、走样和异化的情况。